Die weise Frau

Ingrid Riedel

Die weise Frau

Der Archetyp der alten Weisen in Märchen, Traum und Religionsgeschichte

Patmos Verlag

VERLAGSGRUPPE PATMOS

PATMOS
ESCHBACH
GRÜNEWALD
THORBECKE
SCHWABEN

Die Verlagsgruppe
mit Sinn für das Leben

MIX
Papier aus verantwortungsvollen Quellen
FSC www.fsc.org FSC® C083411

Für die Schwabenverlag AG ist Nachhaltigkeit ein wichtiger Maßstab ihres Handelns. Wir achten daher auf den Einsatz umweltschonender Ressourcen und Materialien.

Bibliografische Information der Deutschen Nationalbibliothek
Die Deutsche Nationalbibliothek verzeichnet diese Publikation in der Deutschen Nationalbibliografie; detaillierte bibliografische Daten sind im Internet über http://dnb.d-nb.de abrufbar.

Ergänzte Neuausgabe des 1989 im Walter-Verlag, Solothurn und Düsseldorf, erschienenen Titels *Die weise Frau in uralt-neuen Erfahrungen. Der Archetyp der alten Weisen im Märchen und seinem religionsgeschichtlichen Hintergrund.*

Umschlaggestaltung: Finken & Bumiller, Stuttgart
Umschlagmotiv: © shutterstock
Druck: CPI – Ebner & Spiegel, Ulm
Hergestellt in Deutschland
ISBN 978-3-8436-0752-0

Inhalt

Vorwort

Einer alten Weisen zu begegnen ist eine mehr oder weniger bewusste Sehnsucht, die wohl in jedem Menschen lebt. Es müsste schön und bereichernd sein, mit einem alten Menschen eine Beziehung zu haben, der aus seiner Lebenserfahrung heraus die größeren Zusammenhänge sieht, den Rhythmus der Lebensphasen einschätzen kann, der Distanz hat und Orientierung geben kann.

Bis vor kurzem lebte in meiner Nachbarschaft eine 80-jährige Schriftstellerin, die völlig allein stand, aber immer wieder junge Menschen anzog, die mit ihr Gespräche »über das Leben« führten und denen sie viel bedeutete. Sie wurde ihnen zur »Wahl-Großmutter«. Oft enden jedoch solche Begegnungen in einer Enttäuschung: Hinter der ersehnten, auf einen lebenden alten Menschen projizierten alten Weisen steht nichts als bloß ein alter Mensch mit all seinen Einschränkungen. Auch jene Schriftstellerin hatte ihre Grenzen und überforderte manche der jungen Menschen, die zu ihr kamen, damit, dass sie ein gewisses Umsorgtsein erwartete.

Die Enttäuschung beruht vor allem darauf, dass wir das Sehnsuchtsbild der alten Weisen – das schon vor der Begegnung mit jenem Menschen in unserer Seele lebt – in jener alten Frau zu erblicken meinen, die es nur in Ansätzen, gewiss aber nicht als Ganzes einlösen kann. Ist doch jenes Seelenbild, das in uns lebt und in dem sich Alter und Weisheit zu einem Symbol verbinden, eine jener anthropologischen Konstanten des Verhaltens – der Erwartung, des Erlebens und des Abbildens –, die wir als Archetypen bezeichnen: als solches ist es die Basis für unser Leitbild des Alters, die Grundlage auch für eine mögliche Form der Beziehung zu älteren Menschen in der Außenwelt und in uns. Anthropologische Konstante ist es auch deshalb, weil die Gestalt der alten Weisen – wie auch des alten Weisen – in der Mythologie, der Literatur und darstellenden Kunst, aber auch in Märchen, Träumen und Sehnsüchten eine so große Rolle spielt. Die überlieferten Bilder reichern sich dann durch unsere eigenen Fantasien und auch durch Erlebnisse mit der Weisheit konkreter Menschen an: falls solche Erfahrungen weitgehend fehlen, werden unsere Sehnsuchtsbilder erst recht idealisierend aufgeladen.

Dieses archetypische Bild prägt unsere Erwartung einer Helfergestalt für schwierige Situationen, aber auch für die Lebensphase des Alters als solchem, als ein Leitbild für Überblick, Durchblick, Orientierung und Sinn.

Mit diesem Bild haben wir uns auseinanderzusetzen, um eine eigene Einstellung zum alten Menschen, oder auch zu unserer eigenen Möglichkeit der Weisheit zu finden. Archetypische Bilder enthalten immer auch den Anreiz, die in ihnen dargestellten existentiellen Möglichkeiten auch in sich selbst aufzufinden – auch schon in jüngerem Alter.

In dieser Studie will ich versuchen, das archetypische Bild der alten Weisen als ein Bild, das Sinn stiftet und enthält, herauszuarbeiten, nachdem C. G. Jung das Bild des alten Weisen bereits stärker herausgestellt hat. Anhand der beiden einzigen Grimm'schen Märchen, in denen die weise Alte ausdrücklich als »weise Frau« bezeichnet wird, will ich sie in ihren Erscheinungs- und Wirkungsweisen sichtbar machen, um sie dann auch in anderen Märchen wiederentdecken und ihr Bild weiter ausgestalten zu können.

Als religionsgeschichtliche Hintergrundgestalten der weisen Frau sind Frau Holle und Frau Perchta zu erkennen, in denen sich alle charakteristischen Eigenschaften der weisen Frau wiederfinden lassen, ihr Auftreten als Schicksalsspinnerin, als Hüterin von Pflanzen und Tieren bis hin zu ihrer Wohnung auf Bergeshöhen. Auf jeden Fall zeigt sich die weise Frau im Märchen auch religionsgeschichtlich als eine mehr als menschliche Gestalt. In Bezug zu ihr kann die Frau überhaupt sich als Medium der Göttin, als Seherin, Heilerin, Initiationsmeisterin und Priesterin erfahren.

Zuletzt möchte ich in einem Kapitel aufzeigen, wie wir mit der archetypischen Gestalt der weisen Alten heute in Kontakt kommen können: durch Traum, Imagination und Bild, aber auch durch die Begegnung mit weisen Menschen im Alltag. Ich möchte verdeutlichen, wie diese Erfahrungen unsere Vorstellungen vom Alter verändern und ihm einen neuen Sinn und eine neue Würde geben beziehungsweise ihm seine uralte Würde, die es bei frühen Völkern hatte, wiedergeben können. Zugleich möchte ich auf die ursprüngliche Verbindung von Weisheit und Narrheit zurückkommen und für eine legitime Narrenfreiheit im Alter plädieren, zu der die Unabhängigkeit von vorgegebenen Rollen und Verpflichtungen gehört. Dass sich Alter tatsächlich mit Weisheit verbinden kann, nicht nur auf der archetypischen Ebene, sondern auch im konkreten Leben, zeigt die wissenschaftliche Weisheitsforschung, auf die ich in dieser Neuausgabe des Buches zusätzlich eingehe.

Dieses Buch soll nicht hinausgehen ohne einen besonderen Dank an Verena Kast, die mir über den anregenden Gedankenaustausch zum Themenkreis dieses Buches hinaus ihre Überlegungen zur Struktur des Archetyps der alten Weisen im Märchen, die sie in noch unveröffentlichten Manuskripten dargelegt hat, für dieses Buch zur Verfügung stellte.[1] Ebenso herzlich danke ich Christiane Neuen, meiner Lektorin im Patmos Verlag, die es ermöglicht hat, dass dieses Buch neu aufgelegt wird, erweitert durch einen Beitrag zur wissenschaftlich-psychologischen Weisheitsforschung, die sich inzwischen entwickelt hat.

Einleitung: Begegnung mit der alten Weisen

Unter einem breitkrempigen Hut, in dem langen farbenfrohen Rock einer Zigeunerin, an dem ein lederner Beutel hing, so erschien mir meine Großmutter in einem Traum, einige Jahre nach ihrem Tod. Rüstig schritt sie aus, schwang einen Wanderstock und hielt unter dem alten Nussbaum im Garten meiner Kindheit ein wenig inne, als wartete sie, ob man sie brauche.

Erstaunlich war diese Verwandlung: war sie doch in der letzten Zeit vor ihrem Tod fast bewegungsunfähig gewesen. Auch war meine Großmutter eine einfache, zurückhaltende Frau, die nichts von dem an sich hatte, was ich mir unter einer Zigeunerin vorstelle, weder hatte sie das Temperament noch den Wandertrieb noch das hintergründige Wissen einer Zigeunerin.

War sie weise? Die Frage hätte sie gewiss in Verlegenheit gebracht. Doch darf ich sie mir gleichwohl stellen.

Sie kannte die Märchen und wurde nicht müde, sie uns Kindern zu erzählen, während sie nähte und flickte, oder sie uns vorzulesen, wenn wir krank waren. Sie kurierte die Krankheiten noch mit Tees, von denen sie viele kannte, mit Salben, Wickeln und Inhalieren. Allem »Getue« war sie abhold, große Worte fand sie »affig«, aber es war etwas an ihr, was sie über sich hinauswachsen ließ, wenn die Situation es erforderte: Krankheiten, die ans Leben gingen, oder in lebensgefährlichen Momenten während des Krieges.

Manchmal neckten wir Kinder sie und baten sie, einmal wieder ihr »vornehmes Gesicht« zu machen: Man musste lange darum betteln, und oft verwies sie uns dieses Spiel. Aber manchmal, wenn sie in der entsprechenden Stimmung war, gab sie uns lächelnd nach und begann tatsächlich, ihr »vornehmes Gesicht« aufzusetzen. Dann lachten wir zuerst noch, weil es sich so aufregend verwandelte, und dann wurden wir ganz ernst. Unsere Großmutter hatte auf einmal eine Würde, vor der wir Ehrfurcht bekamen. Es steckte noch etwas anderes in dieser unscheinbaren Frau, als sie im Alltag zeigte.

So wusste sie zum Beispiel auch – wie viele alte Menschen es wissen, die ihrer Natur und Intuition nicht ganz entfremdet sind, und sie erlebte und erzählte das ganz bildhaft –, wann der Tod zu ihr kommen wollte; es war am Vorabend von Weihnachten. Da verwies sie es ihm bis nach dem Heiligen Abend, es sei nicht recht, das Fest zu stören. So starb sie am Morgen des ersten Feiertages, ohne »Getue«, wie es ihre Art war. Mehr als ihr altes homöopathisches Herzmittel und die Nähe der Menschen, die ihr am liebsten waren, brauchte sie nicht.

Ich weiß nicht, ob sie nicht doch ein wenig weise war.

Der Traum jedenfalls verwandelte sie mir – einige Jahre später – in eine schicksalskundige Zigeunerin voll Charme, Vitalität und Temperament, eine Fahrende, auf keinen Ort mehr fixiert, der ich überall begegnen konnte, aber auch am Ort meiner Kindheit. Sie drängte sich nicht auf, wie sie sich schon zu Lebzeiten nie aufgedrängt hatte, aber sie war bereit, mit Rat und Tat zur Seite zu stehen, wenn man sie brauchte.

Auch der Traum war mir natürlich in einer Situation gekommen, in der ich den Rat einer weisen Alten gut gebrauchen konnte.

Als Großmutter begegnet sie uns gar nicht so oft im Märchen, diese Gestalt, von der ich künftig als der »alten Weisen« sprechen werde. Einige Male aber wird sie doch ausdrücklich als Großmutter bezeichnet, so als »Mütterchen« in dem Grimm'schen Märchen »Die Gänsehirtin am Brunnen«, manchmal aber direkt eine »weise Frau« genannt, wie zum Beispiel in »Die Nixe im Teich«, wo sie der Heldin auch im Traum erscheint, wie mir meine in die weise Frau verwandelte Großmutter.

Diese weise Frau nämlich ist – auch wenn sie mich und andere an die persönliche Großmutter erinnern mag – immer dieselbe: eine überpersönliche, archetypische Gestalt, der menschlichen Seele wie ein Prägemuster eingeprägt, und doch nur dann erlebbar, realisierbar, wenn die Zeichen der Seele auf sie eingestellt sind. Meist sind sie dann zugleich auf Sturm konstelliert und rufen die Weise in existentieller Not an, bis sie in Erscheinung tritt, bis sie sich ins Sichtbare verdichtet: als eine innere Instanz, die Rat weiß, aus überlegener Weisheit heraus, die sich aus der Tiefe und der Höhe von jenseits unseres Tagesbewusstseins schöpft.

Der alten Weisen möchte ich mich in dieser Studie zuwenden, wir begegnen ihr im Märchen in verschiedenen Erscheinungsformen:

Sie kann ausdrücklich *als Großmutter* bezeichnet werden und auch so aussehen. Wenn sie aber als Großmutter auftritt, dann in sehr charakteristischer Weise. Als »Großmütterchen Immergrün«[2] prüft sie zum Beispiel die Kinder auf ihr gutes Herz, um sie schließlich mit der Heilung ihrer Mutter dafür zu belohnen.

Gerne nimmt sie eine unscheinbare Gestalt an: *als Hilfsbedürftige* wie am Anfang des Märchens »Die Gänsehirtin am Brunnen«[3] oder gar als Bettlerin: Sie begegnet so verhüllt, um die ihr Begegnenden zunächst auf die Probe zu stellen, ob sie sie auch in dieser unscheinbaren Gestalt wahrnehmen und ernst nehmen.

Relativ häufig tritt sie *als Kräuterfrau* auf, wobei sich dieser Typ mit dem ersten und dem zweiten vermischen kann. Als Kräuterfrau verfügt sie über großes Heilwissen, zum Beispiel als »Wurzelsophie« in einem Alpenmärchen[4]; sie weiß um die Ursachen des ausgebliebenen Kindersegens und hilft dem ab, etwa in »Der Soldat und die schwarze Prinzessin«[5] oder in dem norwegischen Märchen »Die Zottelhaube«[6].

Es gibt schließlich den Typ der alten Weisen im Märchen, die *als eine Art Initiationsmeisterin* vor allem im Leben junger Mädchen und Frauen auftritt. So finden wir sie in »Die Gänsehirtin am Brunnen«, wo sie die vom Vater verstoßene Königstochter aufnimmt und sie in ein Leben als Frau einweiht und einweist, in »Die Patin«[7] oder auch in dem Märchen »Bei der schwarzen Frau«[8]. Immer sind es Frauen, zu denen eine junge Heldin oder gelegentlich auch ein junger männlicher Held in die Lehre kommen. Im Verlauf dieser Prüfungen nehmen die weisen Frauen – besonders in den sehr alten Märchen mit archaischen Strukturen – gelegentlich auch dunkle Züge an; hier zeigt sich der Archetyp der alten Weisen zugleich mit seinem dunklen Aspekt. Dennoch erweist es sich jeweils am Ende des Märchens: Ohne die Begegnung mit der weisen Frau wären die Heldin und der Held von den Eltern nicht abgelöst, wären nicht beziehungs- und liebesfähig geworden, wären sie sich selbst nicht begegnet.

Wenn die alte Weise letztlich *als Frau Holle*[9] erscheint, schimmert hinter ihr noch die Mutter Natur, ihr quasi göttliches Wesen durch, das auch in christlicher Zeit noch im Volk gekannt und verehrt wurde, und hinter der vielleicht eine noch ältere Göttin, die uralte germanische Göttermutter Hlodyn, die Mutter des Donnergottes Thor, verborgen ist.[10]

Die alte Weise ist auch hinter einer solchen Rand- und Grenzfigur zu erkennen, die sich *als des Teufels Großmutter* in dem Grimm'schen Märchen »Der Teufel mit den drei goldenen Haaren«[11] zeigt und als eine »Menschengefühlige« in ihrer menschenfreundlichen Weisheit sogar den Teufel überlistet und ihm das Rätsel abringt, durch dessen Lösung der Held des Märchens sich retten kann.

Schließlich tritt sie in den beiden Märchen, die uns vor allem beschäftigen sollen, *als die »weise Frau«, als Ratgeberin und Sinnstifterin* in Erscheinung.

Um den seelischen Zugang, der zu dieser alten Weisheit führt, von vornherein richtig zu orten, müssen wir eines genau wahrnehmen: Diese Alte findet man nur, wenn man in seelischer Not ist, und wenn man sie finden will, wird man oft durch einen Traum auf sie verwiesen, wie in dem Grimm'schen Märchen »Die Nixe im Teich«[12]. In der Konsequenz solcher Träume, beispielsweise auch in dem Traum von der roten Blume in dem Grimm'schen Märchen »Jorinde und Joringel«[13], liegt es, dass man sich dann auch am Tage bei vollem Bewusstsein aufmachen muss, um wirklich zu dieser weisen Frau, von der man geträumt hat, zu gelangen. Die Träumerin muss diesen Impuls, den der Traum ihr gegeben hat, im Alltag realisieren. Vielleicht begegnet sie dann sogar im Alltag einer weisen Frau, oder aber sie findet plötzlich Rat für ihre verzweifelte Situation in ihrer eigenen Seele.

Die weise Frau im Traum gibt ihr keinen fertigen Ratschlag, was sie tun könnte, sondern bringt die Heldin auf ihren eigenen Erfahrungsweg. Zugleich wird deutlich, dass die weise Alte ein tiefes Wissen auch um die Nixe hat und auf untergründige Weise mit ihr verbunden ist. Die alte Weise steht, wie wir immer wieder feststellen werden, in besonderem Kontakt auch mit dem Dunklen und dem Bösen, in der Gestalt von des Teufels Großmutter zum Beispiel mit dem Teufel selbst, aber auch mit nichts Geringerem als dem Tod, der sich hier als verschlingender Nixenweiher zeigt. Zugleich ist sie nie mit diesen vermischt, sondern immer von ihnen unterschieden, sie kann auf Grund ihrer Weisheit ihnen gegenüber im prägnanten Sinn mit Trennschärfe abgrenzend klärend tätig werden. So weiß des Teufels Großmutter im Märchen allemal um des Teufels Absichten, weiß ihn gerade darum zu überlisten, weiß abzuwenden, dass die Menschen unter dem Teufel zugrunde gehen.

Zunächst möchte ich nun die Erscheinungsweise der Alten in »Die Nixe im Teich«, wo die junge Frau, vom Traum geführt, schon weiß, wem sie begegnen wird, jenem andersartigen Märchenanfang entgegenhalten, der in das Grimm'sche Märchen »Die Gänsehirtin am Brunnen« hineinführt. Hier begegnet die weise Alte – und das ist ebenfalls typisch für sie – zunächst in verhüllter, schwer durchschaubarer Weise. Wie schon gesagt, erscheint sie gerne als unscheinbares Mütterchen, selber hilfsbedürftig, und prüft dabei, wie sich der Held ihr gegenüber verhält. Hier gebärdet sich die Alte wie eine grimmig raue Initiationsmeisterin.

Es ist verständlich, dass die Leute ihr in dieser Gestalt nicht gern begegnen. Damit vergeben sie sich allerdings eine große Chance. Denn hinter diesem unbequemen Auftreten verbirgt sich die gleiche gütig weise Gestalt, die wir schon in »Die Nixe im Teich« kennenlernten.

Es gibt vergleichsweise wenige alte Weise oder Großmütter in den Märchen des deutschen Sprachraums. Gäbe es also nicht zugleich relativ wenige Großväter, männliche alte Weise, dann wäre zu vermuten, dass auch die Großmütter in den Märchen unter die Hexen geraten wären, jenen als böse und bedrohlich empfundenen Gestalten, die man fürchtet und meidet. In »Die Gänsehirtin am Brunnen« nennen Vater und Sohn die alte Kräuterfrau eine Hexe, nur weil das Mütterchen seinen eigenwilligen Lebensstil lebt und die Leute auf eine Weise anredet, die nicht jeder verträgt. Wie Vater und Sohn sprechen Männer noch gern von weisen Frauen so, als seien sie Hexen. Und gewiss gehört die Hexe als negativer Aspekt in das Umfeld der alten Weisen: Doch vor lauter Hexen wurde vielfach die seltene, ehrfurchtgebietende Gestalt der alten Weisen gar nicht erst wahrgenommen.[14]

I. Die Einweihung ins Leben
Die weise Frau als Initiationsmeisterin in »Die Gänsehirtin am Brunnen«

Die unermüdliche Sammlerin

»Es war einmal ein steinaltes Mütterchen«, so beginnt das Märchen der Brüder Grimm, das den Namen »Die Gänsehirtin am Brunnen«[15] trägt, »das lebte mit seiner Herde Gänse in einer Einöde zwischen Bergen und hatte da ein kleines Haus.«

Ein steinaltes Mütterchen wird uns vorgestellt – das, was nach der Einleitungsformel der Märchen »Es war einmal …« folgt, ist meist die wichtigste Person des Märchens, bei der alle Fäden zusammenlaufen, offensichtlich oder hintergründig. Sie ist nicht die Heldin – wie die weise Alte nie die Heldin eines Märchens ist –, sondern Heldin dieses Märchens ist die Gänsehirtin, nach der das Märchen auch benannt ist, und Mitheld ist der junge Graf, der bald in Erscheinung treten wird.

Ein Mütterchen ist hier genannt, in der liebevollen Verkleinerungsform beschrieben, die in unserem Sprachgebrauch meist die Großmutter meint, die Alte, möglicherweise die Steinalte. Steinalt: Was sagt dieser Ausdruck eigentlich? Alt wie ein Stein ist dieses Mütterchen, also älter als ein gewöhnliches Menschenleben dauert, zwischen 90 und 100 würde man solch eine Steinalte schätzen; die Steine selbst aber sind älter als viele Menschenleben, älter als Menschen überhaupt. So alt wie Menschen überhaupt werden können, ist es jedenfalls geworden, dieses Mütterchen; vielleicht auch – sein Geheimnis deutet sich hier schon an – kommt es überhaupt von weiter her als gewöhnliche Menschen.

Doch zunächst wird es wie ein anderes Mütterchen auch, wenn auch von Anfang an als ein ungewöhnliches, beschrieben. Es lebt abseits von den Menschen, allein, sehr selbstständig in seinem kleinen Haus, auf einer abgelegenen und hoch gelegenen Alm zwischen Bergen in einer Einöde – wenn auch »Einöde« zu der Zeit der Brüder Grimm noch nicht einfach eine Öde, sondern ein einzeln gelegenes Haus, einen Einödhof bedeutete. Dass es dort oben, wo sie lebt, gerade nicht öde ist, alles andere als öde, werden wir im Verlauf des Märchens erfahren. Auf alle Fälle lebt sie entfernt von den anderen Menschen, von der Dorfgemeinschaft, eine Tatsache, die eine Frau, eine alte besonders, noch heute als Sonderling, früher sogar als Hexe erscheinen ließ. Wie konnte sie es überhaupt schaffen, wie konnte sie es überhaupt wagen, so unabhängig von den anderen zu leben und dabei zu überleben? Solche Unabhängigkeit war den Abhängigen schon immer verdächtig.

Dort oben lebt sie nun, so erfahren wir, mit ihrer Herde von Gänsen. So bekommt sie Eier, Fleisch, Fett und Flaumfedern, kann wohl auch hie und da eine Gans verkaufen. In der Mythologie sind die Gänse großen weiblichen Gottheiten heilig, etwa der Aphrodite, die über Schönheit, Eros und Fruchtbarkeit wacht, oder der Nemesis, welche die Gesetze der Natur schützt; und die Heldinnen der Märchen müssen vielfach lernen, gerade diese Gänse zu hüten, so zum Beispiel auch in dem Grimm'schen Märchen »Die Gänsemagd«, wo das Mädchen den Schutzzauber ihrer königlichen Mutter verloren hat und nun unter die Sklaverei ihrer ehemaligen Magd geraten ist.

Auch der Frau Holle, der Frau Hulda der germanischen Mythologie, die ihre mit Gänsefedern gefüllten Betten so kräftig schüttelt, dass es schneit, sind die Gänse heilig. Gerade weil sie diesen alten vorchristlichen Göttinnen heilig war, wird die Gans später oft mit den Hexen, auch den weisen Frauen, in Verbindung gebracht, die manchmal selbst mit den Füßen einer Gans vorgestellt werden.

Wachsam, fruchtbar wie sie ist, zur Gewinnung von Nahrung geeignet, dazu, bedenkt man ihre weichen Flaumfedern, sogar zur Bereitung von Ruhe und Liebeslagern, ist die Gans und alles, was sie darstellt und erbringt, vielfach mit den ursprünglichen Wirkungsfeldern der Frau verbunden. Aus diesem Grund wohl müssen die jungen Mädchen in manchen Märchen lernen, die Gänse – warum wohl werden Frauen gelegentlich als »dumme Gänse« bezeichnet? – in sich selbst zu hüten: also selber wachsam zu werden für die Gesetze der Natur, für Fruchtbarkeit, Nahrung, Heilung und Beziehung.

Im Folgenden wird unsere Alte weiter charakterisiert und in ihren alltäglichen Gewohnheiten und Verrichtungen beschrieben:

Die Einöde war von einem großen Wald umgeben, und jeden Morgen nahm die Alte ihre Krücke und wackelte in den Wald.

Hinfällig ist sie schon, vom Alter gezeichnet: Eine Krücke braucht sie, und ihr Gang ist nicht mehr so sicher. Doch jeden Morgen macht sie sich auf, geht in den Wald, der ihre Einöde noch zusätzlich abschirmt und ihn von der weiteren Umgebung und den Menschen abschließt. Das schwer zu durchdringende Dickicht des Waldes, symbolisch dem Unbewussten verbunden, grenzt sie ein und grenzt sie von dem üblichen Lebensbereich der Menschen aus. Es wird nicht leicht sein, es sei denn über die verschlungenen Pfade des Unbewussten, zu ihr zu gelangen.

Doch erscheint sie von sich aus jeden Tag im Wald, jeden Morgen bricht sie auf. Es muss durchaus möglich sein, ihr, wenn man selbst in den Wald gerät, zu begegnen:

Da war aber das Mütterchen ganz geschäftig, mehr als man ihm bei seinen hohen Jahren zugetraut hätte, sammelte Gras für seine Gänse, brach sich das wilde Obst ab, soweit es mit den Händen reichen konnte, und trug alles auf seinem Rücken heim. Man hätte meinen sollen, die schwere Last müsste sie zu Boden drücken, aber sie brachte sie immer glücklich nach Haus.

Die Alte wird nun in ihren alltäglichen Tätigkeiten als quicklebendig und voll von erstaunlicher Schaffenskraft beschrieben. Neben dem Gras für die Gänse, dem täglichen Futter, mit dem sie zugleich auch das, was die Gänse symbolisch verkörpern, nährt und verstärkt, sammelt sie zugleich das wilde Obst ein, die selbstwachsenden Früchte der Erde, und führt damit die uralte Sammeltätigkeit weiter, die Frauen übten, noch ehe es die Ackerbaukultur gab. Sie nimmt von dem, was die Natur spontan hervorbringt, sorgt zugleich dafür, dass alles Reifgewordene auch eingesammelt wird und nicht umkommt, und kann von diesen freien Geschenken der Natur leben. Uralt ist ihre Lebensweise, wie dieses Mütterchen selbst.

Auch nimmt sie alles, was die Natur bietet, auf ihren Rücken, stellt sich so in den Dienst des Lebens, unter die Bürde des Lebens: hat wohl auch ihre liebe Not damit, ihr Rücken ist darüber krumm geworden; doch bringt sie immer alles glücklich nach Hause, auch wenn man es ihr bei ihren hohen Jahren nicht mehr zugetraut hätte.

Die unverschämte Alte

Wenn ihr jemand begegnete, so grüßte sie ganz freundlich: »Guten Tag, lieber Landsmann, heute ist schönes Wetter. Ja, Ihr wundert euch, dass ich das Gras schleppe, aber jeder muss seine Last auf den Rücken nehmen.« Doch die Leute begegneten ihr nicht gerne und nahmen lieber einen Umweg, und wenn ein Vater mit seinem Knaben an ihr vorüberging, so sprach er leise zu ihm: »Nimm dich in acht vor der Alten, sie hat's faustdick hinter den Ohren, es ist eine Hexe.«

Eigen ist es schon, ihr zu begegnen. Sie spricht die Leute gerne von sich aus an, so selten solche Begegnungen mit ihr sein mögen, spricht sie als Landsleute an, also auf das Gemeinsame zwischen ihnen und ihr, auf das Erfreuliche, das gute Wetter zum Beispiel – um dann aber unweigerlich auf ihren krummen Rücken und die Last des Lebens zu verweisen, gar darauf, dass eben ein jeder diese Last tragen müsse. Sie hat eine ärgerliche, aufreizende Art zu reden. Man kann gut verstehen, warum die Leute ihr ausweichen, lieber einen Umweg nehmen, als ihr zu begegnen – macht sie doch einem jeden ein schlechtes Gewissen, der sie, die Alte, sich da so abrackern sieht. Schließlich erinnert sie damit manchen allzu sehr an seine eigene Mutter, wie er sie früher erlebt hat, aber auch an die alten Eltern von jetzt, die Hilfe brauchen und sie vielleicht sogar gelegentlich einklagen. Sprach sie nicht einen jeden, der da eines schönen Tages an ihr vorbeikam, vielleicht im Moment wirklich einmal unbeschwert, auf die Last des Lebens an und auf das unvermeidbare »Muss«, sie zu tragen, ob man wolle oder nicht. Es war ungemütlich, ihr zu begegnen, auf alle Fälle unbequem. Sie erschien wie das unentrinnbare Bild eines Menschen, der die Last des Lebens auf sich nimmt – damit freilich auch die Früchte der Erde – und zugleich von einer unerschöpflichen Kraft, sie zu tragen, die sie manch einem fast unheimlich werden ließ, diese Steinalte. Wer ist sie, dass sie das vermag?

Es ist auffällig, dass sie gerade den Männern unheimlich ist, den Männern, die allenfalls als Förster und Jäger in den Wald kommen, um sich das Holz oder das Wild nutzbar zu machen, nicht aber um die Last seiner wilden Früchte zu ernten und heimzutragen – und wohl ebenso wenig die spontan gewachsenen Früchte des Unbewussten, die der Wald symbolisiert. Und so flüstert denn auch der

Vater dem Sohn zu, die Väter den Söhnen wohl schon von Generation zu Generation: »Nimm dich in acht vor der Alten ... es ist eine Hexe.«

Hexe, dieses schwergewichtige Wort gebrauchen die Väter, dieses Stichwort, das zur Zeit der Hexenverfolgung eine Frau, die abgesondert und unabhängig lebte, die mit unüblichen Kräften begabt war, auf den Scheiterhaufen bringen konnte, abgesehen noch ganz von der ungleich größeren Zahl von unscheinbaren Frauen, die nur auf Grund einer Projektion, einer Denunziation angezeigt wurden. Hagazussa, Hagreiterin, wie der alte Ausdruck für Hexen hieß[16] – Zaunreiterin also zwischen Diesseits und Jenseits, Grenzgängerin –, war solch eine Frau wohl oft wirklich, und eine Hexe in diesem Sinn könnte sie wohl sein, unsere Alte: Mit diesem Verdacht werden wir hier konfrontiert und darauf verwiesen, mit unseren eigenen Augen jene verwunderliche Alte noch genauer anzusehen.

Auf den nächsten Blick freilich scheint der Vater mit seiner Warnung vor ihr mehr als recht zu behalten, so bösartig gnomenhaft und ausnutzend verhält sie sich dem gutwilligen jungen Grafen gegenüber, der ihr nun begegnet. Eine Frauengruppe allerdings, mit der ich dieses Märchen besprach, war eher fasziniert von der tiefsinnig-närrischen Aggressivität dieser Alten, mit der sie das übliche Bild, wie eine Alte sich zu verhalten habe, so gründlich sprengt! Doch betrachten wir die nächste Szene, mit der das Märchen noch einmal neu ansetzt, fast noch einmal neu beginnt: Als Held wird ein junger, unbeschwert daherkommender Grafensohn eingeführt. Ein reicher Grafensohn also soll es sein, der dieser Altbäuerin mit ihrem krumm gewordenen Arbeitsrücken begegnet. Was mag da passieren, wenn diese Alte, die ihre Last trägt, und dieser von aller Lebenslast verschonte junge Mann zusammenstoßen?

Eines Morgens ging ein hübscher junger Mann durch den Wald. Die Sonne schien hell, die Vögel sangen, und ein kühles Lüftchen strich durch das Laub, und er war voll Freude und Lust. Noch war ihm kein Mensch begegnet, als er plötzlich die alte Hexe erblickte, die am Boden auf den Knien saß und Gras mit einer Sichel abschnitt. Eine ganze Last hatte sie schon in ihr Tragtuch geschoben, und daneben standen zwei Körbe, die mit wilden Birnen und Äpfeln angefüllt waren. »Aber Mütterchen«, sprach er, »wie kannst du das alles fortschaffen?« – »Ich muss sie tragen, lieber Herr«, antwortete sie, »reicher Leute Kinder brauchen es nicht. Aber beim Bauern heißt's:

Schau dich nicht um.
Dein Buckel ist krumm.«

»Wollt Ihr mir helfen?«, sprach sie, als er bei ihr stehen blieb. »Ihr habt noch einen geraden Rücken und junge Beine, es wird euch ein leichtes sein. Auch ist mein Haus nicht so weit von hier: hinter dem Berge dort steht es auf einer Heide. Wie bald seid Ihr da hinaufgesprungen.« Der junge Mann empfand Mitleid mit der Alten; »zwar ist mein Vater kein Bauer«, antwortete er, »sondern ein reicher Graf, aber damit Ihr seht, dass die Bauern nicht allein tragen können, so will ich Euer Bündel aufnehmen.«

Nun kommt es also zur Begegnung. Der junge Graf, dessen freudige Gestimmtheit mit der frischen frühlinghaften Morgenstimmung der Natur zusammenklingt, geht unbeschwert und wohl auch ohne bestimmtes Ziel durch den Wald. Er ist allein und hat noch keinen Menschen erblickt, ist also noch ganz unabgelenkt bei sich selber und bei der Wahrnehmung der Natur. Das sind gute Voraussetzungen, die Alte plötzlich zu erblicken. Und weil er das gute Herz der echten Märchenhelden hat, spricht er sie von sich aus an, voll Mitgefühl, wenn auch aus der Überlegenheit des kräftigen jungen Mannes heraus: auf ihre schwere Arbeit – das Gras, das sie wie in alten Zeiten mit einer Sichel schneidet – auf die schweren Körbe voll Obst, die sie schon eingesammelt hat. Dass die Alte hier im Text bereits als Hexe bezeichnet wird, kann ihn nicht stören: Vielleicht hat er von dem Verdacht, der auf ihr liegt, noch nichts vernommen, von sich aus jedenfalls ist er ohne Vorurteil.

Da kann sie ihn sich greifen, indem sie von ihrer Last, ihrer Armut spricht, nicht ohne die Last aller Bauersleute hinzuzunehmen und sie mit der Unbeschwertheit reicher Grafenkinder zu vergleichen. Da hat sie ihn schon am Wickel. Auch auf seinen jungen unverbrauchten Rücken spielt sie an. So trifft sie ihn in seinem Stolz und auch in seinem sozialen Gerechtigkeitsgefühl. Zwar bekennt er sich sofort, nicht ohne Überlegenheit, zu seinem reichen Vater: Doch will er sich als Grafensohn und junger, kräftiger Mann von einer alten Bauersfrau nicht lumpen lassen. So packt er also an.

»Wollt Ihr's versuchen«, sprach sie, »so soll mir's lieb sein. Eine Stunde weit werdet Ihr freilich gehen müssen, aber was macht Euch das aus! Dort die Äpfel und Birnen müsst Ihr auch tragen.« Es kam dem jungen Grafen doch ein wenig bedenklich vor, als er von einer Stunde Wegs hörte, aber die Alte ließ ihn nicht wieder los, packte ihm das Tragtuch auf den Rücken und hing ihm die beiden Körbe an den Arm. »Seht Ihr, es geht ganz leicht«, sagte sie. »Nein, es geht nicht leicht«, antwortete der Graf und machte ein schmerzliches Gesicht, »das Bündel drückt ja so schwer, als wären lauter Wackersteine darin, und die Äpfel und Birnen haben ein Gewicht, als wären sie von Blei; ich kann kaum atmen.« Er hatte Lust, alles wieder abzulegen, aber die Alte ließ es nicht zu.

Kaum hat die Alte ihn engagiert, so lädt sie ihm immer mehr auf, verlangt ihm immer mehr ab, ungleich mehr, als abgesprochen war, mehr an Gewicht, mehr an Weg, mehr an Zeit. Wie erginge es uns, wenn man uns so einspannen, unseren guten Willen – der freilich bei dem jungen Grafen zunächst noch ein wenig herablassend gegenüber der Alten gewesen war – so ausnützen würde! Ärger käme auf, Empörung, Wut. Erinnert das Verhalten der Alten hier nicht allzu sehr an solche Menschen, die zuerst an unser Mitleid appellieren, um sich dann als ein Fass ohne Boden voll nicht endender Ansprüche zu erweisen. Freilich werden sich vor allem solche Leute ausnutzen lassen, für deren unsicheres Selbstwertgefühl es wichtig ist, gebraucht zu werden. Diesen Helferkomplex hat unser junger Graf zwar nicht unbedingt: Er sagt ehrlich, wie es ist, wie es ihm geht – was viele in einer ähnlichen Situation schon nicht mehr wagten –, auch wenn ihm die Alte noch das Gegenteil aufreden möchte. »Nein, es geht nicht leicht«, sagt er, wagt er immerhin zu sagen. Und einige Stationen weiter schreit er ihr unverblümt ins Gesicht: »Alte, du wirst unverschämt!« Er ist also ehrlich, handelt nicht komplexhaft gegenüber der fordernden und immer anspruchsvolleren Art der Alten: Und dennoch kommt er nun nicht mehr gegen sie auf. Sie hat ihn bei seiner anfänglichen naiv-gutmütigen Hilfsbereitschaft und seinem etwas prahlerischen Beweisenwollen, was so ein Grafensohn nicht alles leisten kann, gefangen. Die Gewichte freilich, diese Körbe voll von Gras, voll von Äpfeln und Birnen, scheinen übernatürlich groß zu werden: wie Wackersteine, wie Blei gar, wie dieses Metall, das dem schicksalsschweren Planetenherrscher Saturn zugeschrieben wird.

Noch weiß er nicht, wie diese Gewichte zu Stande kommen: welches Gewicht diesen wilden Früchten wirklich zukommt. Es ist vielmehr wie in der Legende vom heiligen Christophorus, dem das Kind, das er über den Fluss trägt, immer schwerer wird, bis er erkennt, dass er das Jesuskind trägt, das Gewicht und die Bedeutungsschwere des Göttlichen selbst! Doch auch in unserem Märchen lässt aufmerken, was er da eigentlich zu tragen hat: Symbolisch bedeuten Äpfel und Birnen ja Früchte des Paradieses, Früchte des Eros, der Erkenntnis und der Unsterblichkeit. Für diese kostbare Last gilt es tragfähig zu werden! Der Apfel, der mit der Venus in Verbindung steht, bedeutet sexuelle Freude und Fruchtbarkeit.[17] Die Birne[18] wiederum ist den Muttergöttinnen Isis und Hera heilig, symbolisiert Großzügigkeit – der Birnbaum trägt reichlich trotz kargen Bodens – sowie Zuneigung und Liebe auf Grund ihrer Herzform. Auch wird sie sexuell verstanden »wegen ihrer unbestimmt an weibliche Formen erinnernden Gestalt«[19]. Die Gans, selbst ein Tier der Liebesgöttin Aphrodite, bekommt also adäquate Nahrung, wenn sie sich von diesen Früchten ernährt.

Der Graf trägt nun die Früchte der Erde, die die Alte alle Tage sammelt und fortschleppt; er trägt sie zwar nur eine Stunde lang, und doch ist es ihm, als trüge er das Gewicht der ganzen Welt auf sich, als müsse er darunter zusammenbrechen. Der Vergleich mit dem Blei, das für »Schwere oder auch drückende Last«[20] steht, weist auf die ungeheure innere und äußere Belastung hin, die dieser junge Graf jetzt empfindet, nachdem er offenbar eine wenig beschwerte Kindheit und gute Muttererfahrungen erlebt hatte. Ein solch positiver Mutterkomplex, den eine unbelastete Kindheit zu bewirken vermag, lässt sich auch an der Hilfsbereitschaft und Offenheit des jungen Mannes erkennen, auch an der Erwartung, dass ihm die Wirklichkeit ein freundliches Gesicht zeigen und sich relativ leicht bewältigen ließe. Er überschätzt seine Kräfte und das wahre Gewicht der Realität, alles Anzeichen für einen jungen Mann, der eine positive, aber eben auch verwöhnende Mutter erlebt hat. In der Alten begegnet ihm zunächst der ausgesparte negative Aspekt der Mutter. Als er nun, da er das wahre Gewicht zum ersten Mal zu spüren beginnt, alles wieder abwerfen möchte, überschüttet ihn die Alte mit Ironie.

»Seht einmal«, sprach sie spöttisch, »der junge Herr will nicht tragen, was ich alte Frau schon so oft fortgeschleppt habe. Mit schönen Worten sind sie bei der Hand, aber wenn's ernst wird, so wollen sie sich aus dem Staub machen. Was steht Ihr da«, fuhr sie fort, »und zaudert, hebt die Beine auf. Es nimmt Euch niemand das Bündel wieder ab.«

So große Worte hatte er zwar gar nicht gemacht! Die Alte überträgt ihren Spott auch gleich auf viele, auf alle die reichen Söhne oder die Männer überhaupt, diese Drückeberger angesichts der wahren Last des Lebens. Dem stellt sie polar gegenüber, worauf es ankommt: Ob der junge Herr die Last mit übernehmen wolle – genau genommen besteht diese Last ja aus den Früchten der Erde –, die sie, die Steinalte, unentwegt und alle Tage schon schleppt. Sie gibt ihm zu verstehen, dass diese Last von nun an unentrinnbar auch auf ihm liegen wird, ihm so gut auferlegt sein wird wie ihr. Schließlich wird er ein erwachsener Mann. Jetzt gilt auch für ihn, sich mit der Last des Lebens, die zugleich die Lust einschließt – es handelt sich ja um die Erosfrüchte Äpfel und Birnen –, einzulassen! Es geht wohl überhaupt darum, das Sich-Einlassen zu erlernen: als Voraussetzung auch einer jeden verbindlichen Beziehung.

»Solange er auf ebener Erde ging, war's noch auszuhalten, aber als sie an den Berg kamen und steigen mussten und die Steine hinter seinen Füßen hinabrollten, als wären sie lebendig, da ging's über seine Kräfte. Die Schweißtropfen standen ihm auf der Stirne und liefen ihm bald heiß, bald kalt über den Rücken hinab. »Mütterchen«, sagte er, »ich kann nicht weiter, ich will ein wenig ruhen.« – »Nichts da«, antwortete die Alte, »wenn wir angelangt sind, so könnt Ihr ausruhen, aber jetzt müsst Ihr vorwärts. Wer weiß, wozu Euch das gut ist.« – »Alte, du wirst unverschämt«, sagte der Graf und wollte das Tragetuch abwerfen, aber er bemühte sich vergeblich: es hing so fest an seinem Rücken, als wenn es angewachsen wäre. Er drehte und wendete sich, aber er konnte es nicht wieder loswerden. Die Alte lachte dazu und sprang ganz vergnügt auf ihrer Krücke herum. »Erzürnt Euch nicht, lieber Herr«, sprach sie. »Ihr werdet ja so rot im Gesicht wie ein Zinshahn. Tragt Euer Bündel mit Geduld; wenn wir zu Hause angelangt sind, so will ich Euch schon ein gutes Trinkgeld geben.«

Nun kommt es gar noch zur Wegsteigung und damit zur Steigerung der Anstrengung. Wir erfahren auch jetzt erst richtig, wie hoch oben die Alte wohnt, wie steil es zu ihr hinaufführt. Nein, sie wohnt nicht in der Tiefe der Erde, nicht in einer Höhle oder doch zumindest tief unten im Tal, wie manches einseitige Symbolverständnis des Weiblichen vermuten könnte: Sie wohnt in der Höhe, oberhalb der üblichen menschlichen Behausungen, in den Bergen, wo man Überblick und Fernblick haben kann, wo man dem Himmel nahe ist. Hatte der Wald mehr den naturhaft-mütterlichen Aspekt betont, so dieser himmelsnahe Wohnort gewiss einen geistigen.

Auch unser Graf wird dort hinaufgezwungen. Er meint es nicht zu schaffen – und schafft es doch. Er meint, es gehe über seine Kräfte – Schweißausbrüche am ganzen Körper signalisieren es ihm –, und er vermag es doch! Unter seinen Tritten lösen sich die Steine, werden wie lebendig, es kommt etwas ins Rollen, wird dynamisch, was statisch schien. In diesen Steinen können sich auch alte, unbeweglich geglaubte Probleme darstellen, in die, unter diesem Druck, nun doch Bewegung kommt. Er erfährt bei diesem peinigenden Aufstieg, welche Kräfte in ihm stecken. Freilich, die Alte fordert ihn bis aufs Äußerste heraus! Nicht eine Ruhepause erlaubt sie ihm; sein vor Anstrengung und schließlich auch vor Wut gerötetes Gesicht bedenkt sie mit ironischen Vergleichen, er sehe aus wie ein erregter Zinshahn. Doch vergisst sie nie, zu erwähnen, dass das Ganze zu etwas gut sein könne und dass der Graf noch ein gutes Trinkgeld für das alles zu erwarten habe.

Diese Reden werden allerdings zunächst seine Wut nur noch gesteigert haben. Da will sie einen Grafensohn mit einem Trinkgeld bedenken, wie einen Dienstboten: auch hier verspottet sie noch einmal seine vornehme Herkunft und lässt durchfühlen, wie wenig er es gewohnt ist, für ein Trinkgeld – von weniger betuchten Leuten immer dankbar angenommen – eine Anstrengung auf sich zu nehmen. Und dass solch eine Pein für etwas gut sein soll! Selbst wenn es stimmen sollte, macht dieser Ausspruch wütend, so lange man sich in eine sinnlose Plackerei hineingenötigt, sich ausgenutzt sieht.

Einer Sisyphusarbeit gleicht dieses Berganschleppen von Körben, die wie mit Wackersteinen angefüllt sind, in der Tat! Vergessen wir aber auch hier nicht, dass die Alte dieses Schleppen jeden Tag bewältigt. Der Gang auf den Berg allerdings zeigt zugleich die

»mühsam zu erringende Höherentwicklung«[21] an. Jung sieht im Berg »das Große und Aufragende«, die »erwachsene Persönlichkeit«[22], um die es wohl auch hier geht, während der junge Mann sich herausgefordert sieht, das bequeme »Mutterkomplexige« seiner Kindheit zu übersteigen, zu überwachsen.

Vollends als Sisyphusarbeit mag ihm das Lasttragen erscheinen, als sich die Alte – die zusehends munterer wird, je mehr er sich plagt – schließlich mit einem einzigen Satz auf seinen Rücken schwingt. Diesen mehr als sportlichen Sprung hätte man ihr, die bisher an einer Krücke wackelte, nie zugetraut. In dieser ungewöhnlichen Alten verbirgt sich offenbar zugleich die Sprungkraft der Jugend. Es ist nicht mehr daran zu denken, sie abzuschütteln. Mächtig und gewichtig hockt sie ihm auf, wie der leibhaftige »Hockauf« in den Albträumen: Er wird von ihr geritten, wie einen Packesel treibt sie ihn an, mit Ruten und Brennnesselhieben. So peinigend kann einem der negativ-fordernde Aspekt des Mutterkomplexes aufhocken! Auch wenn die Brennnesseln zugleich die Durchblutung fördern, wie eine Teilnehmerin an einem Seminar über dieses Märchen betonte, lässt sich das Quäntchen Sadismus in diesem Antreiben nicht übersehen. Wie ein zweiter Christophorus also trägt er die zaundürre Alte, die zugleich mehr Gewicht hat als die dickste Bauerndirne, schließlich doch ans Ziel. Außerordentlich lebendig und nicht ohne Witz ist diese Szene in dem Märchen beschrieben:

Was wollte er machen? Er musste sich in sein Schicksal fügen und geduldig hinter der Alten herschleichen. Sie schien immer flinker zu werden und ihm seine Last immer schwerer. Auf einmal tat sie einen Satz, sprang auf das Tragtuch und setzte sich oben darauf; wie zaundürre sie war, so hatte sie doch mehr Gewicht als die dickste Bauerndirne. Dem Jüngling zitterten die Knie, aber wenn er nicht fortging, so schlug ihn die Alte mit einer Gerte und Brennnesseln auf die Beine. Unter beständigem Ächzen stieg er den Berg hinauf und langte endlich bei dem Haus der Alten an, als er eben niedersinken wollte.

Immer jugendlicher, immer lebendiger wirkt die Alte, immer älter, immer schwerfälliger der Junge, je weiter sie den Berg hinan und der Hütte der Alten näher kommen. Die Bilder, die in einer Gruppe, mit der wir das Märchen besprachen, gemalt wurden, beweisen es deutlich, wie beeindruckt die Teilnehmer von der wachsenden Lebendigkeit der Alten waren. Überhaupt waren die Gefühle und Emotionen der Gruppenteilnehmer, die zunächst noch nicht das ganze Märchen, sondern diese eine Szene zu hören bekamen, sehr unterschiedlich und aufschlussreich. Einige waren empört über die Alte: Sie erinnerte sie direkt an ihre Mutter in ihrer ansprüchlichen Art und ihrer Raffinesse, den guten Willen, das Mitleid und die Hilfsbereitschaft auszunutzen. Es erschien ihnen typisch, wie die Alte immer munterer wird, je mehr der Helfer sich belasten lässt und Erschöpfung zeigt: Es ist, als habe sie ihm seine Vitalität gestohlen! Andere wiederum identifizieren sich mit der Alten, ihrer Aktivität und Vitalität, mit Seiten, die sie bisher sich selber nicht zugetraut hatten, und gewannen dabei selbst an innerer Lebendigkeit.

Was ist diese Alte aus einer bestimmten psychologischen Perspektive betrachtet anderes als die mächtige andere Seite eines Mutterkomplexes, die abgedrängt hier in der Einöde lebt. Es ist die Seite, die den Betroffenen einerseits überfordert und andererseits spöttisch entwertet, ihm scheinbar nichts zutraut. Das heißt, er selbst traut sich angesichts der riesenhaften Forderung nichts mehr zu. Dieser Seite des Komplexes muss der zunächst verwöhnte Junge, dem es die persönliche Mutter leicht machte, erst begegnen – und er begegnet ihr, als er auf dem Waldspaziergang mit seiner tieferen Natur, seinem tieferen Gefühl in Kontakt tritt –, ehe er die schenkende Seite des Großen Mütterlichen, die weise Frau, auf einer neuen Ebene kennenlernt. Zunächst tritt ihm die Alte also tyrannisch entgegen – ob wir uns diese Begegnung nun als ein Erlebnis in einem Tagtraum, einer Fantasiereise oder einer aktiven Imagination vorstellen. Ihrer negativen Gestalt muss er zuerst begegnen und standhalten, um schließlich auch der Gaben der weisen Alten teilhaftig werden zu können, über die sie in reichem Maß verfügt.

Die Tochter der weisen Frau

Als die Gänse die Alte erblickten, streckten sie die Flügel in die Höhe und die Hälse voraus, liefen ihr entgegen und schrien ihr Wulle, Wulle. Hinter der Herde, mit einer Rute in der Hand, ging eine bejahrte Trulle, stark und groß, aber hässlich wie die Nacht. »Frau Mutter«, sprach sie zur Alten, »ist euch was begegnet? Ihr seid so lange ausgeblieben.« – »Bewahre, mein Töchterchen«, erwiderte sie, »mir ist nichts Böses begegnet, im Gegenteil, der liebe Herr da hat mir meine Last getragen; denk dir, als ich müde war, hat er mich selbst noch auf den Rücken genommen. Der Weg ist uns auch gar nicht lang geworden, wir sind lustig gewesen und haben immer Spaß miteinander gemacht.« Endlich rutschte die Alte herab, nahm dem jungen Mann den Bündel vom Rücken und die Körbe vom Arm, sah ihn ganz freundlich an und sprach: »Nun setzt Euch auf die Bank vor die Türe und ruht Euch aus. Ihr habt Euern Lohn redlich verdient, der soll auch nicht ausbleiben.« Dann sprach sie zu der Gänsehirtin: »Geh du ins Haus hinein, mein Töchterchen, es schickt sich nicht, dass du mit einem jungen Herrn allein bist, man muss nicht Öl ins Feuer gießen; er könnte sich in dich verlieben.« Der Graf wusste nicht, ob er weinen oder lachen sollte. Solch ein Schätzchen, dachte er, und wenn es dreißig Jahre jünger wäre, könnte doch mein Herz nicht rühren. Indessen hätschelte und streichelte die Alte ihr Gänse wie Kinder und ging dann mit ihrer Tochter in das Haus.

Das Erste, was diesem wunderlichen Gespann, dem jungen Grafen und der Alten, die ihn zureitet, entgegenkommt, sind die Gänse. Gänse sind ja sehr wachsam und können den Fremden, der ihr Revier betritt, sehr unangenehm anfauchen und notfalls zwicken. Doch der vertrauten Alten kommen sie freudig entgegen, die Flügel hochgestreckt und die Hälse voraus, schnattern und rufen ihr »wulle-wulle« der wohlbekannten Person entgegen, von der sie Futter erwarten: hier unserer Alten. In Kürze wird sie ihre Gänse hätscheln und streicheln wie Kinder, sie hat ein ausgesprochen vertrautes Verhältnis zu ihnen und erweist sich ihnen gegenüber als liebevoll und mütterlich. Eine liebevolle Beziehung besteht offensichtlich auch zwischen ihr und der Hirtin ihrer Gänseherde, ihrem »Töchterlein«, wie sie sie nennt, einer bejahrten »Trulle« allerdings, stark und groß, »hässlich wie die Nacht«.

Wir begegnen nun zum ersten Mal dieser merkwürdigen Gestalt der Gänsehirtin, nach der unser Märchen offenbar benannt ist. Sollte sie die heimliche Heldin dieses Märchens sein? Das Töchterchen ist spürbar besorgt über das lange Ausbleiben seiner Mutter. Diese jedoch erklärt mit ironischem Übermut, ihr und auch noch einmal dem jungen Grafen, wie hilfsbereit der junge Herr doch gewesen sei und wie er sie schließlich selbst auf den Rücken genommen habe, als sie müde geworden sei: wie viel Spaß sie doch miteinander gehabt hätten! Sie erzählt also die Geschichte, die sie miteinander erlebt haben, so, dass sie deren Schattenseiten glattweg überspringt und allein die Gutmütigkeit des Grafen herausstreicht, als hätte sie ihn nicht unendlich gepeinigt. Es mag sich hier, wenn wir die Alte einmal als innere Gestalt des Grafen annehmen, eine Möglichkeit und Fähigkeit unserer Psyche zeigen, nach überwundenen Schwierigkeiten die Mühen des Weges herunterzuspielen, sodass wir vor uns selber doch so dastehen, als hätten wir das alles leicht bewältigt. Darin mag sich noch einmal ausdrücken, dass es der Graf mit seinem bisherigen Selbstbild gar nicht vereinbaren kann, durch eine solche Erfahrung so an den Rand seiner Kräfte gebracht worden zu sein.

Das Töchterlein der Alten wiederum wird so beschrieben, dass es dem üblichen Frauenideal diametral zuwiderläuft: bejahrt statt jugendlich, stark, wahrscheinlich also »dick«, und groß statt zart und zierlich, hässlich wie die Nacht statt schön wie der Tag. Allem, was nach gängiger Vorstellung eine Frau attraktiv und anziehend macht, widerspricht diese Trulle. Sie ist eine auf jeden Fall dicke, plumpe, dabei nicht ungemütliche, nicht humorlose, aber gewiss doch schwerfällig umständliche Frau. Insofern passt sie zu der Alten, die ebenfalls bis hierher alle Regeln des Weiblichen gesprengt hat, mit ihrer Eigenwilligkeit, mit ihrer unverhohlenen, gewitzten Bösartigkeit und Souveränität, mit der sie den jungen Mann in ihre – oder sind es höhere? – Dienste zwingt. Umso ungeheuerlicher und wieder von der hintergründigen Ironie der Alten erfüllt muss es dem Grafen erscheinen, dass sie ihr Töchterlein vor ihm warnt, als könne er sich in sie verlieben. Der Leser allerdings wird hier – allem Spott der Alten zum Trotz – nachdenklich gemacht: Könnte sich hinter der so auffallend hässlichen Erscheinung des Töchterleins nicht doch noch mehr verbergen, als auf den ersten Blick sichtbar ist? Könnte hier womöglich eine optische Täuschung, eine Projektion des Grafen vorliegen: die nur dem Betrachter, dem Grafen, gemäß seiner jetzigen Perspektive und gemäß seinem jetzigen Frauenbild dieses Töchterlein so alt, so trullenhaft und hässlich erscheinen lässt? Die Alte jedenfalls und dieses Trullentöchterlein, sie scheinen unauflösbar zusammenzugehören. Man kann die eine nicht ohne die andere haben (von einem Vater dieser Tochter ist hier jedoch nicht die Rede).

Indessen lernen wir nun mit dem jungen Grafen zusammen den Lebensbereich der Alten mit all seinem Überraschenden noch näher kennen. Ehe er sich auf der Bank unter dem wilden Apfelbaum – symbolisch einem ausgesprochenen Lebens- und Liebesbaum – ausstreckt, nimmt er noch die paradiesähnliche Umgebung rings um das Haus der Alten in sich auf. Jetzt am Übergang vom Bewusstsein zum Unbewussten, zum Schlaf, nimmt er den wahren Lebensraum der Alten ganz wahr: Auch dies könnten wir als eine Imagination verstehen.

Auffällig ist die Milde der Luft, des Klimas, der Atmosphäre hier oben, die gewiss auch im symbolischen Sinn zu verstehen ist, nachdem sich die Alte beim Weg hierher gerade so rau betragen hat. Auch in dem motivverwandten Märchen »Die Nixe im Teich« ist der Kontrast zwischen der Beschwerlichkeit des Weges zur Alten und ihrem paradiesischen Aufenthaltsort noch dadurch betont, dass der Heldin beim Aufstieg Regen und rauer Wind ins Gesicht schlagen. Hatten wir übrigens zu Anfang bei der Begegnung zwischen der Alten und dem Grafen eine frühe Morgenstimmung vor uns, so mutet die jetzt beschriebene Tageszeit mittäglich an, er ist also wohl auch mit seinem Bewusstsein im Laufe dieser Entwicklung auf die Höhe des Tages gekommen. Nehmen wir die Beschreibung, die unser Märchen von dem Wohnort der Alten gibt, noch einmal wahr:

Der Jüngling streckte sich auf die Bank unter einem wilden Apfelbaum. Die Luft war lau und mild: ringsumher breitete sich eine grüne Wiese aus, die mit Himmelsschlüsseln, wildem Thymian und tausend andern Blumen übersät war: mittendurch rauschte ein klarer Bach, auf dem die Sonne glitzerte; und die weißen Gänse gingen auf und ab spazieren oder puddelten sich im Wasser. »Es ist recht lieblich hier«, sagte er, »aber ich bin so müde, dass ich die Augen nicht aufbehalten mag: ich will ein wenig schlafen. Wenn nur kein Windstoß kommt und bläst mir meine Beine vom Leibe weg, denn sie sind mürb wie Zunder.«

Eine weite grüne Wiese breitet sich aus: übersät mit Blumen und wilden Heil- und Gewürzpflanzen, wie Himmelsschlüsseln[23] und Thymian[24]. Himmelsschlüssel vermögen nach altem Glauben den Himmel aufzuschließen. Wie der wilde Thymian haben sie vielfältige Heilwirkungen. Wunderhübsch mag diese Wiese auch farblich mit ihren gelben Schlüsselblumen und dem blau-violetten Thymian aussehen. Daneben gibt es noch zahllose weitere Blumen und Kräuter hier. Wie die Herrin des Gartens im Rapunzelmärchen verfügt auch diese Alte über einen – in diesem Fall wilden – Blumen- und Kräutergarten.

Es ist reizvoll, den beiden ausdrücklich genannten Blumen, der Schlüsselblume und dem Tymian, und ihrer Wirkung noch ein wenig nachzuspüren. Die Schlüsselblume, deren Blütenstand an einen alten Schlüssel erinnert, wird auch mit Petrus in Verbindung gebracht und heißt deshalb auch Petrusblume. Im Volksmund nennt man sie noch Gichtblume, Herzkraut, Geschwulstkraut und Krätzeblume. Den entsprechenden Krankheiten soll sie heilkräftig entgegenwirken. Nach neuerer Sicht hilft ihre Wurzel vor allem bei festsitzendem Husten. Sie wächst gern an Bachufern und unter Obstbäumen, also genau an den Orten, wo wir sie bei unserer Alten finden. Auf Wiesen und Wäldern wird sie oft schon im März angetroffen. Je dunkler ihr Gelb, desto heilkräftiger.

Es ist interessant, dass der Schlüsselblume mit dem Thymian eine Blume gegenübergestellt wird, die im Juli, August ihre Hauptblütezeit hat, sodass also bei der Alten auch die Jahreszeiten ineinander übergehen und es dort zugleich Frühling und Sommer ist. Der wilde Thymian, auch Demut- oder Immenkraut, römischer Quendel, Marien-Bettstroh genannt, wächst auf freiem Feld, aber auch in Gärten. Die ganze Pflanze riecht stark aromatisch, eine ihrer Heilsubstanzen ist das ätherische Öl. Auch sie wirkt vor allem lösend gegen Bronchitis und Reizhusten, hat aber auch besondere Kraft zur Stärkung des Blutkreislaufs. Bei Nieren-, Blasen- und Atmungsstörungen hat sie sich bewährt. Man pflückt die Blumen, wenn sie anfangen zu blühen, schneidet die Stängel, um sie dann zu trocknen. Man verwendet sie als Tee, auch als Kräuterkissen und als Badesubstanz.

Es fällt auf, dass beide Blumen, von denen die Wiese der Alten übersät ist, eine besondere Kraft zum Lösen alter und festsitzender Verschleimungen und Verschlackungen haben. Die Alte hat also alle diese Heilpflanzen in Fülle und verfügt über deren Heilkräfte. Sie vermag tiefsitzend Gestautes wieder in Gang und das Leben wieder in Fluss zu bringen.

Auch Wasser ist da; ein quellfrischer, lebendiger Bergbach, auf dem die Sonne glitzert, durchströmt die Au der Alten und verleiht dem Boden Wachstumsenergie – im symbolischen Sinn auch fließende seelische Energie. Hier wiederum plantschen die Gänse der Alten mit besonderem Vergnügen umher. Als Herrin eines wilden Blumen- und Pflanzengartens also erscheint die Alte hier, als Herrin des lebendigen Wassers auch; als Besitzerin einer ansehnlichen Gänseherde ist sie zugleich Herrin der Tiere – alles dies sind Funktionen und Attribute, die symbolisch die Große Mutter als Naturmutter in ihrem Wandlungsaspekt kennzeichnen. Sollte unsere Alte, deren Kräfte und Machtfülle uns von Schritt zu Schritt bedeutsamer ansprechen, als eine der drei Erscheinungsweisen der Großen Mutter selber anzusehen sein, so müssen wir in ihr die Dritte, die Alte vermuten, die mit Tod, Wandlung und Erneuerung in Verbindung steht. Als Alte lebt sie bei ihrer Verbundenheit mit Pflanzen und Tieren dennoch in aller Zurückgezogenheit. Sie mischt sich nicht mehr von sich aus ins Leben der Menschen ein: Man begegnet ihr zufällig, während sie ihrem eigenen Tagwerk nachgeht, oder man sucht sie selber auf, meist nur dann, wenn Not und Ratlosigkeit sehr groß sind.

Nun ist unser Graf bei ihr angekommen, und endlich darf er sich ausruhen. Erstaunlich rasch regeneriert und erstarkt er wieder in ihrem heilkräftigen Lebensraum. Einen richtigen Heilschlaf – wie man ihn früher im Asklepios-Heiligtum oder im unterirdischen Tempel der Großen Mutter, im Hypgaion auf Malta, suchte – hat er hier unter ihrem wilden Apfelbaum getan. Doch nun kommt sie, rüttelt ihn wach, da er hier nicht bleiben könne – die Gänsemagd darf bleiben, er nicht – er darf sich nicht »verliegen« im Reich der weisen Alten! (Es könnte ihn sonst wieder zurückziehen in seinen Mutterkomplex.)

Als er ein Weilchen geschlafen hatte, kam die Alte und schüttelte ihn wach. »Steh auf«, sagte sie, »hier kannst du nicht bleiben. Freilich habe ich dir's sauer genug gemacht, aber das Leben hat's doch nicht gekostet. Jetzt will ich dir deinen Lohn geben, Geld und Gut brauchst du nicht, da hast du etwas anderes.« Damit steckte sie ihm ein Büchslein in die Hand, das aus einem einzigen Smaragd geschnitten war. »Bewahr's wohl«, setzte sie hinzu, »es wird dir Glück bringen.« Der Graf sprang auf, und da er fühlte, dass er ganz frisch und wieder bei Kräften war, so dankte er der Alten für ihr Geschenk und machte sich auf den Weg, ohne nach dem schönen Töchterchen auch nur einmal umzublicken.

Als er schon eine Strecke weg war, da hörte er noch aus der Ferne das lustige Geschrei der Gänse.

Nun sagt sie das Wort, das endgültig zeigt, dass sie so eindeutig böse nicht ist, dass sie Einsicht hat in ihr Tun und auch Empathie für ihn und seine Gefühle: »Freilich habe ich es dir sauer genug gemacht, aber das Leben hat's doch nicht gekostet.« Auf dieses Wort hin – in dem sie sich all dessen bewusst erweist, was sie ihm abverlangt hat – kann er ihr womöglich verzeihen, wie schwer sie es ihm gemacht hat. Sie will ihn auf ihre großzügige Art belohnen. Dass er Geld und Gut nicht braucht, weiß sie. So gibt sie ihm ein Büchslein, ein Döschen, aus einem einzigen Smaragd geschnitten, einen großen Edelstein also.

Das Büchslein ist von hohem Wert, ein fürstlicher Lohn eigentlich für eine Stunde Trägerdienst. Dieser grüne Stein hat symbolisch an allen Bedeutungen des Grünen teil, an Wachstum, neuer Hoffnung und frühlinghafter Auferstehung.[25] Er steht wegen seiner grünen Farbe im Zusammenhang mit der Fruchtbarkeit und daher auch mit dem Feuchten, dem Mond und dem Frühling.[26] Der Smaragd symbolisiert zugleich die »Unvergänglichkeit des Entstandenen«[27]. So wird ihm der jetzt errungene innere Bereich nicht mehr verloren gehen können. Mit diesem Stein kann er womöglich eines Tages etwas zum Leben erwecken, was gestorben schien.

Als Büchslein ist es zugleich Gefäß und hat teil an der Gefäßsymbolik alles Weiblichen, an der Animasymbolik. Einen Gegenstand hat ihm die Alte in die Hand gelegt, ein Unterpfand gleichsam für einen künftigen Zugang zu seinem eigenen weiblichen Seelenanteil, den er, wie die meisten jungen Männer, vermutlich zunächst auf eine Frau projizieren wird. Wir wissen noch nicht, was dieses geheimnisvolle Büchslein enthält, auch nicht, wann er es öffnen wird. »Insgesamt kann die Smaragdbüchse mit ihrer grünen Farbe und der weiblichen Form als Gefäß ein Symbol für das innere weibliche Seelenbild des Grafen sein, das ihm zunächst noch als ein relativ abstraktes Bild in seiner Seele erscheint. Es könnte sich auch um den naturhaften Aspekt des Selbst handeln.«[28] Wir erfahren zunächst nur, dass er so weit vom Alltagsbereich der Menschen entfernt war – so abgelegen wohnt also die Alte –, dass er drei Tage durch den Wald irren muss, ehe er wieder bei menschlichen Siedlungen anlangt:

»Der Graf musste drei Tage in der Wildnis herumirren, ehe er sich herausfinden konnte.«

Symbolisch verstanden bedeutet das auch, dass der Graf bei den Erlebnissen mit der Alten so tief in den Bereich seines Unbewussten gelangt ist, dass die Begegnung mit ihr, mit dem Mutterkomplex, in einem Maße Emotionen und Irritationen in ihm ausgelöst hat, dass er drei Tage lang braucht, um wieder zu sich zu kommen. Die Drei[29] kann hier allerdings auch bedeuten, dass er in männlich-aktiver Art sich darum bemüht, wieder aus der Wildnis herauszufinden. Er verlässt bezeichnenderweise auch ganz woanders den Bereich der Alten, als er in ihn hineingelangt ist: in einer fremden Stadt, in einem fremden Reich sogar, wo andere Maßstäbe herrschen, wo er unbekannt ist und seine Identität infrage steht. Seine alte Vorstellung von sich selbst ist durch die Erfahrung mit der Alten gründlich erschüttert!

Das Smaragdbüchslein oder die Gabe der Alten

Da kam er in eine große Stadt, und weil ihn niemand kannte, ward er in das königliche Schloss geführt, wo der König und die Königin auf dem Thron saßen. Der Graf ließ sich auf ein Knie nieder, zog das smaragdene Gefäß aus der Tasche und legte es der Königin zu Füßen. Sie hieß ihn aufstehen, und er musste ihr das Büchslein hinaufreichen. Kaum aber hatte sie es geöffnet und hineingeblickt, so fiel sie wie tot zur Erde. Der Graf ward von den Dienern des Königs festgehalten und sollte in das Gefängnis geführt werden, da schlug die Königin die Augen auf und rief, sie sollten ihn freilassen, und jedermann sollte hinausgehen, sie wollte insgeheim mit ihm reden.

Man weiß nichts anderes mit dem Fremdling, der seine Identität nicht nachweisen kann, in dem neuen Reich anzufangen, als ihn dem König und der Königin direkt vorzuführen. Die herrschenden Instanzen dieses Reiches und seiner Werte sollen bestimmen, was nun mit ihm zu geschehen hat. Er wird also mit seinen neuen Erfahrungen den Instanzen und Normen in diesem Reich vorgestellt. Und hier geschieht es, dass er – allzu naiv oder auch als gültigen Ausdruck dessen, wer er nun geworden ist, was er erlebt und überstanden hat, als Beweis seiner jetzigen und neuen Identität gleichsam – das Smaragdbüchslein vorzeigt und es demütig der Königin zu Füßen legt. Ihr, der Repräsentantin des herrschenden weiblichen Bewusstseins, nicht dem König, bringt er es dar; nach der Begegnung mit der Alten, seiner Bearbeitung des Mutterkomplexes, erwartet er sich Verständnis vor allem aus dem weiblichen Bereich. Oder ist auch diese Handlung noch als Ausdruck seines Mutterkomplexes zu verstehen? Es geschieht etwas Unerwartetes: Die Königin öffnet das Smaragdbüchslein und stürzt wie eine Tote nieder. War ein gefährlicher, vergiftender Zauber darin enthalten, gleich dem, der Schneewittchen totengleich niederfallen ließ, oder ist sie von Emotionen überwältigt, in deren Hintergrund wir hier noch nicht eingeweiht sind?

Der Graf soll verhaftet werden – die Reaktion des herrschenden männlichen Bewusstseins auf diesen Eindringling –, doch da kommt die Königin wieder zu sich und fordert, dem Haftbefehl des Königs sich entgegenstellend, eine Privataudienz mit dem jungen Mann. Hier erzeugt der Erzähler eine starke Spannung, da er uns für eine geraume Zeit im Ungewissen lässt, was nun eigentlich hinter dem Erschrecken der Königin steht. Jedenfalls übernimmt hier die Königin die Regie, bringt dem Unbekannten ein erstaunliches Vertrauen entgegen, allein, weil er im Besitz dieses Büchsleins ist.

Das ist das erste »Glück«, das ihm dieses Smaragdbüchslein bringt, ein Zeichen dafür, dass er in einer neuen Bezogenheit auf sein weibliches Seelenbild steht. Diese Bezogenheit öffnet ihm den Weg zum Vertrauen der Königin. Doch weiß er wohl selbst noch nicht, was sie in dem Büchslein fand. Der Königin ist Entscheidendes aufgegangen. Ein Teilnehmer der Gruppe, mit der ich das Märchen besprach und malen ließ, zeichnete diesen Moment, in dem er die Königin nur aus Augen, einem Gesicht mit riesig aufgerissenen Augen, bestehen ließ, in denen nichts als augenfüllend und leuchtend grün dieses Büchslein stand! Ihr muss etwas aufgegangen sein, was sie im Innersten betrifft. Was sie im Inneren des Kästchens gefunden hat, ist nichts Geringeres als eine Perle – und in der Perle erkennt sie die Spur ihrer vom Vater verstoßenen Tochter wieder, die die wundersame Gabe gehabt hatte, Perlen zu weinen statt Tränen: eine Gabe also, aus Schmerzen und Verwundungen – wie die Muschel auch – letztlich etwas Kostbares und Wertvolles herauszu-

destillieren. Ihr muss auch zugleich etwas über sich selbst als Mutter dieser Tochter aufgegangen sein!

Als die Königin allein war, fing sie bitterlich an zu weinen und sprach: »Was hilft mir Glanz und Ehre, die mich umgeben, jeden Morgen erwache ich mit Sorgen und Kummer. Ich habe drei Töchter gehabt, davon war die Jüngste so schön, dass sie alle Welt für ein Wunder hielt. Sie war so weiß wie Schnee, so rot wie Apfelblüte und ihr Haar so glänzend wie Sonnenstrahlen. Wenn sie weinte, so fielen nicht Tränen aus ihren Augen, sondern lauter Perlen wie Edelsteine. Als sie fünfzehn Jahr alt war, da ließ der König alle drei Schwestern vor seinen Thron kommen. Da hättet Ihr sehen sollen, was die Leute für Augen machten, als die Jüngste eintrat; es war, als wenn die Sonne aufging. Der König sprach: ›Meine Töchter, ich weiß nicht, wann mein letzter Tag kommt, ich will heute bestimmen, was eine jede nach meinem Tode erhalten soll. Ihr alle habt mich lieb, aber welche mich von euch am liebsten hat, die soll das Beste haben.‹ Jede sagte, sie hätte ihn am liebsten. ›Könnt ihr mir's nicht ausdrücken‹, erwiderte der König, ›wie lieb ihr mich habt? Daran werde ich's sehen, wie ihr's meint.‹ Die Älteste sprach: ›Ich habe den Vater so lieb wie den süßesten Zucker.‹ Die Zweite: ›Ich habe den Vater so lieb wie mein schönstes Kleid.‹ Die Jüngste aber schwieg. Da fragte der Vater: ›Und du, mein liebstes Kind, wie lieb hast du mich?‹ – ›Ich weiß es nicht‹, antwortete sie, ›und kann meine Liebe mit nichts vergleichen.‹ Aber der Vater bestand darauf, sie müsste etwas nennen. Da sagte sie endlich: ›Die beste Speise schmeckt mir nicht ohne Salz, darum habe ich den Vater so lieb wie Salz.‹ Als der König das hörte, geriet er in Zorn und sprach: ›Wenn du mich so liebst als Salz, so soll deine Liebe auch mit Salz belohnt werden.‹ Da teilte er das Reich zwischen den beiden Ältesten, der Jüngsten aber ließ er einen Sack mit Salz auf den Rücken binden, und zwei Knechte mussten sie hinaus in den wilden Wald führen. Wir haben alle für sie gefleht und gebeten«, sagte die Königin, »aber der Zorn des Königs war nicht zu erweichen. Wie hat sie geweint, als sie uns verlassen musste! Der ganze Weg ist mit Perlen besät worden, die ihr aus den Augen geflossen sind. Den König hat bald hernach seine große Härte gereut und hat das arme Kind in dem ganzen Wald suchen lassen, aber niemand konnte sie finden. Wenn ich denke, dass sie die wilden Tiere gefressen haben, so weiß ich mich vor Traurigkeit nicht zu fassen; manchmal tröste ich mich mit der Hoffnung, sie sei noch am Leben und habe sich in einer Höhle versteckt oder bei mitleidigen Menschen Schutz gefunden. Aber stellt Euch vor, als ich Euer Smaragdbüchslein aufmachte, so lag eine Perle darin, gerade der Art, wie sie meiner Tochter aus den Augen geflossen sind, und da könnt Ihr Euch vorstellen, wie mir der Anblick das Herz bewegt hat. Ihr sollt mir sagen, wie Ihr zu der Perle gekommen seid.« Der Graf erzählte ihr, dass er sie von der Alten im Walde erhalten hätte, die ihm nicht geheuer vorgekommen wäre und eine Hexe sein müsste; von ihrem Kinde aber hätte er nichts gehört und gesehen. Der König und die Königin fassten den Entschluss, die Alte aufzusuchen; sie dachten, wo die Perle gewesen wäre, da müssten sie auch Nachricht von ihrer Tochter finden.

Die Königin erzählt nun von ihrer Tochter in einer langen Geschichte, die, literarisch gesehen, ein Märchen im Märchen bildet.[30] Es ist die Geschichte der Verstoßung dieser Tochter, der jüngsten von dreien, die von außerordentlicher Schönheit und mit allen Kennzeichen der künftigen Heldin versehen ist und des Vaters liebstes Kind gewesen war. Die Lieblingstochter des Vaters kommt oftmals im Märchen vor, am deutlichsten bei »Allerleirauh« dargestellt, aber auch in »Das singende, springende Löweneckerchen«. Immer ist auch die spezifische Problematik anzutreffen, die an dieser engen Bindung zwischen Vater und Tochter hängt. Was kann einen Vater, der noch dazu als König die herrschenden Werte verkörpert, veranlasst haben, sich so zu verhalten, die Töchter in solch eine fatal ambivalente Gefühlssituation zu bringen! Zunächst sieht es ja noch so aus, als wolle er besonders gut und rechtzeitig für seine Töchter sorgen, sie gut versorgen: Doch welche Bedingungen knüpft er daran, wenn er solche Liebesbeweise von den Töchtern fordert, wie sie hier beschrieben sind. Seine Beziehung zu seiner Frau, der Königin, aber zum Weiblichen überhaupt, muss zutiefst problematisch sein, er selbst muss in seinem Selbstwertgefühl und in seinen narzisstischen Bedürfnissen ungestillt sein und deshalb allzu viel Bestätigung von den Töchtern erwarten. So werden die Töchter von ihm mit eigenen Wünschen besetzt und vereinnahmt, sodass sie zunächst für den Vater da sein, das ungelöste Problem des Vaters lösen helfen müssen. Ihre eigene weibliche Entwicklung kann dadurch stark blockiert werden. Vor allem wenn der Vater seine eigene junge entwicklungsfähige Anima auf die Tochter projiziert, was bei der Lieblingstochter nicht unwahrscheinlich ist, gerät diese unter stärksten

Erwartungsdruck, die Anima ihres Vaters adäquat darstellen zu sollen. Wehe, wenn sie es nicht tut. Was dann geschehen kann, erzählt unser Märchen.

Als die drei Töchter ihre Liebesbeweise zu erbringen versuchen, erwartet der Vater die Aussage der Jüngsten mit größter Spannung. Sie muss das richtige Stichwort für ihn finden. Dieses Stichwort für ihre Beziehung muss etwas ganz Besonderes sein! Die beiden Älteren bleiben mit ihren Vergleichen im konventionellen weiblichen Rahmen, nicht ohne ein wenig Schönrednerei, wenn die Älteste ihre Liebe zu dem Vater mit dem Zucker vergleicht, ein Symbol für Süße, aber auch für Schmeichelei,[31] die Zweite mit ihrem Lieblingskleid, also mit etwas, was sie selber schmückt und herausputzt; sie schmückt sich offenbar gerne, auch mit dem königlichen Vater, auf den sie stolz ist. Ob die beiden wirklich nur aus weiblichem Narzissmus ein wenig berechnend handeln, oder ob sie sich unbewusst-bewusst nicht auch vor des Vaters übergreifenden Ansprüchen schützen, mag dahingestellt sein. Die Aussagen der beiden Älteren tangieren den Vater sowieso nicht so stark wie die Äußerung der Lieblingstochter. Diese mag ihre Gefühle zum Vater mit nichts vergleichen, widersteht der Zumutung, sie ausdrücken zu sollen: »Du sollst dir kein Bildnis machen«, verlangt zum Beispiel Max Frisch auch im Blick auf den geliebten Menschen.[32]

Die jüngste Tochter bleibt dieser Regel treu, die die Unverfügbarkeit und Unvergleichbarkeit aller echten Liebe meint. Der Vater aber, der diese Liebe dingfest machen möchte, bedrängt sie. Da kommt sie schließlich zu dem Vergleich, sie habe den Vater »so lieb wie das Salz«. Die schlüssige Begründung, die beste Speise schmecke ihr nicht ohne Salz, kann er gar nicht aufnehmen, so sehr erzürnt ihn dieser in seinen Ohren unstimmige Vergleich aus dem Mund seiner Tochter, von der er Besonderes erwartet hat. Das ist das falsche Stichwort in seinen Ohren. Für ihn klingen die Negativassoziationen zu Salz an: »die Suppe versalzen«; »Salz in die Wunde streuen« oder gar »im Salz liegen«, was bedeutet, dass man in größter Bedrängnis ist.[33] Auch allgemeines Unglück, Bitterkeit und Leiden[34] sowie Zerstörungskraft und Verdammung[35] sind mit Salz zu assoziieren. Es kommt diesem Vater nicht in den Sinn, dass das Salz in der richtigen Dosis alle Speisen erst in ihrem eigenen Geschmack herausholt, sie bekömmlicher und haltbarer macht; dass das Salz allen Dingen ihr »Werde, was du bist« ermöglicht. Wie das Salz den

Eigengeschmack aller Speisen verfeinert, so hätte auch der Vater seiner Tochter zur Selbstwerdung dienen sollen, Katalysator hätte er sein sollen, Würze, nicht die Speise selbst. Das versteht er nicht, das ist zu wenig für seinen Anspruch, das löst eine ungeheure narzisstische Kränkung und Enttäuschungswut in ihm aus. So verstößt er seine Tochter in den wilden Wald und lässt ihr, wie zum Hohn, einen Sack voll Salz auf den Rücken binden, damit sie immer genug davon habe.

Das »Werde, die du bist« gibt er ihr somit ungewollt mit auf den Weg. Welch eine Parallele übrigens, dass nun auch ihr, der verstoßenen Königstochter, eine Last auf den Rücken gebunden wird, die sie zu tragen hat wie der junge Graf in der ersten Szene des Märchens. Mit dem Salz trägt sie auch an ihrer »Unbestechlichkeit«[36]. Wie die Äpfel und Birnen, die der Graf schleppen muss, hat auch das Salz Erosbedeutung.[37] Die volle Bedeutsamkeit dessen, was die Tochter da meint und was sie nun wirklich aufgeladen bekommt, lässt sich vielleicht erst erfassen, wenn wir C. G. Jungs tiefgründige Studien über das Salz als alchemistische Arkansubstanz in seinem Spätwerk »Mysterium Coniunctionis« hinzuziehen: Hier behandelt er das Salz in seiner Beziehung zum Meer und zum Mond, das Salz als »Spezifikum des lunaren Symbolismus«[38]. Er schreibt hier: »Wie die Weltseele alles durchdringt, so auch das Salz. Es ist schlechthin überall und erfüllt daher die Erwartung an die Arkansubstanz, daß sie nämlich überall gefunden werde. […] Es stellt das weibliche Prinzip des Eros, der alles zueinander in Beziehung setzt, in nahezu vollkommener Weise dar.«[39] Nach Jungs Sicht ist das Salz »die Einsicht, das Verständnis und die Weisheit«[40]. Er schreibt weiter: »Abgesehen von seiner konservierenden Wirkung hat das Salz hauptsächlich die übertragene Bedeutung von sapientia [Weisheit].«[41]

Neben den positiven Eigenschaften des Salzes betont Jung auch seine Bitterkeit, die für unsere Prinzessin zum Grund für das bittere Missverständnis des Vaters wurde; Jung sieht aber gerade auch in der Bitterkeit des Salzes seine klärende und reinigende Kraft. »Die Enttäuschung nun, als ein Schock für das Gefühl, ist nicht nur die Mutter der Bitterkeit, sondern auch die mächtigste Triebfeder der Gefühlsdifferenzierung. Das Versagen eines Lieblingsplanes, das der Erwartung nicht entsprechende Benehmen einer geliebten Person usw. bildet den Anstoß entweder zu einem mehr oder weniger brutalen Affektausbruch oder zu einer Modifizierung und Anpassung des Gefühls, und damit zu einer höheren Entwicklung desselben. Diese gipfelt in der Weisheit, und zwar dann, wenn sich zum Gefühl auch die Nachdenklichkeit und die verstandesmäßige Erkenntnis gesellen. Weisheit ist nie gewalttätig, und darum tut in ihr das eine dem anderen auch keine Gewalt an.«[42]

Der Wert des Salzes, das dem verwöhnten König ein Unwert ist, zeigt sich schön in einer afrikanischen Fassung unseres Märchens, »Das Salz der Erde«, eine Variante aus dem Land, in dem noch vor wenigen Jahrzehnten die Salzkarawanen sich durch riesige Wüstenstrecken schlugen, Sandstürme und glühende Hitze auf sich nahmen, nur um das kostbare Gut Salz zu jeder Oase, zu jedem Beduinenlager zu bringen.[43] In der afrikanischen Märchenvariante unterhalten sich drei Töchter, wie lieb eine jede von ihnen den Vater habe. »Ich habe ihn sehr lieb«, sagt die eine, »ich habe ihn sehr, sehr lieb«, sagt die zweite, »und ich habe ihn so lieb wie das Salz«, sagt die dritte. Das hört der Vater zufällig und erzürnt so sehr, dass er seine jüngste Tochter verstößt. Sie findet Unterkunft bei einem Nachbarstamm und heiratet dort. Als nach Jahren der Vater einmal bei diesem Stamm zu Gast ist, erkennt er seine Tochter nicht; sie aber erkennt ihn. Das erste Gericht bringt sie ihm ungesalzen, was ihn sehr verwundert. Auch das zweite bringt sie ungesalzen. Erst das dritte würzt sie ihm mit der richtigen Dosis Salz. Es schmeckt ihm vorzüglich, und als er nachfragt, was es mit dem Salz auf sich gehabt habe, gibt sie sich zu erkennen. Er freut sich sehr, seine verlorene Tochter wiederzufinden und bereut sein törichtes Handeln.

Auch der Vater in unserem Märchen bereut in Kürze seine vorschnelle jähzornige Tat. Er beginnt gemeinsam mit seiner Frau das Mädchen in dem wilden Wald zu suchen – der bekanntlich symbolisch auch die tiefe Verstrickung seiner Gefühle ins Unbewusste bedeutet –, doch können sie es nicht mehr finden. Auch die Mutter zeigt sich in einer schlimmen Lage: Sie ist nicht böse, aber schwach und hat sich an der Verstoßungstat des Vaters dadurch mitschuldig gemacht, dass sie sie nicht hat verhindern können. Eine Frau und Mutter wie viele im Patriarchat ist sie: Sie vermag nichts gegen den Willen des Mannes zu tun. Damit bleibt sie der Tochter das Bild einer selbstständigen und in sich ruhenden Frau schuldig, das für die weibliche Entwicklung des Mädchens so wesentlich wäre. Jahrelanger, zermürbender Schmerz um die verlorene Tochter und bittere Selbstanklagen sind die Folge. Nun aber beschließt sie auf der Stelle, mit ihrem Mann gemeinsam auf die Suche nach der Alten zu gehen, sie beschließt, sich nichts mehr zu viel sein zu lassen, um die Tochter wiederzufinden. Hier erscheint sie als der treibende Pol der beiden Eltern: Sie hat den jungen Mann ins Vertrauen gezogen, dem Haftbefehl ihres Mannes widersprochen.

Um noch einmal auf den Grafensohn zurückzukommen: Geht es wohl auch für diesen in dem Königreich, in dem er nach der Begegnung mit der Alten »herauskommt«, um seine eigene Animageschichte, die, vom Vater abgewertet und von der Mutter vielleicht nicht getragen, erst durch die Begegnung und künftige Wiederbegegnung mit der Alten in ihren wahren Rang eingesetzt werden kann? Geht es hier doch auch um das kollektive Problem – es handelt sich um ein »Reich« – des abgewerteten Weiblichen! Nun aber hat die Königin die Perle entdeckt, sie initiiert offenbar den Plan, die Alte aufzusuchen. Und es gelingt ihr, den König für den gleichen Plan zu gewinnen. Bemerkenswert ist, wie sie sich zu der Alten aufmachen wollen, zu Fuß, ohne alle königlichen Privilegien, obgleich der junge Graf seine Ambivalenz der Alten gegenüber noch immer nicht überwunden hat, wie wir jetzt sehen. Sie ist ihm nicht geheuer vorgekommen und er erwägt auch jetzt noch, ob sie nicht doch eine Hexe sei. Auch für die Eltern besteht also die Möglichkeit, mit einer Hexe konfrontiert zu werden (psychologisch gesehen: bei sich selbst auf die negative Seite des Mutterkomplexes zu stoßen), doch das schreckt das nun zu allem entschlossene Königspaar nicht ab. Es gilt für sie nur noch, die einzige Spur zu verfolgen, die ihnen die kostbare Perle weist. Ist sie womöglich ein Zeichen für Leben, für das Leben ihrer Tochter, das die Alte, so hexenhaft sie sein mochte, wider alles Erwarten hatte bewahren können? Diese Alte wollen sie aufsuchen.

Wir fragen uns nun, wodurch denn diese Alte – gesetzt den Fall, sie wäre als Hexe auch eine Weise – für ein Mädchen, das durch die Inzestfantasie und die entsprechende Verstoßungsproblematik in seinem Selbstwertgefühl getroffen ist, eine Hilfe sein kann. Über eines besteht eine große Übereinstimmung in der Jung'schen Psychologie, dass nämlich die Beschädigungen, die Kinder durch ihre realen Eltern erfahren haben, nur durch den Gang zu den größeren, überpersönlichen Eltern, den archetypischen Eltern, geheilt und erlöst werden können. So könnte auch die verstoßene Königstochter auf ihrem inneren eigenen Weg zu ihrer alten Weisen gekommen sein, wo Heilung zu finden ist.

Nun steht die Alte für alles Steinalte, Uralte überhaupt, als Symbol und Gleichnis: Sie stellt insofern dies Steinalte, das Überzeitliche der Archetypen selber dar. Innerhalb der altüberlieferten Göttinnen-Dreiheit – nehmen wir die Gestalt der kretischen Dreiheit als Beispiel – stellt sie Hekate, die mit dem Schwarz des Leermondes, mit dem Schwarz der Nacht und des Todes Verbundene dar. Nicht in der Gestalt von Demeter, der das Rot des Vollmondes und die Fülle des Lebens zugehört, hätte die Große Mutter diesem Menschenkind helfen können: Sie kann es nur in Gestalt der Hekate, die Tod und Wiedergeburt, die vor allem Wandlung bedeutet und bewirkt. Das Weiß der jugendlichen Köre und das Rot der Demeter gehören vielmehr zu dem Mädchen selbst, verweisen auf dessen eigene Entwicklungsmöglichkeit. Der Sonnenglanz in ihrem Haar deutet von Anfang an auf ihre Fähigkeit zur Bewusstseinsentwicklung. Für die Eltern wie für sich selbst ist dieses Mädchen, die Königstochter, tatsächlich gestorben in der Zeit, in der sie im Wald und zugleich im Unbewussten verschwunden und, wie wir sahen, bei der Alten aufgenommen worden ist: Tiefsten Rückzug auf sich selbst, Introversion und Regression würde diese Zeit psychisch für die Königstochter bedeuten. Hier also könnte sie das Weiblich-Mütterliche als eine kraftvoll-beschützende und zugleich zu Wandlung und Auferstehung motivierende Macht erfahren. Doch hören wir wieder von der Alten selbst. Vielleicht bestätigt sich unsere Ahnung, dass die verstoßene Königstochter bei ihr Aufnahme gefunden habe.

Bei der Schicksalsspinnerin

Die Alte saß draußen in der Einöde bei ihrem Spinnrad und spann. Es war schon dunkel geworden, und ein Span, der unten am Herd brannte, gab ein sparsames Licht. Auf einmal ward's draußen laut, die Gänse kamen heim von der Weide und ließen ihr heiseres Gekreisch hören. Bald hernach trat auch die Tochter herein. Aber die Alte dankte ihr kaum und schüttelte nur ein wenig mit dem Kopf. Die Tochter setzte sich zu ihr nieder, nahm ihr Spinnrad und drehte den Faden so flink wie ein junges Mädchen. So saßen beide zwei Stunden und sprachen kein Wort miteinander. Endlich raschelte etwas am Fenster, und zwei feurige Augen glotzten herein. Es war eine alte Nachteule, die dreimal uhu schrie. Die Alte schaute nur ein wenig in die Höhe, dann sprach sie: »Jetzt ist's Zeit, Töchterchen, dass du hinausgehst, tu deine Arbeit.«

Nun wechselt die Erzählperspektive wieder strikt zu der Alten hinüber. Die Alte also versteht sich aufs Spinnen. Obgleich damals wohl fast alle Frauen mehr oder weniger gut spinnen konnten, wird doch diese Tätigkeit bei der Alten im Märchen besonders betont: Zum Beispiel spinnt auch die Alte im Turm, die Dornröschen zum Schicksal wird. Diese Alten am Spinnrad sind alle mit den drei schicksalsspinnenden Nornen verwandt, mit Urd, Werdandi und Skuld, die unter der Weltenesche die Schicksalsfäden drehen und das Gewirk eines jeden Lebens weben. Aus der Rohwolle, aus dem Flachs, wird ein fester Faden gedreht, der zum Weben und Stricken verwendet werden kann, zur Herstellung von Kleidern, Teppichen und Zelten, eine der frühesten Kulturtätigkeiten des Menschen überhaupt, und immer wieder in den Händen der Frauen. Es ist eine ruhige, gleichmäßige, fast meditative Tätigkeit, mit dem Drehen des Spinnrads und der Spindel verbunden, mit der geschickten Zwirbeltätigkeit der Hand, eine Tätigkeit, die der Fantasie freien Lauf lässt und vielfach auch zum Ausspinnen und Weiterspinnen von Lebensgeschichten anregt. Viel dynamische Rotation, Drehung und Wandlung liegt allein in dieser Tätigkeit: »Das Spinnen symbolisiert an sich eine Geistestätigkeit, die im Unbewussten abläuft, oder besser gesagt: sogar die Geistestätigkeit des Unbewussten. Als ein Herstellen feiner Fäden bedeutet es Fantasieren, in Bildern denken. Beim Spinnen wird aus vielen Einzelheiten ein zusammenhängender Faden, also ein Ganzes gemacht.«[44] Als solche Schicksalsspinnerinnen werden die Alten im Märchen oft bezeichnet. Wenn die jungen Mädchen und Frauen ins Spinnen eingeführt werden, heißt das auch, dass sie jetzt bewusst und aktiv zum Mitgestalten des Schicksals, zum Mitgestalten ihrer eigenen Lebensgeschichte aufgefordert und auch befähigt werden. Es kommt dabei auch darauf an zu sehen, dass es bei solch einer Lebensgeschichte um ein größeres Ganzes geht, nicht nur um einzelne Bruchstücke.

So ist es auch hier. Als die Gänsemagd vom Hüten zurückkehrt, setzt sie sich zu der Alten und spinnt mit ihr, und über diesem Spinnen gewinnt sie plötzlich eine jugendliche Dynamik, sie spinnt »flink wie ein junges Mädchen«, sie hört auf, »bejahrt« zu sein. Aus dem Spinnen und dem Gänsehüten also besteht die Zeit, die diese junge Frau bei der Alten verbringt. Was haben diese Tätigkeiten mit dem zu bewältigenden Problem dieser Frau zu tun? Für das Spinnen haben wir uns schon verdeutlicht, dass sie – die bisher von den Werten und dem Willen des Vaters bestimmte Lieblingstochter – wohl jeden Abend mit der Alten gemeinsam lernt, an ihrem eigenen Schicksal mitzuspinnen, weibliche Intuition und Imagination für das darin enthaltene Ganze und die neuen Möglichkeiten zu entwickeln. Auch wird es so sein, dass zugleich »die Heldin am Spinnen die Mühsal des nur Weiblichen, des Mütterlichen bis in die letzten Tiefen durchleben muss, um darüber hinauszugelangen.«[45]

Beim Gänsehüten, das sie ebenso gründlich lernen muss wie die Gänsemagd in Grimms gleichnamigem Märchen, geht es darum, über das Aufmerksamsein, Geduldhaben und das Einfühlen in die Lebensgewohnheiten der Tiere hinaus auch das Hüten der eigenen inneren Kräfte zu üben, die sich in noch nicht voll vermenschlichter Gestalt in ihr befinden. Durch die Hütetätigkeit sammelt und hütet sie auch sich selbst, lernt mit den Tieren in sich umzugehen und dabei Beziehungsfähigkeit zu entwickeln. Als liebste Tochter dieses Vaters verstand sie sich mehr vom Vater und seiner Welt her als aus ihrer eigenen Weiblichkeit heraus: Sie leitete ihren Selbstwert und ihr Selbstbild mehr von der Bestätigung durch das Männliche ab als aus sich selbst. An der schwachen Mutter hatte sie sich nicht orientieren können. Sie kann den Zugang zu dem naturhaft-weiblichen Bereich und zu dem darin verborgenen Weisheitsaspekt erst hier bei der archetypischen Mutter über dem Gänsehüten gewinnen.

Indessen ist es Abend geworden, es ist dunkel in der Stube. Nur ein Span am Herd gibt Licht – auch hier klingt eine uralte Funktion der Frau an: Sie ist Hüterin des Feuers, des Wandlungselementes. Es entsteht eine dichte Atmosphäre in der Stube, in der die beiden Frauen einträchtig und schweigend miteinander spinnen, zwei Stunden lang. (Nur eine Stunde dauerte demgegenüber der Aufstieg des Grafen zu der Alten!) Das sparsame Licht, nur vom Herdfeuer gespeist, zeigt zugleich an, wie nahe am Dunkeln des Unbewussten dieses Schicksalsspinnen geschieht, wie es sich aus dem

Dunkel und aus dem Schweigen schöpft und sein Licht allein dem Element der Wandlung, dem Feuer, verdankt. Es ist interessant zu beobachten, wie sich die Licht- und Dunkelverhältnisse im Laufe dieses Märchens verändern und welche Bewusstseins- und Stimmungslage dem jeweils entsprechen: vom frühen Morgen, an dem der junge Mann erwartungsvoll aufbricht, über die mittägliche Stimmung, als er im Lebensraum der Alten ankommt, bis hin zu der Dämmerstunde am Übergang zur Nacht, in der wir uns jetzt befinden. Später wird der Mond aufgehen und die Situation erhellen, und zuletzt wird es Mitternacht sein und die Stunde der Wandlung und Erlösung anbrechen.

Hier nun, bei dem sparsamen Licht des Spanes, kann alle Intuition für das Werdende, das sich Vorbereitende aufkommen: Hier können auch die Impulse für ein schicksalsgemäßes Handeln entspringen. Es ist stimmig und entspricht der Situation, dass am Ende der beiden Spinnstunden die Nachteule mit ihren beiden feurigen Augen – ebenfalls mit dem Element des Feuers verwandt – hereinschaut und ihr dreimaliges »Uhu« die Zeit des Aufbruchs zu einer weiteren nächtlichen Arbeit des Mädchens, einer weiteren Arbeit am Unbewussten ankündigt.

Die Eule[46], das Tier mit dem guten nächtlichen Sehvermögen, mit den übergroßen, wie bebrillt wirkenden Augen, ist wie die Göttin Athena, der sie zugeordnet ist, vielfach mit der Weisheit der Hexen im Märchen verbunden: Die Erzzauberin in »Jorinde und Joringel« zum Beispiel vermag sich sogar selbst in eine Nachteule zu verwandeln. Sehvermögen, Erkenntnisvermögen im Bereich der Nacht, also auch, symbolisch verstanden, in den dunklen unbewussten Bereichen der Seele, wird ihr zugeschrieben. Die Eule nun in unserem Märchen ist mit der Alten zumindest vertraut, sie stehen beide in Kommunikation miteinander, die Alte partizipiert an dem nämlichen Bereich nächtlicher Weisheit, zu dem auch die Eule gehört. Im Zeichen der Eule also fordert die Alte die Tochter auf: »Jetzt ist's Zeit, Töchterchen, dass du hinausgehst. Tu deine Arbeit.« Welche Arbeit nach all dem Hüten und Spinnen hat sie nun noch zu tun so spät am Abend? Die Alte jedenfalls scheint genau zu wissen, was zu tun ist, und die Tochter gehorcht ihr – offenbar nicht gezwungen, nicht widerwillig, sondern aus erprobtem und bewährtem Vertrauen heraus.

Trauerarbeit am Brunnen

Sie stand auf und ging hinaus. Wo ist sie denn hingegangen? Über die Wiesen immer weiter bis in das Tal. Endlich kam sie zu einem Brunnen, bei dem drei alte Eichbäume standen. Der Mond war indessen rund und groß über dem Berg aufgestiegen, und es war so hell, dass man eine Stecknadel hätte finden können. Sie zog eine Haut ab, die auf ihrem Gesicht lag, bückte sich dann zu dem Brunnen und fing an, sich zu waschen. Als sie fertig war, tauchte sie auch die Haut in das Wasser und legte sie dann auf die Wiese, damit sie wieder im Mondschein bleichen und trocknen sollte. Aber wie war das Mädchen verwandelt! So was habt ihr nie gesehen! Als der graue Zopf abfiel, da quollen die goldenen Haare wie Sonnenstrahlen hervor und breiteten sich, als wär's ein Mantel, über ihre ganze Gestalt. Nur die Augen blitzten heraus so glänzend wie die Sterne am Himmel, und die Wangen schimmerten in sanfter Röte wie die Apfelblüte.

Aber das schöne Mädchen war traurig. Es setzte sich nieder und weinte bitterlich. Eine Träne nach der andern drang aus seinen Augen und rollte zwischen den langen Haaren auf den Boden. So saß es da und wäre lange sitzen geblieben, wenn es nicht in den Ästen des nahe stehenden Baumes geknistert und gerauscht hätte. Sie sprang auf wie ein Reh, das den Schuss des Jägers vernimmt.

Ihr Weg führt sie hinunter vom hochgelegenen Ort der Alpen, führt sie in die Tiefe des Tals, bis hin zu einem Brunnen, der von drei alten Eichbäumen umstanden ist. In die Tiefe muss sie gehen, bis in den Schoß dieses Tales, auf den Grund ihres Wesens zugleich, bis sie an den Brunnen kommt, der in noch größere Tiefen führt; in dem aber zugleich die Wasser der Tiefe zugänglich sind. Die weibliche Symbolik vom Schoß des Tales und des Brunnens mag sie auch in den Bereich körperlicher Empfindungen bis hin zum sexuellen Bereich führen.

Der Brunnen, der zur Frau Holle führt, mag einem hierzu in den Sinn kommen: Durch den Sprung in die Brunnentiefe, aus Verzweiflung, um ihre verlorene Spindel wiederzubekommen, gerät die Heldin dort in das unterirdische Reich der Frau Holle, das in vielem dem Wohnort unserer Alten gleicht: Auch dort gibt es die schöne Wiese mit den Apfelbäumen und den reifen Äpfeln, die es zur rechten Zeit zu ernten gilt. Frau Holle wohnt zugleich unter der

Erde und über der Erde: Auch sie nimmt das von der Stiefmutter gequälte Mädchen auf wie eine Mutter.

An dem Brunnen stehen zudem noch drei alte Eichbäume: an den heiligen Baum der Germanen, der dem germanischen Gott-Vater Odin geweiht war, erinnernd, an dem Odin selber drei Nächte lang hing, um Weisheit zu erlangen.[47] Auch als Baum des Trauerns war die Eiche[48] übrigens bekannt. Als Sinnbild für Kraft, Männlichkeit und Beharrlichkeit könnte die Eiche andererseits auf die bevorstehende Verbindung zwischen dem Weiblichen und dem Männlichen in ihr selbst, aber auch in der Partnerschaft hinweisen.

Hier an diesem besonderen, an heilige Plätze erinnernden Brunnenort, geschieht nun etwas Entscheidendes, kann es geschehen: aber doch nicht, ehe der Mond aufgegangen ist, das weibliche Gestirn in seiner vollen, runden Gestalt, in seinem vollen Licht. Nicht mehr nur der glimmende Span des Herdfeuers beleuchtet die Szene, gibt ihr Bewusstseinslicht: sondern nun das volle Licht des Gestirns, das mit dem weiblichen Zyklus, mit der Schwangerschaft in Verbindung steht, weil ein Zu- und Abnehmen schon immer in Analogie zu den Phasen weiblichen Lebens gesehen wurde. Das volle Gestirn zeigt also an, dass die Möglichkeiten weiblichen Lebens hier in voller Wirkungskraft stehen, dass ihre weibliche Entwicklung selbst »sich rundet«: Nun kann es geschehen, dass die Tochter der Alten, die bisher als »bejahrt und hässlich wie die Nacht« beschrieben wurde, eine Haut abzustreifen vermag, die über ihrem Gesicht lag – und dass nun die eigentliche ursprüngliche Schönheit des Mädchens unverhüllt hervorbricht: Wangen wie Apfelblüte – hier wird auf die verheißungsvollen wilden Äpfel des Anfangs angespielt –, Augen wie Sterne am Himmel und goldene Haare wie Sonnenstrahlen, die sich nun wie ein Mantel über die ganze Gestalt breiten. Nun erfahren wir, wer sich hinter der hässlichen Trulle verbarg, und wir ahnen, dass dieses schöne Mädchen niemand anderem gleicht als der jüngsten Tochter des Königs, die dieser verstieß. »Aber wie ist das Mädchen verwandelt«, heißt es hier: Es ist nicht nur ihre Schönheit des Anfangs – da war sie noch weiß wie Schnee, noch unbeschrieben –, jetzt ist sie apfel-blütenrot, nun blitzen ihre Augen wie Sterne, wie Symbole also für das »die Finsternis durchdringende geistige Licht«[49] und für die neu gewonnene Bewusstseinsstufe.

Die Arbeit, die das Mädchen hier an dem Brunnen tut, der, von drei Eichen umstanden, so sehr Mimir, der von den drei Nornen bewachten Quelle der Weisheit gleicht, ist nichts anderes als das, was wir Trauerarbeit nennen. Ein Prozess des Trauerns findet hier statt: um die Trennung vom Vater, von der Mutter auch; um dieses Missverständnis ihrer Liebe, das sie mit dem Vater entzweite; um das Zerreißen der großen gefühlsmäßigen Nähe zum Vater, das allerdings auch eine inzestuöse Verwicklung verhinderte und deshalb wohl seine Funktion im Sinn des Lebens hatte. So war es wohl unvermeidlich und nicht ganz ohne ihr eigenes, wenn auch unbewusstes Zutun, dass dieses Missverständnis entstand. Schließlich hatte sie diesen, letztlich doch ambivalenten Vergleich mit dem Salz gebraucht. Mit Tränen geht dieser wie jeder Trauerprozess vor sich, in dem alle Emotionen, die mit der Beziehung verbunden waren, noch einmal durch einen hindurchströmen dürfen, die liebevollen wie die zornigen. Ein sorgsames Umgehen mit allem Geschehenen, auch mit dem Dunklen daran, das man nicht zu früh ablegen darf, gehört wesentlich dazu: Im Quell der Weisheit muss nun die dunkle Haut gewaschen werden und im Licht eines jeden Vollmondes bleichen, bis sie wieder klar und durchsichtig wird; bis sich die Substanz einer Beziehung ausfiltert, die dann ins weitere Leben mitgenommen werden kann als die Beziehungsfähigkeit, die in ihr selbst geweckt wurde, auch wenn die vormalige Bezugsperson für immer verloren wäre. Das Ausfiltern-Können dieser Essenz – das ist es, was dieser Königstochter von Kindheit an als besondere Gabe gegeben war, nämlich Perlen zu weinen statt der Tränen. Sie wird also erlösbar sein von ihrer unansehnlichen Haut, diese alt und hässlich gewordene Königstochter.

Doch zunächst wollen wir uns die Bedeutung dieser hässlichen Haut noch genauer ansehen. Dass die Königstochter diese Entwertung und Ablehnung, diese Verstoßung durch den Vater erleben musste, nur weil sie ihre Liebe zu ihm mit dem Salz verglichen hatte, das hat sie über Nacht »alt gemacht«: »Da siehst du alt aus«, sagen unsere jungen Leute in ihrem Jargon oft zueinander, wenn sie etwas Schlimmes erlebt haben. Wenn ihr, der Lieblingstochter, der Vater so lieb gewesen war wie das Salz, so kann ihr jetzt, nachdem er sie auf den Vergleich mit dem Salz hin verstieß, nichts mehr im Leben schmecken, so muss es ihr jetzt den Appetit auf alles verschlagen haben; und sie muss depressiv geworden sein, seit sie sich vom Vater so sehr abgelehnt fühlte.

Es ist nämlich immer wieder eine mögliche Antwort von Töchtern, denen der Vater zu nahetrat, dass sie ihre Weiblichkeit, ihre Schönheit, ihre Attraktivität absichtlich verhüllen, um künftig keinen Mann mehr auf sich aufmerksam zu machen. In dem Grimm'schen Märchen »Allerleirauh«[50] kommt dies besonders deutlich zur Geltung, als Allerleirauh, um sich vor den Nachstellungen ihres Vaters und vor männlicher Nähe überhaupt zu schützen, sich in den Allerleirauh-Mantel hüllt und das Rauhtierchen wird, das in einem Ställchen in der Asche hockt. Das Schutzbedürfnis kann in einem solchen Falle sogar noch weiterreichen. Die Abwertung, die Entwertung, die durch den geliebten Vater erfahren wird, kann das Ich des Mädchens, den Ich-Komplex selber erschüttern, fragmentieren: So wird eine noch viel stärkere, gröbere Schutzhaut gegen die Außenwelt notwendig als zuvor. Haut ist ja das Organ, das unsere Verbindung zwischen Innen- und Außenwelt reguliert. Wo der Ich-Komplex zusammenhängend und kohärent ist, bedarf es keines so starken Schutzes. Wo er aber, auch mangels liebevoller Spiegelung von außen, in sich instabil geworden ist, sind starke Schutzhüllen nötig: So müssen die Helden einiger Märchen sogar eine Igels- beziehungsweise Eselshaut tragen, weil sie in frühester Kindheit vom Vater oder von der Mutter abgelehnt und entwertet worden sind, sie müssen sie tragen, bis sie von einem geliebten Menschen aufgewertet und angenommen werden. Dabei ist es natürlich noch immer ein gravierender Unterschied, ob ein Kind von Anfang an abgelehnt wird, wie in »Hans mein Igel«, wo das Kind infolgedessen eine Stachelhaut bekommt, oder ob, wie hier, schon jenseits der Pubertät die Enttäuschung, die Verstoßung durch den Vater erfolgt, wodurch die Haut nur noch »altern« und verhässlicht werden kann.

Indem die Tochter der Alten nun im Lichte des Vollmondes ihre unansehnliche Schutzhaut ablegen und sie im Brunnen der Weisheit waschen kann, erweist sich zugleich, dass sie sich von Mal zu Mal innerlich wieder besser zusammenhalten kann, dass ihr Ich, ihr Ich-Komplex nach dem Trennungsschock allmählich wieder Kohärenz gewonnen hat. So kann sie auch wieder mehr Kontakt zu der Außenwelt zulassen, Kontakt ersehnen: Ihre neue Haut wird nun im Mondlicht sichtbar, schimmernd, »in sanfter Röte wie die Apfelblüte«. Es ist eine gut durchblutete, lebendige, für Berührung, Emotion und Eros wieder ansprechbare, wieder durchlässig gewordene Haut. Die mögliche Heilung ist sichtbar geworden und zum Greifen nahe. Noch unter dem Alten geschützt, schimmert das Neue hervor. Das Alte ist von nun an ablösbar, unterscheidbar geworden. Die Königstochter ist nicht mehr identisch mit der alten Haut. Wenn wir uns von dem Geschehenen, der Entwertung durch eine wesentliche Bezugsperson erst einmal wieder zu unterscheiden, abzugrenzen wissen, uns nicht mehr damit identifizieren; wenn wir uns die Hässlichkeit, die uns zugesprochen worden ist, nicht mehr »anziehen«, dann sind wir schon fast geheilt.

Doch ist dieser Zustand noch sehr labil; das geringste Erschrecken, das Knacken eines Zweiges, kann die neue Identität der jungen Frau wieder irritieren, infrage stellen. Rasch zieht sie die hässliche Haut wieder über ihr Gesicht: Sie ist wieder getarnt hinter ihrer Trauer und Selbsterniedrigung, die der verinnerlichten Entwertung durch einen anderen entspricht. Die Störung ist, wie wir später erfahren, durch die Nähe des jungen Grafen erfolgt: Es war noch etwas zu früh für eine Begegnung der beiden. Aber die Vorstellung, dass sie aufschrecke »wie ein Reh bei dem Schuss des Jägers«, lässt vermuten, dass sie im Unbewussten bereits eine neue Beziehungsfantasie entwickelt. Doch musste die Unterbrechung dieser Trauerarbeit, die sie – wie wir ebenfalls bald erfahren – schon seit drei Jahren tut, wohl doch in diesem Augenblick erfolgen: Es wäre sonst die Gefahr entstanden, sich in der Trauer zu »versitzen«[51].

Ehe wir zur Abschlussszene des Märchens kommen, tragen wir noch einmal zusammen, welche innere Arbeit die Königstochter in den drei Jahren, die sie bei der Alten zubrachte, geleistet hat. Die Arbeit der Gänsehirtin spielt in drei Bereichen: Sie führt von mehr kollektiven Tätigkeiten, wie dem Gänsehüten, zu dem Spinnenlernen, wobei sie symbolisch schon das persönliche Schicksal mitgestaltet, zu immer individuelleren Bereichen, wie der Arbeit an der eigenen Haut. Zuerst muss sie in den Gänsen – die als Symboltiere der Liebe und Fruchtbarkeit der Aphrodite, als solche der Wachsamkeit der Nemesis heilig sind – auch ihre eigenen Möglichkeiten zu Eros und Fruchtbarkeit, aber auch zur Wachsamkeit hüten lernen. Dazu gehört auch das Wahrnehmen und Hüten der entsprechenden Schattenaspekte – schließlich wühlen die Gänse auch im Schmutz und können deshalb auch mit der schlammigen Seite von Eros und Sexualität, wie sie ja im Hintergrund der libidinösen Vaterbeziehung steht, in Verbindung gebracht werden. Hüten hat immer mit dem Zusammenhalten von etwas und mit Sich-Konzentrieren[52] zu tun.

Beim Spinnen lernt die Gänsehirtin, auf den roten Faden der Geschichte zu achten, darauf, dass die Ereignisse nicht isoliert, sondern in größeren Zusammenhängen zu sehen sind. So lernt sie vielleicht auch, den Hintergrund ihres Konflikts mit dem Vater besser zu verstehen: die narzisstische Bedürftigkeit ihres Vaters wahrzunehmen, wohl aber auch ihren eigenen Anteil an dem Missverständnis, der eben in der Wahl eines so ambivalenten Symbols wie dem Salz besteht und wohl auf eigenen unbewussten Abgrenzungs- und Ablösungsversuchen gegenüber den emotionalen Übergriffen des Vaters beruht. Zugleich ermöglicht das Spinnenlernen, neue Fantasien über ihr eigenes Leben als Frau, neue Beziehungsfantasien – zum Beispiel mit dem jungen Grafen – zu entwickeln. Bei der Arbeit an der eigenen Haut, der eigenen Identität, geht es um die persönliche Seite ihres Tuns im schützenden Umfeld der Alten: um ihre Ablösung und Unterscheidung vom eigenen bisherigen Selbstbild als »Vaters liebster Tochter« und das Finden eines neuen Selbstbildes als Tochter der Großen Mutter, der »weisen Frau«.

Verwandlung

Der Mond war gerade von einer schwarzen Wolke bedeckt, und im Augenblick war das Mädchen wieder in die alte Haut geschlüpft und verschwand wie ein Licht, das der Wind ausbläst.

Zitternd wie ein Espenlaub lief sie zu dem Haus zurück. Die Alte stand vor der Türe, und das Mädchen wollte ihr erzählen, was ihm begegnet war, aber die Alte lachte freundlich und sagte: »Ich weiß schon alles.«

Immer deutlicher zeigt sich die Alte als eine »Weise«, die alle Fäden in der Hand hält. Als das Mädchen »zitternd wie Espenlaub« nach der Aufstörung am Brunnen zu ihr zurückkommt, sagt sie nur: »Ich weiß schon alles.« Hellseherische Intuition ist der Alten eigen: Sie weiß, welche Fäden sich an welchem Orte kreuzen müssen. Die Vorstellung, dass die junge Frau bei der Störung am Brunnen aufgeschreckt sei »wie ein Reh beim Schuss eines Jägers« weist schon auf das unbewusste Aufsteigen einer erotischen Fantasie hin. Die

Alte weiß vor allem mit großer Sicherheit um die inneren Zeitabläufe der Lebensphasen, sie weiß jeweils, wann »die Zeit erfüllt ist«, wann der Kairos, wie die Griechen sagen, der stimmige, richtige Zeitpunkt für den Abschluss einer jeden Phase und der Beginn einer neuen gekommen ist.

Sie führte es in die Stube und zündete einen neuen Span an. Aber sie setzte sich nicht wieder zu dem Spinnrad, sondern sie holte einen Besen und fing an zu kehren und zu scheuern. »Es muss alles rein und sauber sein«, sagte sie zu dem Mädchen. »Aber Mutter«, sprach das Mädchen, »warum fangt Ihr in so später Stunde die Arbeit an? Was habt Ihr vor?« – »Weißt du denn, welche Stunde es ist?«, fragte die Alte. »Noch nicht Mitternacht«, antwortete das Mädchen, »aber schon elf Uhr vorbei.« – »Denkst du nicht daran«, fuhr die Alte fort, »dass du heute vor drei Jahren zu mir gekommen bist? Deine Zeit ist aus, wir können nicht länger beisammenbleiben.« Das Mädchen erschrak und sagte: »Ach, liebe Mutter, wollt Ihr mich verstoßen? Wo soll ich hin? Ich habe keine Freunde und keine Heimat, wohin ich mich wenden kann. Ich habe alles getan, was Ihr verlangt habt, und Ihr seid immer zufrieden mit mir gewesen: schickt mich nicht fort.« Die Alte wollte dem Mädchen nicht sagen, was ihm bevorstand. »Meines Bleibens ist nicht länger hier«, sprach sie zu ihm; »wenn ich aber ausziehe, muss Haus und Stube sauber sein: darum halt mich nicht auf in meiner Arbeit. Deinetwegen sei ohne Sorgen, du sollst ein Dach finden, unter dem du wohnen kannst, und mit dem Lohn, den ich dir geben will, wirst du auch zufrieden sein.« – »Aber sagt mir nur, was ist vor?«, fragte das Mädchen weiter. »Ich sage dir nochmals, störe mich nicht in meiner Arbeit. Rede kein Wort weiter, geh in deine Kammer, nimm die Haut vom Gesicht und zieh das seidene Kleid an, das du trugst, als du zu mir kamst, und dann harre in deiner Kammer, bis ich dich rufe.«

Nun zündet die Alte einen neuen Span an: Bei dem gleichen spärlichen Licht, im Grenzbereich zwischen Unbewusstem und Bewusstem, bei dem auch die Sequenz der Trauerarbeit am Brunnen begann, hebt die neue Szene an. Doch nun holt die Alte einen Besen und fängt zu kehren und zu scheuern an, als ginge es darum, ein großes Fest oder gar einen Umzug vorzubereiten. Der Besen wird hier nicht nur wie ein alltägliches Reinigungsgerät benutzt, sondern wie ein Kultgerät, mit dem zum Beispiel auch der Tempel gereinigt wurde.[53] Auch hat er eine Mitbedeutung von Einsicht und Weisheit[54] und passt insofern gut in die Hände der Alten. Symbolisch könnte das Auskehren auch die Loslösung von der Vergangenheit bedeuten, die durch vertiefte Einsicht in alles Geschehene möglich geworden ist.

Dem Mädchen aber wird es unheimlich über all diesen Vorgängen; dies alles sieht allzu ungewöhnlich aus und wirkt wie eine unerwartete Veränderung: »Aber Mutter … warum fangt Ihr in so später Stunde die Arbeit an, was habt Ihr vor?«, so fragt sie voll unverhohlener Angst. »Weißt du denn, welche Stunde es ist«, entgegnet die Alte und möchte mit dieser Frage wohl auch in dem Mädchen den Sinn für die innere Uhr, die innere Zeit ihres Lebens wecken beziehungsweise die Vorahnung von einer bevorstehenden großen Veränderung nun voll ins Bewusstsein rücken. Als das Mädchen zunächst die reale Uhrzeit nennt – »noch nicht Mitternacht«, wobei Mitternacht in den Märchen oft die Stunde der Verwandlung und Erlösung sein kann –, erklärt ihm die Alte selbst, welches die innere Stunde seines Lebens ist: »Denkst du nicht daran … dass du heute vor drei Jahren zu mir gekommen bist? Deine Zeit ist aus, wir können nicht länger zusammenbleiben.«

Noch muss es ihr die Alte erklären, noch weiß das Mädchen es nicht aus sich selbst, dass die Phase ihres Rückzugs, ihrer Regression, ihres geschützten Aufgenommenseins bei der Alten und das symbiotische Leben mit ihr erfüllt ist, eine neue Phase vor der Tür steht. Zum vierten Mal wird nun die Dreizahl in dem Märchen betont: als Zahl der Jahre, die dem Mädchen für die Zeit ihres Bleibens bei der Alten bestimmt und vergönnt sind, und hier vermutlich vor allem als »Zahl der Erfüllung eines in sich geschlossenen Ganzen«[55] zu verstehen oder auch als »das in dieser Zeit sich vollendende Wachstum im Inneren«[56], wobei auch die sexuelle Mitbedeutung der Zahl erwogen werden kann, die auf die psychische Reifung der weiblichen Sexualität innerhalb dieser drei Jahre hindeutet.[57] Dass diese Phase erfüllt ist, bedeutet Trennung, Ablösung, Aufhebung der Regression, der Introversion und der bisherigen Symbiose mit der Alten, die für die junge Frau zur Restitution ihres erschütterten Ich-Komplexes und zur Reifung ihrer Weiblichkeit unentbehrlich war. Sie selbst aber erschrickt – kennt sie doch bisher keine andere Ablösung als die der Verstoßung durch die Eltern. Sollte ihr wieder eine Verstoßung drohen?

Nach schweren Verlusterfahrungen sind wir zunächst unfähig dazu, weitere Abschiede auf uns zu nehmen und zu akzeptieren. Kinder und junge Menschen, denen eine solche Verstoßung widerfahren ist, suchen oft jedem Konflikt, jeder Meinungsverschiedenheit, jeder betonten Selbstbehauptung in einer Beziehung durch zuvorkommende Einfühlung aus dem Weg zu gehen. Auch die Königstochter hatte bisher noch keine lebensgerechten, naturgemäßen Abschiede kennenlernen können, sondern nur diesen gewaltsamen. So hat sie alles getan, um künftig eine solche Trennung nicht mehr erleben zu müssen: durch Wohlverhalten, durch zufriedenstellende Leistungen. Eine phasengerechte Ablösung aber steht nun bevor; und damit die junge Frau dies zu akzeptieren lernen kann, lebt es die Alte ihr vor: »Meines Bleibens ist nicht länger hier. Wenn ich aber ausziehe, muss alles sauber sein.« Sie selbst lebt ihr die Ablösung vor, was für eine Mutter – sei es die leibliche, sei es die seelisch-geistige wie hier – wahrhaftig keine Kleinigkeit ist. Sie selbst wird ausziehen und der Tochter dadurch ein Dach über dem Kopf verschaffen. Sie selber wird ihre alte Position räumen und sich überflüssig machen. Sie selbst reinigt die Stube von allem Alten, reinigt sie zum Auszug und zum Umzug. Nicht etwa die Tochter wird aufgefordert, den Besen in die Hand zu nehmen, die Alte selber hält den Kehraus.

Sie gibt den Anstoß zur Veränderung der Beziehung, den gute Mütter geben müssen, damit sich die Kinder gerade bei ihnen, bei denen es gut war zu sein, nicht zu lange festklammern. Zugleich verspricht sie der Pflegetochter für alles das, was diese in der Zeit des gemeinsamen Lebens für sie getan hat, das Spinnen, das Gänsehüten vor allem, einen Lohn, mit dem sie, das weiß die Alte wohl, zufrieden sein kann und wird. »Aber sagt mir nur, was ist vor?«, fragt dennoch angstvoll das Mädchen, das die plötzliche Veränderung nicht begreift. Was steht bevor? »Geh in deine Kammer«, ordnet die Alte an, »nimm die Haut vom Gesicht und zieh das seidene Kleid an, das du trugst, als du zu mir kamst. Und dann harre in deiner Kammer, bis ich dich rufe.«

Es ist wie die Vorbereitung zu einem entscheidenden Ereignis. Sie soll in ihre Kammer gehen: in ihren eigensten, intimen Bereich, in dem sie ganz ungesehen ist. Dort soll sie die Haut vom Gesicht nehmen: ein für alle Mal, so meint das wohl. Die Alte spricht ihr die Fähigkeit dazu zu, doch tun kann sie es nur selbst. Nun ist die

Zeit dazu reif: Es lässt sich vollziehen. Wenn die Zeit noch nicht reif ist, müssen die Heldinnen und Helden der Märchen oft noch einmal angstvoll in ihre Schutzhaut zurückkriechen, wie zum Beispiel das »Eselein« in dem gleichnamigen Grimm'schen Märchen. Dort muss man ihm helfen, aus der Haut endgültig herauszukommen, indem man diese Haut heimlich verbrennt. Hier aber ist die Zeit wirklich reif, und die Dinge sind ausgetragen. Jedoch auch mit dem alten Kleid, dem Kleid der verstoßenen Königstochter, wird hier sorgfältig umgegangen. Es wird eingebracht, indem es noch einmal angelegt wird: Die alte Würde, die alten Werte ihres Seins als Königstochter – das Souveräne an ihr – steht ihr wieder zu, steht ihr wohl an, nachdem die Trullenhaut abgelegt ist. Zwar ist sie keineswegs mehr die alte, nachdem sie den weiten Individuationsweg zurückgelegt und die Ablösung vom Vater geleistet hat, aber vor allem ist sie wieder in ihre Würde als souveräne Frau eingesetzt. So soll sie warten, ganz bei sich selbst in ihrer Kammer, auf nichts gestellt als auf ihr Vertrauen zu der Alten und deren untrügliches Wissen um das, was nottut. Die Alte weiß natürlich – so legt ihr Handeln nahe –, dass der Graf und die Eltern der Königstochter schon zu ihr auf dem Wege sind, dass sich in Kürze die Wege kreuzen und die Kreise schließen werden.

Das wahre Gesicht

Aber ich muss wieder von dem König und der Königin erzählen, die mit dem Grafen ausgezogen waren und die Alte in der Einöde aufsuchen wollten. Der Graf war nachts in dem Walde von ihnen abgekommen und musste allein weitergehen. Am andern Tag kam es ihm vor, als befände er sich auf dem rechten Weg. Er ging immerfort, bis die Dunkelheit einbrach; da stieg er auf einen Baum und wollte da übernachten, denn er war besorgt, er möchte sich verirren. Als der Mond die Gegend erhellte, so erblickte er eine Gestalt, die den Berg herabwandelte. Sie hatte keine Rute in der Hand, aber er konnte doch sehen, dass es die Gänsehirtin war, die er früher bei dem Haus der Alten gesehen hatte. »Oho!«, rief er, »da kommt sie, und habe ich erst die eine Hexe, so soll mir die andere auch nicht entgehen.« Wie erstaunte er aber, als sie zu dem Brunnen trat, die Haut ablegte und sich wusch, als die goldenen Haare über sie herabfielen und sie so schön war, wie er noch niemand auf der Welt gesehen hatte. Kaum dass er zu atmen wagte, aber er streckte den Hals zwischen dem Laub so weit vor, als er nur konnte, und schaute sie mit unverwandten Blicken an. Ob er sich zu weit überbog oder was sonst schuld war, plötzlich krachte der Ast, und in demselben Augenblick schlüpfte das Mädchen in die Haut, sprang wie ein Reh davon, und da der Mond sich zugleich bedeckte, so war sie seinen Blicken entzogen.

Der Graf ist auf seinem Weg vom Königspaar abgekommen – er hat einen eigenen Weg zu gehen, der sich absolut nicht mit dem der Eltern deckt –, aber auch hier wird noch einmal das Waldesdickicht, das den Wohnort der Alten zunächst vor jedem Zugang abschirmt, sichtbar und spürbar. Der junge Mann hat an Orientierungsfähigkeit gewonnen: Er sucht sich einen hohen Baum zum Nachtlager, zum Schutz vor Tieren (er hat an Sorgsamkeit, der Fähigkeit, für sich selbst Sorge zu tragen, gewonnen), und hat damit auch einen gewissen Überblick erlangt, die Fähigkeit, das Bewusstsein ein wenig aus dem Dickicht des Unbewussten zu erheben (hier liegt auch ein Stück neugewonnener Männlichkeit). Von diesem Hochsitz herunter sieht er die Gänsehirtin kommen, wohl ohne ihre Hütegerte, aber doch unverkennbar in ihrer bisherigen Trullengestalt. Ob man die Trullengestalt zugleich als Projektion des Grafen betrachten darf, die sein auch zu dieser Stunde noch unreifes, abwertendes und noch arg an den Mutterkomplex gebundenes Animabild widerspiegelt? Noch immer regt sich ja in ihm die Assoziation »Hexe«, wenn er an die Alte und ihre Tochter denkt. Nicht mehr lange allerdings: dann wandelt sich seine Perspektive – im Lichte des weiblichen Gestirns –, und er wird dazu fähig, hinter der von ihrer Geschichte gezeichneten Frau deren ursprüngliche Schönheit zu erkennen.

Hier trägt die Einweihung in die Belastungen des Lebens, die er bei der Alten erfahren hat, ihre Früchte: Er findet im Licht des Vollmondes Zugang zu seinem eigenen weiblichen Seelenbild und sieht deshalb nun auch die Frau mit neuen Augen. Zunächst aber fallen ihm die Augen fast heraus, fast wird er zum Voyeur, so springt ihm in diesem Moment die unerhörte Schönheit dieser jungen Frau, die hinter der hässlichen Haut verborgen war, in die Augen. Als der Ast knackt – hat er sie durch seine unzeitige Nähe vertrieben, oder sollte es doch sein, dass sie durch seine Nähe aus ihrer schier endlosen Trauerarbeit aufgeschreckt wurde? –, verschwindet sie auch in seiner Fantasie wie ein Reh[58] – auch dieses ein Symboltier des Eros, mit dem so oft in Sage und Lied die Frau beschrieben wird, die sich dem sehnsüchtigen Mann, der ihr nachjagt, entzieht. Der Graf jedenfalls hat von diesem Moment an ein klares Bild vor Augen und wagt, ihm nun zu folgen.

Versöhnung im Zeichen der Weisheit

Kaum war sie verschwunden, so stieg der Graf von dem Baum herab und eilte ihr mit behänden Schritten nach. Er war noch nicht lange gegangen, so sah er in der Dämmerung zwei Gestalten über die Wiese wandeln. Es war der König und die Königin, die hatten aus der Ferne das Licht in dem Häuschen der Alten erblickt und waren draufzugegangen. Der Graf erzählte ihnen, was er für Wunderdinge bei dem Brunnen gesehen hätte, und sie zweifelten nicht, dass das ihre verlorene Tochter gewesen wäre. Voll Freude gingen sie weiter und kamen bald bei dem Häuschen an: die Gänse saßen ringsherum, hatten den Kopf in die Flügel gesteckt und schliefen, und keine regte sich. Sie schauten zum Fenster hinein; da saß die Alte ganz still und spann, nickte mit dem Kopf und sah sich nicht um. Es war ganz sauber in der Stube, als wenn da die kleinen Nebelmännlein wohnten, die keinen Staub auf den Füßen tragen. Ihre Tochter aber sahen sie nicht. Sie schauten das alles eine Zeit lang an, endlich fassten sie ein Herz und klopften leise ans Fenster. Die Alte schien sie erwartet zu haben, sie stand auf und rief ganz freundlich: »Nur herein, ich kenne euch schon.« Als sie in die Stube eingetreten waren, sprach die Alte: »Den weiten Weg hättet ihr euch sparen können, wenn ihr euer Kind, das so gut und liebreich ist, nicht vor drei Jahren ungerechterweise verstoßen hättet. Ihr hat's nicht geschadet, sie hat drei Jahre lang die Gänse hüten müssen: sie hat nichts Böses dabei gelernt, sondern ihr reines Herz behalten. Ihr aber seid durch die Angst, in der ihr gelebt habt, hinlänglich gestraft.«

Wenden wir uns jetzt den Eltern zu, die sich zu dem mehrtägigen Fußmarsch durch die Waldeswildnis aufgemacht hatten, um die Alte zu finden. Es ist wichtig wahrzunehmen, wie tief sie die Verstoßung ihrer Tochter bereuen und dass sie sich auf etwas eingelassen haben, das Mut und die Bereitschaft verlangt, die Folgen ihres Tuns auf sich zu nehmen. Wir spüren jetzt deutlich, wie fein die Alte die Fäden gesponnen und gelenkt hatte, indem sie dem Königspaar durch den Grafen das Büchslein mit der Träne ihrer Tochter in die Hände spielte. In der anbrechenden Dämmerung – hier hellt sich auch im symbolischen Sinne etwas auf – treffen die Eltern mit dem Grafensohn wieder zusammen und haben bei dessen Erzählung keinen Zweifel mehr, dass er ihre verlorene Tochter in ihrer wahren Schönheit wiederentdeckt habe. Als sie schließlich bei der Alten anlangen, werden sie nicht unfreundlich begrüßt: »Nur herein, ich kenne euch schon.« Wieder erweist sich, dass die Alte den Durchblick durch die Lebensgeschichte, die umfassende Kenntnis aller eingewebten Fäden, aller mitspielenden Personen hat, wie sie nur einer Gestalt von mehr als menschlichen Qualitäten eignet. Die große Herrin der Wandlung, Hekate, wird hinter ihr spürbar.

Auch hier geschieht alles zur rechten Zeit: Die Gänse, die Wächterinnen, die sonst das Haus vor jedem zudringlichen Fremden schützen, rühren sich nicht. Sauber gefegt ist das Haus, wie für ein Fest oder einen wichtigen Besuch vorbereitet. Die Alte aber sitzt in aller Ruhe und spinnt, wie vordem auch. Wohl sagt sie dem Königspaar deutlich ihre Meinung über das Unrecht, das sie ihrem Kinde angetan haben, wobei sie, indem sie im Plural spricht, die Königin, die das nicht verhindern konnte, fraglos einbezieht. Doch sieht die Alte das Geschehene in den drei Jahren der Angst und der Selbstvorwürfe, die die Eltern durchgemacht haben, hinreichend gesühnt. Ihrem Kinde habe es nichts geschadet – sie erwähnt nicht, was sie selbst dazu beigetragen hat, um dieses verstörte und in seinem Selbstwert gänzlich erschütterte Mädchen wieder zurechtzubringen –, es habe drei Jahre lang die Gänse hüten müssen, nichts Böses dabei gelernt, sondern ihr reines Herz behalten.

In einem solchen rechten Herzen[59], das der Gänsehirtin wie allen Märchenheldinnen eignet, ist die Fähigkeit zur Liebe, aber auch zu Intuition und Weisheit von Anfang an angelegt. Zudem aber hat die Königstochter mit ihrer inneren Arbeit bei der Alten und ihrem Individuationsweg in diesen drei Jahren in vertiefter Weise zu ihrer Mitte gefunden, wofür das Symbol des Herzens[60] ausdrücklich steht: »Was in der Äußerung der Alten nicht deutlich wird, ist der zurückgelegte Individuationsweg der Königstochter. Dieses Understatement ist in der Konfrontation mit den ›bösen Eltern‹ wohl notwendig, um dem Bösen, das doch zur Höherentwicklung geführt hat, nicht nachträglich eine Rechtfertigung zu verleihen.«[61] Nun aber soll die Wiederbegegnung zwischen der Tochter und ihren Eltern wirklich geschehen: Die Alte führt sie über den Abgrund des Geschehenen weg zusammen. Als sie ihre Pflegetochter ruft, beweist diese aufs Schönste, wie wahr die Alte von ihr redet: Sie weiß nichts anderes, als ihren wiedergefundenen Eltern um den Hals zu fallen.

Dann ging sie an die Kammer und rief: »Komm heraus, mein Töchterchen.« Da ging die Türe auf, und die Königstochter trat heraus in ihrem seidenen Gewand mit ihren goldenen Haaren und ihren leuchtenden Augen, und es war, als ob ein Engel vom Himmel käme.

Sie ging auf ihren Vater und ihre Mutter zu, fiel ihnen um den Hals und küsste sie: es war nicht anders, sie mussten alle vor Freude weinen. Der junge Graf stand neben ihnen, und als sie ihn erblickte, ward sie rot im Gesicht wie eine Moosrose; sie wusste selbst nicht, warum. Der König sprach: »Liebes Kind, mein Königreich habe ich verschenkt, was soll ich dir geben?« – »Sie braucht nichts«, sagte die Alte, »ich schenke ihr die Tränen, die sie um euch geweint hat, das sind lauter Perlen, schöner, als sie im Meer gefunden werden, und sind mehr wert als euer ganzes Königreich. Und zum Lohn für ihre Dienste gebe ich ihr mein Häuschen.« Als die Alte das gesagt hatte, verschwand sie vor ihren Augen. Es knatterte ein wenig in den Wänden, und als sie sich umsahen, war das Häuschen in einen prächtigen Palast verwandelt, und eine königliche Tafel war gedeckt, und die Bedienten liefen hin und her.

Ist ein solches Ende glaubwürdig, nach allem, was geschehen ist? Es ist nicht unglaubwürdig, meine ich, wenn wir die lange Trauerarbeit der Eltern, aber vor allem die der Tochter unter dem Schutz und der Geborgenheit der Alten ernst nehmen, wenn wir ausloten, was das Spinnenlernen und Gänsehüten für sie an seelischer Entwicklung bedeutete, und bedenken, wie sie hier zu den Tätigkeiten und Fähigkeiten der Alten selbst angeleitet wurde und in diese hineinwuchs. So muss es denn nicht mehr zu sehr verwundern, dass ihr die Alte zuletzt als Lohn, vielmehr als Geschenk, ihr eigenes Häuschen anbietet, nachdem ihr der Vater – der ihr nun so gerne etwas geben würde – nichts mehr zu geben hat.

Wie so ganz anders sieht doch das Vermächtnis der Alten aus, die sich selbst zurücknimmt, als das des Königs damals, der zwar auch das Erbe seines Reiches anbot, sich aber mit den unsinnigen Liebesbeweisen, die er zur Bedingung für die Erlangung seines Reiches machte, nur umso gründlicher selbst ins Spiel brachte. Die Alte aber gibt der Tochter ihr eigenes Häuschen. Das heißt nichts Geringeres, als dass sie nun all das anvertraut bekommt und in das hineinwachsen kann, was die Alte auszeichnet: in ihren Lebensraum, in ihr Wirkungsfeld, in ihre Gaben und Fähigkeiten. Sie aber als junge Frau, als Königstochter, soll nun die Herrin dieses Häuschens sein, und ihr angemessen und auf den Leib geschrieben soll es werden: Deshalb knattert es ein wenig in den Wänden, deshalb muss das Häuschen sich verwandeln. Es bleibt kein einsames Häuschen in der Einöde – so ziemt es der Alten, die nicht mehr selbst den Entwicklungsweg der Heldin geht –, sondern für die Tochter wird ein königlicher Palast, eine Festtafel bereitet; denn viele sollen an dem Fest der Einsetzung dieser Königstochter in ihre neue Würde, in ihre neue Identität teilhaben: die sie als die rechte Tochter der »weisen Frau« bekommt, die nun souverän geworden ist, aber nicht mehr von Vaters Gnaden, sondern auf Grund der Vollmacht des Weiblichen selbst.

Der junge Graf aber steht dabei, als gehörte er dazu: Und die Königstochter errötet wie eine Moosrose, als sie ihn sieht, und weiß selbst noch nicht, warum. Ihr Unbewusstes weiß es natürlich, sie hat längst eine Zuneigung zu ihm gefasst – doch schämt sie sich ihrer noch, schämt sich wohl auch dessen, dass er sie in ihrem verwunschenen Zustand, ihrer Dunkelgestalt gesehen hat. Er wiederum kann sie nun, ohne Projektion, wahrnehmen, wie sie wirklich ist: in ihrer vollen Schönheit, ihrer weiblichen Souveränität auch und doch voll zarten Gefühls, bereit, sich vom Eros ergreifen zu lassen.

Die Geschichte ist noch nicht ganz fertig. Wir fragen uns auch, ob der Graf schon ganz reif ist für die Verbindung mit dieser jungen Königin, die einen so weiten inneren Weg gemacht hat, oder ob er bis dahin doch noch ein Stück eigenen Entwicklungsweg zurückzulegen hat. Wir erfahren es nicht. Stattdessen erzählt uns das Märchen als »rite de sortie«, als Ausgangsritus, der uns wieder in die Außenwirklichkeit zurückführen soll, ein wenig von der ursprünglichen Erzählerin dieses Märchens: jener Großmutter, der das Gedächtnis schwach geworden sei, und die das Übrige vergessen habe. So wird es also als eine Fantasie des Erzählers dargestellt, und es bleibt uns selbst überlassen, ob wir sie teilen wollen oder nicht: dass nämlich die Königstochter und der Graf am Ende doch ein Paar geworden seien.

Die Geschichte geht noch weiter, aber meiner Großmutter, die sie mir erzählt hat, war das Gedächtnis schwach geworden: sie hatte das Übrige vergessen. Ich glaube immer, die schöne Königstochter ist mit dem Grafen vermählt worden, und sie sind zusammen in dem Schloss geblieben und haben da in aller Glückseligkeit gelebt, solange Gott wollte. Ob die schneeweißen Gänse, die bei dem Häuschen gehütet wurden, lauter Mädchen waren (es braucht's niemand übel zu nehmen), welche die Alte zu sich genommen hatte, und ob sie jetzt ihre menschliche Gestalt wieder erhielten und als Dienerinnen bei der jungen Königin blieben, das weiß ich nicht genau, aber ich vermute es doch. So viel ist gewiss, dass die Alte keine Hexe war, wie die Leute glaubten, sondern eine weise Frau, die es gut meinte. Wahrscheinlich ist sie es auch gewesen, die der Königstochter schon bei der Geburt die Gabe verliehen hat, Perlen zu weinen statt der Tränen. Heutzutage kommt das nicht mehr vor, sonst könnten die Armen bald reich werden.

Zuletzt lässt es sich der Erzähler nicht nehmen, sich ausdrücklich zu der Alten zu bekennen: »So viel ist gewiss, dass die Alte keine Hexe war, wie die Leute glaubten, sondern eine weise Frau, die es gut meinte.« Als weise Frau ist sie zugleich mehr, eine ganze Dimension mehr, als irgendein liebes Großmütterchen es wäre. Sie ist es vielmehr gewesen – höchstwahrscheinlich! –, die der Königstochter schon bei der Geburt die Gabe verliehen hat, Perlen zu weinen statt Tränen: die Gabe, etwas Kostbares aus überwachsenen Wunden zu gewinnen (wie die verletzte Muschel ihre Wunde überwächst, indem sie die Perle hervortreibt). Mehr als menschliche Eigenschaften also hat die Alte, wie wir an vielen Stellen sahen. Wie der alte Weise auch, verkörpert sie den Archetyp des Sinnes, der auch in scheinbar unsinnigem Geschehen gefunden werden kann.

Im nächsten Märchen wollen wir die alte Weise noch näher kennenlernen!

Zwei Bilderserien zu dem Märchen »Die Gänsehirtin am Brunnen«

Während eines viertägigen Seminars zu diesem Märchen, in dem wir es besprachen, zu ihm imaginierten und jeweils die Szenen zu Bildern ausgestalteten, die uns »am tiefsten berührt« hatten – so meine Gestaltungsanleitung –, malte ein etwa 40-jähriger Teilnehmer, wie er dieses Märchen als Mann erlebte (siehe Farbtafeln 1–5).

Bild 1: Vor allem die erste Szene hatte den Zeichner sehr beeindruckt: die Begegnung zwischen dem jungen Grafen und der Alten, die den so unbeschwert daherkommenden und hilfsbereiten jungen Mann unter die Last des Lebens zwingt. Ganz im Grün der Natur ist dieses Bild gemalt. Darin zeigt sich, dass der Maler die Alte zunächst stark als eine Vertreterin der Natur sieht – er begegnet ihr im Wald, und was sie ihm auflädt, sind die Früchte der Natur – und dass sie ihn in diese Gesetze der grünen Natur einweiht und buchstäblich in sie verstrickt. Manche Männer lehnen Grün als Farbe des pflanzenhaft-unbewussten und triebhaften Wachstums ab, da es für sie in starkem Gegensatz zu dem Blau der klaren geistigen Bewusstheit steht. Damit versperren sie sich natürlich die Erfahrung zum spirituellen Gehalt des Grün: Unser Maler lässt sich darauf ein.

Die Alte, die ihn um einiges überragt, ist in dem etwas dunkleren Tannengrün gehalten, das eine gewisse Herbheit, Kühle, Festigkeit ausdrückt – während der junge Mann in der maigrünen Farbe des Frühlings ganz als »grüner Junge«, jedoch auch mit allen Entwicklungsmöglichkeiten eines solchen dargestellt ist. Angstvoll, mit aufgerissenen Augen und offenem Mund, schaut er die Alte von unten herauf an, während sie ihn nicht direkt anblickt, sondern ihre Augen weit in die Ferne schweifen lässt und ihm mit Schwung etwas überstülpt, sei es nun ein Tragtuch, sei es ein Korb: Jedenfalls wirkt es nun in dieser Darstellung, als wäre ein Netz über ihn geworfen und er darin gefangen. Dabei ist es dem Maler gelungen, mit seiner dynamischen Strichführung ein bewegtes Mit- und Gegeneinander der beiden auszudrücken. Auch der Stumpf eines abgehauenen Baumes – was mag für den Zeichner selber abgehauen sein? – lässt sich in dem, das ihm da über dem Kopf liegt, erkennen.

Dem Zeichner ist mit wenigen Strichen ein ausdrucksvolles Antlitz der Alten gelungen, das sie in ihrem fordernd-grimmigen Aspekt, aber auch in ihrer ganzen Überlegenheit zeigt. Ein paar Arme und Beine, wohl die seinen, erschöpft und »mürb wie Zunder«, liegen dabei wie abgelöst im Schoß der Alten.

Bild 2: Die zweite Szene, die den Maler als Mann stark angesprochen hat, ist der Vorgang, in dem der junge Graf, von dem Erlebnis mit der Alten kommend, vor dem Königspaar eines fremden Landes erscheint und sich ausweisen soll in seiner neuen Identität: wie er da das Smaragdbüchslein, das er von der Alten erhalten hat, demütig der Königin in die Hände legt.

Er ist auf diesem Bild nun selber ganz in Grün, ganz in die Farbe von Natur, Wachstum und Hoffnung gekleidet, als er aus dem großen Wald und von der Berghöhe der Alten zurückkehrt. Das Erlebnis mit ihr hat ihn in ihre Farbe getaucht. Statt des alten Selbstbildes – es fehlt ihm gleichsam der Kopf, der ganz winzig geworden ist –, bietet er der Königin, die ihm von oben die Hände entgegenhält, sein neues Selbstverständnis in dem Smaragd dar, den er als sechseckigen Stein, gefüllt mit einer strahlenden Sonne, in einem rötlichen Stein zentriert, der Königin entgegenhält, in der Auseinandersetzung mit dem belastenden, negativen Aspekt des Mütterlichen, den er wahrscheinlich nicht so sehr an seiner persönlichen Mutter, dafür aber umso mehr an der Alten erfahren hatte, ist sein neues Selbstbild entstanden: das eines belastungs- und tragfähigen Mannes – er trägt Stiefel in dem gleichen Braunton, wie ihn die Gesichtszüge der Alten aufwiesen –, dem die Realitäten der Natur und des Weiblichen nicht mehr fremd sind. So gewinnt er das Vertrauen der Königin, die ihrerseits nicht nur seine Hilfe, sondern vor allem die Hilfe der Alten braucht. Der stärkste Ausdruck des Bildes liegt in dem sonnenhaft aufstrahlenden Zentrum des Smaragds, in dem zugleich mit seinem weiblichen Seelenbild auch das wahre Selbst des jungen Grafen – wohl auch unseres Malers – aufleuchtet, ungleich umfassender und größer, als sein bisheriges Ichbewusstsein, dargestellt in dem zusammengedrückten Kopf, gewesen war. Vielleicht auch hat er, unbewusst, den Empfang des Smaragdbüchsleins aus den Händen der Alten gemalt, das er demütig empfängt. Den Maler hat in diesen Tagen, in denen wir das Märchen umkreisten, die Berührung mit weiblicher Weisheit bewegt, die ihn zugleich in seiner männlichen Identität veränderte, ihn aber auch ihrer bewusst machte.

Bild 3: Die nächste Szene des Märchens, die ihn sehr bewegte, war diejenige, in der die Gänsehirtin, hinter der sich eine Königstochter verbirgt, die hässliche Haut, die sie so alt machte, vom Gesicht nimmt und ihre wahre Schönheit wieder hervorschimmern kann. Diese Szene, die bei Vollmond an einem Brunnen spielt, hat in ihrer dichten Atmosphäre auch den Maler dazu angeregt, diesmal das ganze Bild mit einer farbigen Atmosphäre zu erfüllen, während er bisher nur die jeweils zentralen Gestalten oder Gegenstände farbig dargestellt, den Hintergrund des Bildes aber weiß belassen hatte.

Wo Farbe aufkommt, sind immer auch besondere Emotionen aufgekommen. Der Bildgrund ist in drei waagrecht gelagerte Zonen gegliedert: zuoberst die Zone des Nachthimmels in Blau, teilweise mit Schwarz übermalt, sodann der braune Mittelgrund, auch dieser mit anders getöntem Braun überdeckt – dieser Hintergrund drückt eine große innere Unruhe aus –, und schließlich die Bodenzone in Rötlich-Braun und Schwarz: Hier liegt in Dunkelbraun die hässliche alte Haut mit dem Zopf, sie liegt in der linken unteren Ecke des Bildes, der Zone des Unbewussten. Was an Vergangenem, Altmachendem unbewusst auf ihr – wohl auch auf dem Maler selber – lag, ist hier abgelegt, und am Brunnen steht eine Gestalt, deren Schönheit in dem vollen sonnenhaften Haar zum Vorschein kommt, mit dem roten, erotischen Schimmer des Gesichts, das dem roten, sternartigen Zentrum im Lichtkreis des Smaragdes auf dem vorigen Bilde gleicht. Könnte die Gestalt in dem braunen Gewand mit ihren kräftigen braunen Armen nicht ebenso gut eine Männergestalt sein – der Zeichner selbst –, die hier ihr wahres Gesicht sucht?

Es fällt auf, dass er oder sie auf diesem Bild hier noch gar kein ausdrückliches Gesicht hat: Das Gesicht mit den ausdrucksvoll geöffneten Augen, mit Nase und Mund erscheint vielmehr erst im Brunnen, nur dem oder der sich Waschenden selber sichtbar, nicht aber dem Betrachter, der zunächst nur die wieder aufleuchtende Schönheit der Gestalt, die sich am Brunnen wäscht, erkennen kann, noch nicht deren individuelle Züge. Es kann auch sein, dass der Zeichner hier mit seinem eigenen Bild der Frau, der Anima, ringt, von dem er die Projektion der Hässlichkeit und des Alters – die Spuren der Mutterimago? – genommen hat und die er in ihrer Schönheit wiedererkennt. Doch erst im Brunnen – in der seelischen und körperlichen Tiefe – gewinnt sie die individuellen Züge, an denen er sie im eigentlichen Sinn erkennen kann. An der gleichen Stelle, an der im ersten Bild der abgehauene Baumstumpf erschien, steht hier eine Tanne, nicht die drei Eichen des Märchens. Ein deutlich männlicher Symbolbaum steht hier als Pate und Zeuge dieser Suche nach der verlorenen Identität, in der es sowohl um Männlichkeit als auch um den weiblichen Seelenanteil geht.

Bild 4: Das Häuschen der Alten, in dem bereits alles zur Verwandlung bereitsteht, wo die Königstochter ihre Haut abgelegt hat und die Alte den jungen Grafen samt den Eltern der Tochter erwartet, hat den Zeichner in seiner inneren Wandlungsdynamik stark inspiriert: Er versucht auszudrücken, welches Potential in diesem Häuschen steckt, es bekommt für ihn buchstäblich ein Gesicht. Energieströme von goldgelbem Licht entspringen seinen beiden Fensteraugen und überfluten von innen her den Zaun oder das wilde Gesträuch, das im Vordergrund des Bildes hoch aufragt und den Zugang versperrt, als wollten sie Zaun und Gesträuch durchbrechen. Sind es die Energien der weisen Alten, verbunden mit denen des Mädchens, das sich den kommenden Ereignissen entgegenspannt? Zugleich fließt ein Energiestrom von unten nach oben und breitet sich wie eine liegende Mondsichel unter dem Häuschen aus: wie bereit, es aufzunehmen. Sind das die Energien der Ankommenden, sind es die Energien des Malers selbst? Unter den beiden »Nasenlöchern« des Häuschens – auch diese sind vorhanden – öffnet sich die Tür wie ein Mund, es wird zum »sprechenden Häuschen«. Hier ist wieder das rote Zentrum, das der Zeichner seit dem Smaragdsymbol allen seinen Bildern mitgab. Das Häuschen stellt deutlich ein Gesicht dar, dem sogar die Runzeln nicht fehlen. Ist es das Gesicht der Alten, die sich nun anschickt, ihren Wohnort, ihr bisheriges Energiefeld, der jungen Frau, die ihr nun zur erwachsenen Tochter geworden ist, zu überlassen, zu vermachen – und damit auch dem Mann, den sie ihr zugeführt hat? Oder ist es das sich verwandelnde bisherige Haus des Zeichners selbst, das unter dem Energiefeld der alten Weisen und der mit ihr verbundenen Animagestalt Profil und persönliche Züge annimmt, vermenschlicht wird?

7/8

9

Von dem Zeichner, von dem ich als einem Teilnehmer jenes viertägigen Seminars nicht viel Persönliches weiß, erfahre ich nun, dass ihm ein großer Umbau seines Lebens bevorsteht, dass er künftig in einem neuen Land eine Aufgabe wahrnehmen will, die noch mehr seinem eigenen Wesen entspricht als die bisherige. Hier wäre also der Aspekt des Rates und des Sinnes der alten Weisen bei ihm selber wirksam geworden und hätte ihm noch einen entscheidenden Anstoß zu dem schon länger reifenden Plan gegeben.

Alle Bilder seiner Serie arbeiten an der Findung und Gestaltung eines Gesichts, wohl doch seines eigenen wahren Gesichts, zu dem natürlich auch seine weibliche Seelenkomponente gehört.

Bild 5: Das letzte der Bilder gestaltet er als eine humorvolle Darstellung des männlich-weiblichen Paares. Auch wenn er die Symbolik von Mann und Frau witzig-elementar darzustellen weiß, ist ihm dieses Bild ein besonders wesentliches. Dieses Paar, in dem er dem Grün des Mannes das Rot der Frau gegenüberstellt und es somit zum komplementären Paar gestaltet, hat er in ein von Gold umgebenes Oval gestellt, sodass auch diese Szene wieder ein Gesicht bildet: Hier jedoch hat das Gesicht, sein Gesicht, das männlich-weibliche Paar als Zentrum! Seine eigene innere Verbindung zwischen Männlichem und Weiblichem ist hier das Thema geworden; sie wurde ihm noch bewusster als bisher, weil ihm die weise Alte des Märchens dazu verhalf, sich anhand dieses Märchens noch weiter aus seinem Mutterkomplex zu lösen und mit seiner Männlichkeit auch das innere weibliche Seelenbild auszudifferenzieren. Das Oval, in dem das Paar sich befindet, gleicht übrigens in der Form genau dem Oval des Brunnens, in dem sich das neue Gesicht zum ersten Mal mit deutlichen Konturen zu spiegeln begann. Das querliegende Brunnenoval jedoch wurde hier aufgerichtet, es bildet nun eine Mandorla, die, mit Gold umgeben, eine Imago von hohem Wert für den Maler darstellt. Dabei ist es typisch für die Art des Malers, dass er diesem so tiefsinnigen Bild die humorvolle Gestalt verleiht, die verhindert, dass es allzu feierlich wirkt. Es mag gut sein, dass sich aus einem solchen Selbstbild, auch auf der Begegnungsebene zwischen Mann und Frau, eine neue Möglichkeit für den Maler ergibt.

Ich möchte dieser Bilderserie noch einige Bilder von Frauen aus dem gleichen Seminar zur Seite stellen (siehe Farbtafeln 6–9).

Bild 6: Die sadistischen Züge der Alten hebt das Bild einer Frau (in den 40ern) besonders hervor, die, während sie dem schwer schleppenden jungen Mann aufhockt, diesem auch noch eine Gerte mit einer verheißungsvollen Birne vor die Nase hält. Die Alte und der junge Mann bilden zugleich eine so eng miteinander verwachsene Doppelgestalt, dass es schwerfällt zu sagen, was zu dem jungen Mann und was zu der Alten gehört. Für diese Doppelgestalt von fordernd-überfordernder Mutter und dem in ihren Dienst gezwungenen männlichen Anteil muss es auch in der Zeichnerin selbst eine Entsprechung geben. Aus der Zone des Unbewussten steigt diese Doppelgestalt auf. Der Weg mit seinen Schlangenkurven führt endlos hoch hinauf, durch verworren unübersichtlich dargestelltes Gelände, und das Ziel ist noch nicht in Sicht.

Bild 7: Das Smaragdbüchslein, das der junge Graf als Lohn für seine Trägerdienste auf dem beschwerlichen Weg von der Alten geschenkt bekommt, hat die Zeichnerin vor allem angesprochen. So malt sie den Smaragd als ein regelmäßiges weißes Sechseck, darin ein Gesicht mit schlafenden Augen: ein klares, schönes, schlummerndes Frauengesicht. Dieses Gesicht beschäftigte auch die Gruppe, die das Bild betrachtete, weil es in seiner strengen Gestaltung zur Konzentration und Meditation über das eigene Selbstbild oder das weibliche Seelenbild auffordert und wirklich dazu anregt; weil es andererseits etwas Gläsernes, Unnahbar-Unlebendiges hat, das an Schneewittchen im gläsernen Sarg erinnert. Und dennoch ist dieses Selbstbild von lebendig gemaltem, wenn auch dichtem Tannenwald umgeben: Es ist schwer zugänglich, ausgegrenzt, aber doch in ein Umfeld lebendig wachsender Natur gestellt.

Bild 8: Nachdem sie sich stark von ihrem letzten Bild betreffen ließ – sie hatte heftiges Kopfweh bekommen, als wollte sich etwas von innen her gegen die starke Einengung und Stilisierung in dem Schneewittchensarg lösen –, lässt sich die Malerin nun von der in sich ruhenden und still vor sich hin spinnenden Alten berühren: Das Bild ihrer eigenen, vor einem Jahr verstorbenen, als anspruchsvoll-fordernd erlebten Mutter, das auf einmal verwandelt, in das dieser gütigen Alten übergeht, zwischen deren Händen, die die Spindel drehen, ein junger Blattspross aufsprießt. Wie Wellen von roter, grüner und gelber Energie gleiten die Lebensströme durch ihre Hände.

Bild 9: An diesem Märchen konnte die Malerin einen wichtigen Schritt im Trauerprozess um ihre Mutter tun. Die belastenden Züge ihrer wirklichen Mutter, die sie in der letzten Zeit vor deren Tod hatte erleben müssen, weichen in ihrem Bild den Erinnerungen an die gebende Mutter der frühen Kindheit und lassen zugleich das Bild ihrer persönlichen Mutter in das überpersönliche, das archetypische der weisen Alten übergehen, deren schenkender Aspekt im letzten Bild überzeugend zum Ausdruck kommt. Groß und saftig wie im Bild, treten aus dem Dunkel der linken Bildhälfte, die das Unbewusste darstellt, Äpfel und Birnen hervor, die nun in das freundliche rötliche Licht der rechten Bildhälfte treten, in dem die ganze Farbskala des Lebens wie in einem Spektrum aufleuchtet. Noch liegt alles ineinander, die Birne im Apfel, alles ist noch unerschlossen wie noch vor dem Sündenfall im Paradies: doch entsprechend verheißungsvoll. Auch die erotischen Möglichkeiten, die Früchte des Lebens, tun sich auf, nachdem Schneewittchen aus dem gläsernen Sarg befreit ist. Unter dem Einfluss der weisen Alten hat die Malerin in den wenigen Tagen unseres Umgangs mit dem Märchen eine spürbare Wandlung durchgemacht. Aus dem Kernhaus von Apfel und Birne heraus wird sie von einem Auge angeschaut: Ob es das der weisen Alten ist, die sie nun aus den Früchten des Lebens heraus anblickt?

2. Die Einweihung in die Liebe Die weise Frau als Ratgeberin in »Die Nixe im Teich«

In unserem Märchen verdankt die Heldin ihren rettenden Einfall einem Traum, der sie zu der alten Weisen führt. Die Weisheit, die sie in ihrer Not aus ihrer eigenen Tiefe schöpft, wird also in unserer Fassung des Märchens im Traum und in der alten Weisen symbolisiert.

Auch bei der Betrachtung dieses Märchens folge ich dem Gang der Erzählung. Da ich aber im Wesentlichen auf jene Textstellen eingehe, die mit der alten Weisen zu tun haben und ihrer Begegnung mit der jungen Jägersfrau, werde ich, anders als in »Die Gänsehirtin am Brunnen«, nicht mehr alle Stellen erneut anführen. Deshalb sei hier der Text zunächst ganz abgedruckt.

Die Nixe im Teich[62]

Es war einmal ein Müller, der führte mit seiner Frau ein vergnügtes Leben. Sie hatten Geld und Gut, und ihr Wohlstand nahm von Jahr zu Jahr noch zu. Aber Unglück kommt über Nacht: wie ihr Reichtum gewachsen war, so schwand er von Jahr zu Jahr wieder hin, und zuletzt konnte der Müller kaum noch die Mühle, in der er saß, sein Eigentum nennen. Er war voll Kummer, und wenn er sich nach der Arbeit des Tags niederlegte, so fand er keine Ruhe, sondern wälzte sich voll Sorgen in seinem Bett. Eines Morgens stand er schon vor Tagesanbruch auf, ging hinaus ins Freie und dachte, es sollte ihm leichter ums Herz werden. Als er über dem Mühldamm dahinschritt, brach eben der erste Sonnenstrahl hervor, und er hörte in dem Weiher etwas rauschen. Er wendete sich um und erblickte ein schönes Weib, das sich langsam aus dem Wasser erhob. Ihre langen Haare, die sie über den Schultern mit ihren zarten Händen gefasst hatte, flossen an beiden Seiten herab und bedeckten ihren weißen Leib. Er sah wohl, dass es die Nixe des Teichs war, und wusste vor Furcht nicht, ob er davongehen oder stehen bleiben sollte. Aber die Nixe ließ ihre sanfte Stimme hören, nannte ihn bei

Namen und fragte, warum er so traurig wäre. Der Müller war anfangs verstummt; als er sie aber so freundlich sprechen hörte, fasste er sich ein Herz und erzählte ihr, dass er sonst in Glück und Reichtum gelebt hätte, aber jetzt so arm wäre, dass er sich nicht zu raten wüsste. »Sei ruhig«, antwortete die Nixe, »ich will dich reicher und glücklicher machen, als du je gewesen bist, nur musst du mir versprechen, dass du mir geben willst, was eben in deinem Hause jung geworden ist.« – »Was kann das anders sein«, dachte der Müller, »als ein junger Hund oder ein junges Kätzchen?« und sagte ihr zu, was sie verlangte. Die Nixe stieg wieder in das Wasser hinab, und er eilte getröstet und guten Mutes nach seiner Mühle. Noch hatte er sie nicht erreicht, da trat die Magd aus der Haustüre und rief ihm zu, er sollte sich freuen, seine Frau hätte ihm einen kleinen Knaben geboren. Der Müller stand wie vom Blitz gerührt; er sah wohl, dass die tückische Nixe das gewusst und ihn betrogen hatte. Mit gesenktem Haupt trat er zu dem Bett seiner Frau, und als sie ihn fragte: »Warum freust du dich nicht über den schönen Knaben?«, so erzählte er ihr, was ihm begegnet war und was für ein Versprechen er der Nixe gegeben hatte. »Was hilft mir Glück und Reichtum«, fügte er hinzu, »wenn ich mein Kind verlieren soll? Aber was kann ich tun?« Auch die Verwandten, die herbeigekommen waren, Glück zu wünschen, wussten keinen Rat.

Indessen kehrte das Glück in das Haus des Müllers wieder ein. Was er unternahm, gelang, es war, als ob Kisten und Kasten von selbst sich füllten und das Geld im Schrank über Nacht sich mehrte. Es dauerte nicht lange, so war sein Reichtum größer als je zuvor. Aber er konnte sich nicht ungestört darüber freuen: die Zusage, die er der Nixe getan hatte, quälte sein Herz. Sooft er an dem Teich vorbeikam, fürchtete er, sie möchte auftauchen und ihn an seine Schuld mahnen. Den Knaben selbst ließ er nicht in die Nähe des Wassers: »Hüte dich«, sagte er zu ihm, »wenn du das Wasser berührst, so kommt eine Hand heraus, hascht dich und zieht dich hinab.« Doch als Jahr auf Jahr verging und die Nixe sich nicht wieder zeigte, so fing der Müller an, sich zu beruhigen.

Der Knabe wuchs zum Jüngling heran und kam bei einem Jäger in die Lehre. Als er ausgelernt hatte und ein tüchtiger Jäger geworden war, nahm ihn der Herr des Dorfes in seine Dienste. In dem Dorf war ein schönes und treues Mädchen, das gefiel dem Jäger, und als sein Herr das bemerkte, schenkte er ihm ein kleines Haus; die beiden hielten Hochzeit, lebten ruhig und glücklich und liebten sich von Herzen.

Einstmals verfolgte der Jäger ein Reh. Als das Tier aus dem Wald in das freie Feld ausbog, setzte er ihm nach und streckte es endlich mit einem Schuss nieder. Er bemerkte nicht, dass er sich in der Nähe des gefährlichen Weihers befand, und ging, nachdem er das Tier ausgeweidet hatte, zu dem Wasser, um seine mit Blut befleckten Hände zu waschen. Kaum aber hatte er sie hineingetaucht, als die Nixe emporstieg, lachend mit ihren nassen Armen ihn umschlang und so schnell hinabzog, dass die Wellen über ihm zusammenschlugen.

Als es Abend war und der Jäger nicht nach Hause kam, so geriet seine Frau in Angst. Sie ging aus, ihn zu suchen, und da er ihr oft erzählt hatte, dass er sich vor den Nachstellungen der Nixe in Acht nehmen müsste und nicht in die Nähe des Weihers sich wagen dürfte, so ahnte sie schon, was geschehen war. Sie eilte zu dem Wasser, und als sie am Ufer seine Jägertasche liegen fand, da konnte sie nicht länger an dem Unglück zweifeln. Wehklagend und händeringend rief sie ihren Liebsten mit Namen, aber vergeblich: sie eilte hinüber auf die andere Seite des Weihers und rief ihn aufs Neue: sie schalt die Nixe mit harten Worten, aber keine Antwort erfolgte. Der Spiegel des Wassers blieb ruhig, nur das halbe Gesicht des Mondes blickte unbeweglich zu ihr herauf.

Die arme Frau verließ den Teich nicht. Mit schnellen Schritten, ohne Rast und Ruhe, umkreiste sie ihn immer von neuem, manchmal still, manchmal einen heftigen Schrei ausstoßend, manchmal in leisem Wimmern. Endlich waren ihre Kräfte zu Ende: sie sank zur Erde nieder und verfiel in einen tiefen Schlaf. Bald überkam sie ein Traum.

Sie stieg zwischen großen Felsblöcken angstvoll aufwärts; Dornen und Ranken hakten sich an ihre Füße, der Regen schlug ihr ins Gesicht, und der Wind zauste ihr langes Haar. Als sie die Anhöhe erreicht hatte, bot sich ein ganz anderer Anblick dar. Der Himmel war blau, die Luft mild, der Boden senkte sich sanft hinab, und auf einer grünen, bunt beblümten Wiese stand eine reinliche Hütte. Sie ging darauf zu und öffnete die Türe; da saß eine Alte mit weißen Haaren, die ihr freundlich winkte. In dem Augenblick erwachte die arme Frau. Der Tag war schon angebrochen, und sie entschloss sich, gleich dem Traum Folge zu leisten. Sie stieg mühsam den Berg hinauf, und es war alles so, wie sie es in der Nacht gesehen hatte. Die Alte empfing sie freundlich und zeigte ihr einen Stuhl, auf den sie sich setzen sollte. »Du musst ein Unglück erlebt haben«, sagte sie, »weil du meine einsame Hütte aufsuchst.« Die Frau erzählte ihr unter Tränen, was ihr begegnet war. »Tröste dich«, sagte die Alte, »ich will dir helfen: da hast du einen goldenen Kamm. Harre, bis der Vollmond aufgestiegen ist, dann geh zu dem Weiher, setze dich am Rand nieder und strähle dein langes schwarzes Haar mit diesem Kamm. Wenn du aber fertig bist, so lege ihn am Ufer nieder, und du wirst sehen, was geschieht.«

Die Frau kehrte zurück, aber die Zeit bis zum Vollmond verstrich ihr langsam. Endlich erschien die leuchtende Scheibe am Himmel; da ging sie hinaus an den Weiher, setzte sich nieder und kämmte ihre langen schwarzen Haare mit dem goldenen Kamm, und als sie fertig war, legte sie ihn an den Rand des Wassers nieder. Nicht lange, so brauste es aus der Tiefe, eine Welle erhob sich, rollte an das Ufer und führte den Kamm mit sich fort. Es dauerte nicht länger, als der Kamm nötig hatte, auf den Grund zu sinken, so teilte sich der Wasserspiegel, und der Kopf des Jägers stieg in die Höhe. Er sprach nicht, schaute aber seine Frau mit traurigen Blicken an. In demselben Augenblick kam eine zweite Welle herangerauscht und bedeckte das Haupt des Mannes. Alles war verschwunden, der Weiher lag so ruhig wie zuvor, und nur das Gesicht des Vollmondes glänzte darauf.

Trostlos kehrte die Frau zurück, doch der Traum zeigte ihr die Hütte der Alten. Abermals machte sie sich am nächsten Morgen auf den Weg und klagte der weisen Frau ihr Leid. Die Alte gab ihr eine goldene Flöte und sprach: »Harre bis der Vollmond wieder kommt, dann nimm diese Flöte, setze dich an das Ufer, blas ein schönes Lied darauf, und wenn du damit fertig bist, so lege sie auf den Sand; du wirst sehen, was geschieht.«

Die Frau tat, wie die Alte gesagt hatte. Kaum lag die Flöte auf dem Sand, so brauste es aus der Tiefe: eine Welle erhob sich, zog heran und führte die Flöte mit sich fort. Bald darauf teilte sich das Wasser, und nicht bloß der Kopf, auch der Mann bis zur Hälfte des Leibes stieg hervor. Er breitete voll Verlangen seine Arme nach ihr aus, aber eine zweite Welle rauschte heran, bedeckte ihn und zog ihn wieder hinab.

»Ach, was hilft es mir«, sagte die Unglückliche, »dass ich meinen Liebsten nur erblicke, um ihn wieder zu verlieren.« Der Gram erfüllte aufs Neue ihr Herz, aber der Traum führte sie zum dritten Mal in das Haus der Alten. Sie machte sich auf den Weg, und die weise Frau gab ihr ein goldenes Spinnrad, tröstete sie und sprach: »Es ist noch nicht alles vollbracht, harre, bis der Vollmond kommt, dann nimm das Spinnrad, setze dich an das Ufer und spinn die Spule voll, und wenn du fertig bist, so stelle das Spinnrad nahe an das Wasser, und du wirst sehen, was geschieht.«

Die Frau befolgte alles genau. Sobald der Vollmond sich zeigte, trug sie das goldene Spinnrad an das Ufer und spann emsig, bis der Flachs zu Ende und die Spule mit dem Faden ganz angefüllt war. Kaum aber stand das Rad am Ufer, so brauste es noch heftiger als sonst in der Tiefe des Wassers, eine mächtige Welle eilte herbei und trug das Rad mit sich fort. Alsbald stieg mit einem Wasserstrahl der Kopf und der ganze Leib des Mannes in die Höhe. Schnell sprang er ans Ufer, fasste seine Frau an der Hand und entfloh. Aber kaum hatten sie sich eine kleine Strecke entfernt, so erhob sich mit entsetzlichem Brausen der ganze Weiher und strömte mit reißender Gewalt in das weite Feld hinein. Schon sahen die Fliehenden ihren Tod vor Augen; da rief die Frau in ihrer Angst die Hilfe der Alten an, und in dem Augenblick waren sie verwandelt, sie in eine Kröte, er in einen Frosch. Die Flut, die sie erreicht hatte, konnte sie nicht töten, aber sie riss sie beide voneinander und führte sie weit weg.

Als das Wasser sich verlaufen hatte und beide wieder den trockenen Boden berührten, so kam ihre menschliche Gestalt zurück. Aber keiner wusste, wo das andere geblieben war; sie befanden sich unter fremden Menschen, die ihre Heimat nicht kannten. Hohe Berge und tiefe Täler lagen zwischen ihnen. Um sich das Leben zu erhalten, mussten beide die Schafe hüten. Sie trieben lange Jahre ihre Herden durch Feld und Wald und waren voll Trauer und Sehnsucht.

Als wieder einmal der Frühling aus der Erde hervorgebrochen war, zogen beide an einem Tag mit ihren Herden aus, und der Zufall wollte, dass sie einander entgegenzogen. Er erblickte an einem fernen Bergesabhang eine Herde und trieb seine Schafe nach der Gegend hin. Sie kamen in einem Tal zusammen, aber sie erkannten sich nicht, doch freuten sie sich, dass sie nicht mehr so einsam waren. Von nun an trieben sie jeden Tag ihre Herden nebeneinander: sie sprachen nicht viel, aber sie fühlten sich getröstet. Eines Abends, als der Vollmond am Himmel schien und die Schafe schon ruhten, holte der Schäfer die Flöte aus seiner Tasche und blies ein schönes, aber trauriges Lied. Als er fertig war, bemerkte er, dass die Schäferin bitterlich weinte. »Warum weinst du?«, fragte er. »Ach«, antwortete sie, »so schien auch der Vollmond, als ich zum letzten Mal dieses Lied auf der Flöte blies und das Haupt meines Liebsten aus dem Wasser hervorkam.« Er sah sie an, und es war ihm, als fiele eine Decke von den Augen; er erkannte seine liebste Frau: und als sie ihn anschaute und der Mond auf sein Gesicht schien, erkannte sie ihn auch. Sie umarmten und küssten sich, und ob sie glückselig waren, braucht keiner zu fragen.

Der Interpretation dieses Märchens aus der Sammlung der Brüder Grimm ist der ganze Text vorangestellt, weil ich zwar dem Gang der Handlung folgen, aber nicht wie bei der vorhergehenden Betrachtung überall verweilen möchte. Es geht mir hier im Wesentlichen um einen Vergleich jener Stellen, die für eine Vertiefung unseres Verständnisses der alten Weisen und ihrer Begegnung mit jungen Menschen bedeutsam sind. In diesem Märchen begegnet uns die Alte erneut, dazu noch an einem erstaunlich ähnlichen Ort wie im ersten Märchen, auch wenn dieses aus der Oberlausitz[63], »Die Gänsehirtin am Brunnen« aber aus einer Wiener Quelle stammt.[64]

Ein beschwerlicher, steiniger Weg führt hinauf zu ihr auf eine Anhöhe. Dort ist im Gegensatz zu dem rauen Wetter, das den Weg begleitet hatte, »der Himmel blau, die Luft mild, der Boden senkte sich sanft hinab, und auf einer grünen, bunt beblümten Wiese stand eine reinliche Hütte«. Auch diese Alte wohnt abgelegen von den Menschen, auch sie hat mit dem Spinnrad zu tun und kennt die Schicksalsfäden. Auch sie weiß um die innere Zeit, den jeweils günstigen Zeitpunkt für den Wandel der Geschicke: Sie weiß um den Mond und seine Gezeiten und wann er günstig steht zur Entfaltung weiblicher Kraft und Magie.

In der Alten des Märchens »Die Nixe im Teich« können wir unschwer die Alte aus »Die Gänsehirtin am Brunnen« wiedererkennen. Nur lebt sie fast noch zurückgezogener, sie kommt von sich aus kaum in die Nähe der Menschen: »Du musst ein Unglück erlebt haben«, sagt sie, »weil du meine einsame Hütte aufsuchst.« Auch lebt die junge Frau, der sie mit heilsamem Rat zur Seite steht, nicht bei ihr, sondern sucht sie nur in größter Not auf. Allerdings bleibt die Frau, nachdem sie den Weg zur Alten einmal gefunden hat, auf diese bezogen. Den Zugang gewinnt sie über ihre eigenen Träume, in der ihr die Alte jeweils rettend erscheint.

Die Frau in unserem Märchen, die Jägersfrau, ist auch schon einige Wegstrecken weiter in ihrer Lebensgeschichte als die Königstochter des ersten Märchens, die noch vor jeder Begegnung mit einem Partner stand. Sie ist verheiratet, hat jedoch ihren Mann an die Nixe des Mühlenteichs verloren.

Ebenso wie die Alte des ersten Märchens trotz ihrer Wohnung in der Höhe auch auf die Tiefe des Tals und des Brunnens bezogen bleibt, so diese Alte auf die Tiefe des Teichs und auch auf die Nixe: Jedenfalls weiß sie um diese und hat einen Blick auf sie, hat Übersicht und überschaut alle Fäden, die da gesponnen werden. Es ist bemerkenswert, wie gerade sie, die Alte, um die Künste der Nixe, die Kunst des Eros, weiß und wie sie die junge unerfahrene Frau, die die Nixe in sich selbst noch abwehrt, mit dieser Kunst vertraut macht, in sie einweiht. Es besteht ein deutlicher Zusammenhang zwischen der Alten, der Nixe und der Jägersfrau: ja letztlich auch schon zwischen ihr und der Frau des Müllers.

Faszination aus der Tiefe

In diesem Märchen haben wir es zunächst nicht sichtbar mit der Alten, sondern vielmehr mit dem Geschick eines Müllers, seiner Mühle, seinem Mühlenteich und einer geheimnisvollen Nixe zu tun, die spürbar in das Schicksal des Müllers eingreift. Fast hat man den Eindruck, dass sie es war, die aus dem Verborgenen, dem Unbewussten – aus der Tiefe seiner Seele herauf – die Mühle antrieb. Es muss ein Verlust der Verbindung mit ihr sein, was die Mühle plötzlich nicht mehr recht laufen ließ und den Müller um seinen Wohlstand brachte. Wohl mögen äußere Umstände mitgespielt haben, regenarmer Sommer mit kargen Ernten, die auch das mühlentreibende Wasser versiegen ließen, schlechte Wirtschaftslage überhaupt – doch fehlte es dem Müller zu der Zeit wohl vor allem an schöpferischer Intuition, am Kontakt zu seinen unbewussten Wesenstiefen, sodass er den äußeren Problemen keine helfenden Einfälle mehr entgegensetzen konnte. Auch scheint er den Sinn für die Gezeiten des Lebens und ihren rhythmischen Wechsel in dieser Zeit verloren zu haben, da er sich nicht mehr auf sie einzustellen und umzustellen vermag.

Eine Mühle ist hier die Lebensgrundlage: Sie mahlt Getreide zu Mehl, wandelt Naturprodukte zu Lebensmitteln um. Sie dient also der schöpferischen Verarbeitung des natürlich Gewachsenen – symbolisch: des auch in der Seele Gewachsenen – zur Nahrung. Dazu braucht sie Wasser, gleichsam die seelische Energie des Unbewussten. Nun aber läuft die Mühle nicht mehr, der Müller verarmt, zugleich auch innerlich leer und depressiv geworden.

Gerade diese Zeit äußerer und innerer Verarmung ist dadurch charakterisiert, dass er gar nicht mehr auf die Idee kommt, nach den tieferen Quellen zur Lösung seiner Probleme, nach seiner eigenen Tiefe zu fragen, sondern verzweifelt und schlaflos immer nur das Problem seiner äußeren wirtschaftlichen Not wälzt. Mit dem Schlaf bringt er sich auch um seine Träume, die einen rettenden Einfall aus größerer Tiefe heraus enthalten könnten.

Dennoch: Eines Morgens, in dem Dämmerzustand zwischen Wachen und Schlafen, in dem mancherlei wichtige Fantasien aufsteigen, zieht es ihn plötzlich hinaus an den Mühlenteich. Wir können uns alles, was das Märchen jetzt erzählt, zugleich als eine Imagination des Müllers vorstellen, der wieder in die Nähe seines Unbewussten, seiner Seelentiefe, kommt. In diesem Moment also hörte er im Weiher etwas rauschen, und als er sich umschaute, »erblickte er ein schönes Weib, das sich langsam aus dem Wasser erhob« und ihm aus der Tiefe seines Mühlenteichs als etwas Faszinierendes entgegenkommt, etwas Erotisch-Anziehendes: eine Nixenfrau, die in die Tiefe Versenkte, die in der Tiefe Herrschende, die ihn von jeher kennt und ihn jetzt beim Namen ruft, sodass er seine anfängliche Furcht vor dem Unheimlich-Numinosen dieser Gestalt verliert. Eine Nixe, Tochter der Wassermutter, ist sie! So ruft und beruft übrigens auch der Gott der Bibel – so diamentral entgegen sein Bild dem der Nixe sonst steht – die seinen: »Ich habe dich bei deinem Namen gerufen, du bist mein.«

Auch die Nixe will sich unauslöschlich ins Gedächtnis bringen, auch sie will die Beziehung zu dem Müller verbindlich machen; damit er aufmerkt, hat sie ihm das Wasser abgegraben. Mit der Nixe rührt sich der Eros in seiner Seele wieder, belebt sie, lässt sie wieder schöpferisch werden. Ein abgewehrter erotischer Komplex, in der Nixe verkörpert, meldet sich wieder zu Wort, erhebt sein Haupt. Wie verschüttet er war, zeigt sich daran, wie unbewusst die Beziehung des Müllers zu seiner Frau geworden ist: er weiß nicht einmal, dass sie ein Kind von ihm erwartet. Hinter diesem erotischen verbirgt sich ein abgespaltener Mutterkomplex, der wieder auf die Alte verweist. Das ist auch so zu verstehen, dass er sozusagen noch gar nichts davon wissen will, dass seine Frau Mutter wird. Sein inneres Bild der Frau, seine Anima, stellt ihm noch ein zauberisch-nixenhaftes Wesen vor Augen, das er sich als Mutter gar nicht vorstellen kann. Zugleich verdrängt er dieses Anima-Bild, hat Angst vor ihm und lädt es im Unbewussten mit desto mehr Energie auf. Er hat wohl auch seine eigene Mutterbindung noch nicht verarbeitet, sodass das Bild der Geliebten und das der Mutter kollidieren.

Die Nixe jedoch weckt sein Vertrauen, lässt sich von ihm den Grund seiner Ratlosigkeit berichten und tröstet ihn überzeugend! »Ich will dich reicher und glücklicher machen, als du je gewesen bist« – nur verlangt sie zugleich etwas von ihm, was er zunächst gar nicht zu verstehen scheint: »… nur musst du mir versprechen, dass du mir geben willst, was eben in deinem Hause jung geworden ist.« In diesem Märchen meint das nichts anderes als das ungeborene Kind, den neugeborenen Knaben des Müllers. Dass er von dessen bevorstehender Geburt, von der Schwangerschaft seiner Frau so wenig weiß, zeigt, dass er dem Weiblichen in seiner eigenen Psyche, aber auch im Gegenüber seiner Frau, zu der Zeit ganz entfremdet ist und dass vor allem im Gefühlsleben der beiden etwas in den Schatten gedrängt ist. Diese abgespaltenen erotischen Möglichkeiten der beiden rühren sich wieder in dem Versprechen, das er der Nixe geben muss: Sie will mitleben, sie will teilhaben an der Zukunft der beiden; so soll ein Teil ihrer Zukunft, der Sohn, künftig ihr gehören.

Immerhin erzählt der Müller die Geschichte mit der Nixe sofort seiner Frau, als sie ihm zeigt, was soeben in seinem Hause jung geworden ist: den schönen Knaben. Ist es nicht eigentlich ein großes Missverständnis der Müllersleute, wenn sie glauben, sie könnten ihren Sohn künftig vor der Nixe bewahren?

Dennoch ist es sinnvoll, dass sie ihn bis zur Mannbarkeit vor ihr zu behüten suchen. Zunächst tun sie es dadurch, dass sie das Problem mit der Nixe öffentlich machen, dass sie allen Anverwandten davon erzählen – und damit anders handeln als manche Eltern in anderen Märchen, wo solche Familiengeheimnisse ängstlich bewahrt und vor allen Leuten verborgen werden und wo die Eltern dann mit diesen Geheimnissen umso mehr allein sind. Durch ihre Offenheit gewinnen sie vielmehr die Teilnahme aller und die Mitverantwortung derer, die es angeht. Sodann weihen sie auch den Sohn rechtzeitig selber in das Problem mit der Nixe ein und leiten ihn an, sich vor dem Wasser zu hüten. Freilich beschwören sie damit ungewollt die Gefahr mit herauf, die immer lauert, wenn man jemanden vor etwas bewahren möchte, wenn man zum Beispiel ein Kind aus Angst vor dessen möglichem Ertrinken auch das Schwimmen nicht lehrte. So wird es sich überhaupt nicht in dem gefürchteten Element zu bewegen wissen. Ähnlich ist es, wenn die Eltern aus Angst vor übermächtigen Gefühlen ihr Kind überhaupt nicht mit starken Gefühlen, weder mit Leidenschaft noch mit Zorn, in Kontakt bringen. Ein solches Kind wird sich im Gefühlsbereich überhaupt nicht zu bewegen wissen.

So mag es auch dem Jungen dieser Müllersleute ergangen sein. Jedenfalls wird dieser Junge, der eigentlich der Erbe der Mühle werden könnte, das Müllershandwerk überhaupt nicht erlernen, es brächte ihn zu nahe mit dem Wasser in Berührung. Doch wird er dazu angeleitet, in einem anderen Bereich der Natur sich zurechtzufinden, indem er als Jäger ausgebildet wird: Er erlebt also Tiefe und Dickicht der Natur und die zugehörigen Emotionen gleichsam auf der Ebene des Waldes, der wie das Wasser symbolisch für den unbewussten Bereich der Seele stehen kann. Im Wald hat er immerhin noch Boden unter den Füßen, da gibt es Weg und Steg, im Gegensatz zum Wasser. Auch lernt er als Jäger, die Geschöpfe des Waldes, des Unbewussten also, bewusst ins Visier zu nehmen, zu erjagen, während er der Wassernixe, wenn er ihr erliegen würde, passiv ausgeliefert wäre.

Immerhin: Zunächst kehrt das Glück in das Haus des Müllers wieder ein. Durch den Kontakt mit der Nixe hat er auch an ihren Segnungen wieder Anteil. Die Nixe erweist sich als spendend, zeigt sich als eine besondere Seite der großen Mutter Natur. Als lange nichts passiert, beruhigt sich der Müller über seine Schuld der Nixe gegenüber; er drängt die Erfahrung mit der Nixe wieder in den Hintergrund. Gerade dadurch aber gewinnt der Nixenkomplex erneut an Macht. Der Knabe wiederum wird zu einem tüchtigen Jäger und vom Herrn des Dorfes in den Dienst genommen, der dem jungen Mann so wohlgesinnt ist, dass er ihm ein kleines Haus schenkt, als er dessen Zuneigung und Heiratsabsicht gegenüber einem »schönen und treuen Mädchen« bemerkt. Die beiden haben sich problemlos gefunden, lieben sich von Herzen, offenbar auf freundschaftliche, fast noch geschwisterliche Art, ahnen aber noch kaum etwas davon, wie der weitere Verlauf des Märchens zeigt, welche Tiefen und Abgründe des Gefühls ihnen möglich sind und bevorstehen; eben von ihnen ist der junge Jäger ja von seinen Eltern mit aller Sorgfalt abgehalten worden.

Als der Jäger eines Tages ein Reh jagt – ein Tun, das oft eine aufbrechende erotische Leidenschaft symbolisiert –, mag ihn wohl ein ungewöhnlich starkes urtümliches Gefühl, ein Jagdfieber überkommen haben; und als er die vom Ausweiden des Tieres mit

Blut befleckten Hände reinigen will, kommt er in Berührung mit dem Wasser, mit seiner eigenen strömenden Emotionalität und Gefühlstiefe. Und da geschieht es: »Kaum hatte er sie hineingetaucht, als die Nixe emporstieg, lachend mit ihren nassen Armen ihn umschlang und so schnell hinabzog, dass die Wellen über ihm zusammenschlugen.« Der nie gekannte Zauber dieser Nixe, den er von Jugend an fürchten gelernt hat: er erfasst ihn über einem sehr starken Gefühl der Jagdleidenschaft – oder der Leidenschaft überhaupt? – und zieht den Wehrlosen lachend in die Tiefe. Er ist verschlungen von der aufgeladenen Kraft jenes Eroskomplexes, den schon seine Eltern abzuspalten und von ihm fernzuhalten versucht hatten.

Die Geschenke der weisen Frau

Nun schwenkt die Erzählperspektive des Märchens auf die Frau des Jägers über, die bisher als »schön und treu« geschildert worden war, die aber ebenfalls von den möglichen Abgründen des Gefühls noch nichts zu ahnen scheint. Warum war sie gerade an den Jägersmann aus dieser Familie mit dem Nixenkomplex geraten? Litt sie nicht, wie es oft bei einer Wahl der Fall ist, auch selber an einer solchen unbewussten Aussparung leidenschaftlichen Gefühls?

Nun aber, eben da sie ihren Mann von jenem Nixenkomplex verschlungen sieht, von dem sie wohl wusste, aber ohne ihn voll begreifen zu können, brechen ihre eigenen tiefen Gefühle auf. Sie erkennt, was geschehen ist, dass sie ihn an die Nixe verloren hat, und lässt nun, weit entfernt davon, sich tapfer zu beherrschen oder gar zu resignieren, zum ersten Mal auch ihre eigenen Emotionen kommen. Wehklagend und händeringend ruft sie ihren Liebsten mit Namen – was die Nixe seinem Vater gegenüber tat, tut jetzt sie, die Menschenfrau –, sie ruft ihn nicht nur von der einen, sondern auch von der gegenüberliegenden Seite des Weihers aus, sie ruft ihn aus mehreren, aus vielen Perspektiven. Schließlich sucht sie die Schuldige und schilt die Nixe mit harten Worten: Auch Wut und Eifersucht brechen sich Bahn, sollen sich Bahn brechen, wie in jedem echten Trauervorgang um den Verlust eines geliebten Menschen.

Sie blickt immer wieder in den Spiegel des Wassers; doch statt des Gesichts ihres Mannes, das sich nicht zeigt, erscheint etwas anderes: das halbe Gesicht des Mondes. Das weibliche Gestirn zeigt sich hier, verweist die junge Frau auf sich selbst, auf ihre Weiblichkeit und deren Kräfte, und zeigt ihr auch die »innere Zeit« an: in ihr ist es erst »Halbzeit«; es braucht noch eine, braucht noch die andere Hälfte der Mondphase bis zur Erfüllung, bis zur vollen Reife ihrer Weiblichkeit. Nicht allein also auf die Wiedergewinnung des Mannes soll sie achten – so mag dieses Gesicht des halben Mondes ihr sagen –, sondern primär auf ihre eigene Entwicklung als Frau. Dann würde sie, wenn überhaupt möglich, auch den Mann wiedergewinnen.

Doch verlässt diese Frau den Teich, den Ort, den Komplex, der ihren Mann verschlungen hat, nicht; sie weicht nicht, sondern sie umwandert, zirkumambuliert diesen Ort, als wollte sie seiner zutiefst innewerden. Sie geht mit dem Geschehen um. Sie tut es mit schnellen Schritten, unermüdlich, »manchmal still, manchmal einen heftigen Schrei ausstoßend, manchmal in leisem Wimmern«. Sie tut es, bis sie niederfällt, weil ihre Kräfte am Ende sind. So sinkt sie zur Erde – zur Mutter Erde auch – nieder, verfällt in einen tiefen Schlaf und, gerade weil sie alle Gefühle herausgelassen hat, überkommt sie nun ein klärender Traum.

Eine große, echte Trauerszene ist dies: wie die Jägersfrau den Ort, an dem sie den Geliebten verloren hat, nicht verlässt – hier erweist sich die ursprüngliche Herzenstreue dieser Frau –; wie sie den Geliebten bei seinem Namen ruft, es einklagt, dass doch der, dessen Namen sie kennt, zu ihr gehört; wie sie ihn sucht, die Trennung nicht wahr sein lassen will; wie sie schließlich auch die Schuldige sucht und anklagt und dabei das Geschehen immer wieder umkreist, einkreist mit schnellen erregten, aber auch noch mit todmüde gewordenen Schritten; wie sie die Stimme erhebt, zum Rufen, zum Schelten, zum Wehklagen, zum Schrei, bis sie sich erschöpft im Wimmern. Der ganze Körper klagt und trauert mit, die Stimme, die Schritte, auch die Hände, die sie ringt, bis sie ermattet zur Erde niedersinkt. Hier kann nun, gerade weil sie das Ihre getan hat, der tiefe Schlaf sein heilendes Werk tun: und aus der Tiefe des Unbewussten ein Traum, eine wegweisende Botschaft aufsteigen.

Der Traum beginnt mit einem beschwerlichen Aufstieg. Er ist steil und vollzieht sich bei rauestem Wetter. In ihm kann ein Übersteigen der negativen Gefühle, der Enttäuschung am Mann, aber auch an der Mutter Natur in ihrem negativen Aspekt überhaupt gesehen werden, wie er sich in der Nixe und ihrer verschlingenden Art zeigt. Dieses Übersteigen ist nicht leicht. Das Widerständige, Widerwärtige zerkratzt ihr die Füße, der Wind zerrauft ihr die Haare, der Regen schlägt ihr ins Gesicht. All dies sind Bilder für eine quälende, verletzende, verwirrende Erfahrung, die ihr die Mutter Natur selber zufügt: in Gestalt der Nixe, die ihr noch fremd ist, die sie aber bald als eigene Möglichkeit ihrer weiblichen Natur kennenlernen soll.

Doch die junge Frau findet zu der Alten auf der Höhe, die sie sehr gütig empfängt, ihr freundlich zuwinkt. Weißhaarig ist die Alte: bejahrt und doch licht. Sie stellt die hellen Aspekte des Mütterlichen, des Groß-Mütterlichen dar. Mild ist selbst die Luft, das Klima um sie her in ihrem ganzen Umkreis. Deutlich ist ihr inniger Bezug zur Natur: Umgeben ist sie von saftigem Grün, von blumenübersäten Wiesen, Herrin der Pflanzen ist auch sie. Die Reinlichkeit ihrer Hütte fällt auf, wie ja auch die Alte in »Die Gänsehirtin am Brunnen« auf Sauberkeit, auf Reinigung und Klärung der Situation aus war. Hier oben ist alles geordnet, gereinigt, im Unterschied zu dem chaotisch erscheinenden Nixenbereich. Wie auch sonst in den Märchen, zum Beispiel in dem Grimm'schen »Jorinde und Joringel«, wird auch hier der Traum wörtlich genommen: die Begegnung mit der Alten, die der Traum vorwegnahm, wird am nächsten Tag realisiert. Der Traum hat der Jägersfrau eine weise Alte gezeigt, bei der sie auch in ihrer aussichtslos erscheinenden Situation Rat und Hilfe finden kann. So ist Hoffnung geweckt, die genügend stark ist, dass sich die Frau am nächsten Tag bei vollem Bewusstsein aufmacht, um den Traum in die Tat, in die Wirklichkeit umzusetzen. Wie im Traum findet sie die Alte, die sie zum Niedersetzen und Erzählen einlädt.

In der Alten hat sich innerhalb des gleichen Archetyps der Gegensatz zur Nixe konstelliert, wie es einer Grundansicht der Jung'schen Psychologie entspricht und wie wir es oft beobachten können: dass sich dann, wenn wir uns der einen Seite des archetypischen Erlebens, der Nixe also, wirklich gestellt haben, auch die andere Seite dieses Archetyps konstellieren kann: die rettende Kraft der weisen Alten. Die Nixe wird gleichsam »überstiegen«, überwachsen, als sich diese Frau auf den Weg zu der weisen Alten macht, die sie voll Verständnis erwartet und empfängt.

In Ergänzung zu der Begegnung mit der Alten, wie wir sie im ersten Märchen erlebt haben, erfahren wir hier, dass die Begegnung mit ihr gerade auch im Traum erfolgen kann. Freilich sind Träume von der alten Weisen nicht eben häufig. Auch in Träumen erscheint sie nur, wenn man sie aufsucht, wenn man sie notwendig braucht. So konstelliert sie sich auch in dem folgenden Traum, den eine 30-jährige Frau einige Zeit nach dem Tod einer für sie wichtigen älteren Freundin träumt: »Eine sehr alte Frau, mit auffallend schlohweißen Haaren, sitzt und spult unermüdlich Seidenfäden auf ein Spulrad. Sie spult und spult. Die Träumerin sitzt bei ihr, neben dem Spulrad, und möchte sie etwas Wichtiges fragen, sie müsste etwas für sie sehr Wichtiges wissen. Sie kommt aber nicht zum Fragen, weil die Alte sehr gesammelt und vertieft immer weiter ihre Fäden aufspult. Sie bietet ein Bild der absoluten Konzentration.«

Die Träumerin fühlt sich, wie sie berichtet, nicht ausgeschlossen, obwohl sie nicht angeblickt und kein einziges Wort gewechselt wird, sondern sie erlebt sich als immer mehr hineingenommen in die Konzentration der Alten. Auf einmal spürt sie, dass sie bei dieser inneren Sammlung die Antwort auf ihre Frage in sich selber finden wird. Die Alte, von der sie träumt, gleicht Hulda, einer alten Frau, die die Träumerin seit ihrer Kindheit kennt, die über Krankheiten und Heilkräuter Bescheid wusste und immer voll Hilfsbereitschaft und Humor für die Kinder da war. In diesem Traum zeigt sich überzeugend, wie der Kontakt zu der den Schicksalsfaden aufspulenden Alten in der Seele der jungen Frau selbst die Sammlung, die Konzentration weckt, in der sie eine Antwort auf ihre Frage finden wird. Ihre Frage damals schloss natürlich die Bangnis ein, wie es nach dem Tod der Freundin weitergehen sollte, und das Bild der konzentriert spulenden Alten sagte ohne Worte: »Es wird weitergehen, denn die Schicksalsfrau – Hulda war für die Träumerin als Kind eine äußerst vertrauenerweckende Gestalt gewesen – spult den Faden weiter ab, es hat alles seine Richtigkeit trotz Abschied und Tod.«

Die Alte im Märchen sagt der Jägersfrau sogar etwas mehr als jene Hulda in dem Traum sagte, sie gibt ihr vielmehr einen wichtigen Anstoß, einen goldenen Kamm: »Harre, bis der Vollmond aufgestiegen ist, dann geh zu dem Weiher, setze dich am Rand nieder und strähle dein langes, schwarzes Haar mit diesem Kamm.« Aber auch sie sagt nicht zu viel, sagt nichts voraus, nimmt nicht vorweg, was sie doch selbst erfahren muss: »Wenn du aber fertig bist, so lege ihn am Ufer nieder, und du wirst sehen, was geschieht.«

In diesem Hinweis auf die Erfahrung der Träumerin selbst gleicht die Alte auch der Hulda im vorigen Traum. Die Alte des Märchens gibt der Jägersfrau aus ihrem eigenen Besitz einen goldenen Kamm, einen sehr wertvollen Gegenstand also, der auch durch sein edles Metall auf ein Geschehen von hohem Wert hinweist. Dann rät sie dieser verlassenen Frau, etwas zu tun, was sonst die Nixen selber tun: sich an den Weiher zu setzen und ihr langes, schwarzes Haar zu strählen. Es ist eine Tätigkeit, die erotischen Zauber entbinden kann. Diese schlichte Frau, die sich ihrer erotischen Anziehungskraft bisher offenbar kaum bewusst war – in diese Lücke konnte ja die Nixe mit ihrer Faszination für den Mann einbrechen –, soll lernen, sich dieser Fähigkeit bewusst zu werden, vielleicht zunächst einmal eine gewisse Libido auf ihre eigene Schönheit zu richten. Und sie soll lernen, so meint wohl die Alte, ihren Zauber, ihre Attraktivität auch bewusst zu gebrauchen. Kämmen heißt ja auch, Ordnung in die Haare hineinzubringen. Demnach soll auch die Jägersfrau bewusst und geordnet etwas von der Verführungskraft der Nixe übernehmen. Doch bedarf es dazu wieder der richtigen Zeit, die sie abwarten muss: bis der Vollmond, das Gestirn der Frau, in seiner vollen Kraft steht. Dann soll sie es tun, und zuletzt den goldenen Kamm am Ufer des Weihers niederlegen.

Das tut sie: Und der Weiher, mit ihm die Nixe, holt sich den goldenen Kamm der Alten von der jungen Frau wie eine Opfergabe – und gibt dafür den Kopf des Mannes frei. Der Mann, der über der Nixenfaszination »den Kopf verloren hatte«, wird als Person und als Gegenüber wieder sichtbar. Er blickt sie traurig an, ist gequält über den Bann, in den er geraten ist. Auch erscheint er nur für einen Augenblick, dann taucht er wieder unter und erliegt der Nixe erneut. Die Frau kehrt »trostlos« zurück, wie das Märchen sagt. Doch ein weiteres Mal kommt ihr ein Traum, erneut vertraut sie ihm und wird noch einmal auf die Hütte der Alten verwiesen. Diese übergibt ihr, wieder aus ihrem eigenen Besitz, diesmal eine goldene Flöte: Wieder soll sie den Vollmond abwarten, dann die Flöte blasen, sie in den Sand legen und sehen, was geschieht. Hier wird die Alte übrigens zum ersten Mal als »weise Frau« bezeichnet. Diesmal wird der Jägersfrau ein Instrument anvertraut, auf dem sie besonders ihre Gefühle zeigen und auch aussprechen kann. Konnte sie mit dem Kamm ihre körperliche Attraktivität, ihre körperliche Sehnsucht ausdrücken, so mit der Flöte die Sehnsucht ihrer Seele.

Auch Nixen verführen durch Musik: Mit ihren Stimmen sprechen sie die Sehnsucht des Mannes an, so stark, dass Odysseus sich am Mast festbinden musste, um ihnen nicht zu erliegen. Mit ihrem Gesang zog die Loreley die Schiffer in die Tiefe. Auch auf der Flöte vermag man ein Sehnsuchtslied hervorzubringen, doch ist sie bereits ein kultiviertes Instrument; mit dem eigenen Atem gespielt, ist sie ein Medium, mit dem man sich differenziert mitteilen kann, auch wenn ihr Ton immer eine naturnahe Färbung behält. Zugleich liegt in der Flöte immer ein Sehnsuchtston, der über die Natur hinausweist, der in mystische und transzendente Bereiche hinüberschwingt. Hirten spielen sie, der Gott Pan, aber sie gehört auch in die Hand des Helden von Mozarts Zauberflöte. So gehört sie oft in die Hand männlicher Wesen. Paminas Vater hatte sie geschnitzt, der Herrscher des Sonnenkreises. Paminas Mutter, die Herrin der Nacht, hatte sie verwahrt. Von ihr hat sie Tamino. Es ist ein Instrument, in dem sich beide Geschlechter finden können, in dem beide ihren Gefühlston wiedererkennen. Bei der Flöte kommt es darauf an, den Ton zu treffen, den eigenen und den, bei dem der Partner mitschwingen kann. So trifft das Lied der Flöte auch den Mann im Teich und vermag ihn bis zur Hälfte des Leibes aus dem Wasser zu ziehen, nachdem Weiher und Nixe die goldene Flöte an sich genommen haben: »Indem die Frau das Lied spielt, verführt sie sozusagen den Mann zurück aus dem Reich der Nixe.«[65] Die Hälfte seines Leibes, sein Herz eingeschlossen, sind wieder bei ihr: doch zieht es ihn nochmals zurück und hinterlässt sie noch verzweifelter, denn was hilft es ihr, ihn jeweils nur wiederzusehen, um ihn wieder zu verlieren.

Aber nun ist ihr der Weg über den Traum zu der Alten nicht mehr unvertraut. Ein drittes Mal wird er ihr gewiesen, und ein drittes Mal geht sie ihn. Nun gibt ihr die Alte ein goldenes Spinnrad; am Ufer soll sie eine Spule voll spinnen, das Spinnrad ans Wasser stellen und sehen, was geschieht. Spinnen ist, wie wir im letzten Märchen gesehen haben, die Tätigkeit der weisen Frauen, die damit einen Aspekt der Nornen darstellen.[66] Gewiss ist es nicht eben eine Tätigkeit der Nixen, die nach der Darstellung der Märchen mehr spontan, überfallartig aus dem Ungestalteten des Unbewussten heraus leben und handeln. Spinnen bedeutet dagegen gerade, aus der ungestalteten Wolle, dem ungestalteten Flachs, einen Faden zu drehen, einen Faden, dem man dann folgen kann. Spinnen heißt gerade, herauskommen aus der unbewusst und ungestaltet-triebhaften Art des Existierens. Auch Fantasieren und Imaginieren kann man mit Spinnen vergleichen, kann auch mit ihm verbunden sein und aus der sehr geregelten gleichmäßigen Arbeit des Spinnens entstehen. Wir können uns gut vorstellen, wie diese junge Frau beim Spinnen am Weiher an ihrer Beziehungsgeschichte weiterspinnt, sie ausspinnt bis hin zu einer Lösung. Die Fantasien, die wir uns über Menschen machen, können diese erfahrungsgemäß auch wirklich beeinflussen, im Guten wie im Schlimmen. Wenn wir einem Mann zutrauen, aus solch einer Nixenfaszination wieder herauszukommen, wenn wir entsprechende Lösungsmöglichkeiten ausfantasieren, führen wir ihm befreiende Kräfte zu.

Vor allem aber kommt es hier wie im ersten Märchen darauf an, dass die Alte der Jungen immer wieder die Fähigkeit zuspricht, selber den Schicksalsfaden zu spinnen und damit ihre Beziehungsgeschichte mitzugestalten. In der Tat hat dieses Spinnen am goldenen Rad zunächst befreiende Wirkung: der Mann kann sich als ganzer Mensch wieder aus den Fluten heben, und er selbst ist es, der aktiv seine Frau an der Hand fasst, um mit ihr zusammen aus dem Bannkreis des Weihers zu entfliehen.

Warten, bis der Mond voll ist

Warum muss es nun, da so viel innere Arbeit schon geleistet ist, noch einmal zur Katastrophe, zur Überschwemmung durch den Weiher kommen, sodass beide, nicht nur er, in Lebensgefahr und unter Wasser geraten? Bisher konnte die Frau das Problem der Nixenfaszination freier bei sich selbst bearbeiten, da sie eben nicht unter Wasser war wie der Mann. Damit konnte sie ihn ein Stück weit aus dem Bannkreis lösen. Doch jetzt bricht das Problem, das von Anfang an das Problem beider war, noch ein letztes und radikalstes Mal über beide herein. Sie wäre nicht an ihn geraten, sie hätte ihn nicht geheiratet, wenn nicht auch das Problem der Nixe in ihr selber bestanden hätte, der Nixe, die sie zu Anfang ihrer Beziehung noch so wenig integriert hatte wie er.

Auch für uns Frauen kommt es darauf an, die Nixe in uns selbst zu erkennen und mitleben zu lassen. Es mag nun, gerade bei ihrer körperlichen Wiederbegegnung, geschehen sein, dass er, nach all den Erfahrungen mit der Nixe und dem eigenen Unbewussten, und sie, nach all dem neuen Wissen um ihre Erotik und Gefühlstiefe, von ihrer beider aufwallender Emotion und sexueller Hochspannung nach der langen Trennung überwältigt und wie überschwemmt wurden, sodass sie in Gefahr gerieten, sich aufzulösen – wenn nicht auch hier die Hilfe der Alten noch gewesen wäre! In höchster Lebensgefahr wird sie von der verzweifelten Frau angerufen wie im Gebet. Und sie bewirkt in der Tat, dass die beiden nicht umkommen – doch kann dies in diesem höchsten Gefahrenmoment nur noch durch eine Rückverwandlung, die Ermöglichung einer Regression auf eine viel elementarere Lebensstufe geschehen, eine Rückverwandlung in Frosch[67] und Kröte[68].

Beide sind Amphibienwesen, die im Wasser und auf dem Land gleichermaßen überleben können. Symbolisch gesehen, bedeutet das, dass sie in dieser auf das Elementarste zurückgeworfenen Gestalt im unbewussten Triebbereich bestehen können, mit der Möglichkeit, eines Tages auf das Festland des Bewusstseins zurückzukehren. Sie sind nun endlich dem Wasserelement angepasste Wesen, bewegen sich so selbstverständlich darin wie die Nixe auch und können vom Tiefenelement der Mutter Natur nicht mehr verschlungen werden. Da Frosch und Kröte, wie wir es aus anderen Märchen wissen, auch mit dem Sexualbereich zu tun haben (zum Beispiel im Grimm'schen Märchen »Der Froschkönig«[69]), können wir vermuten, dass den beiden nun der triebhafte Naturbereich der Sexualität endlich zugänglich geworden ist, doch kommen sie diesem Neuen nur einen Moment nah, um dann umso gründlicher davor zu erschrecken. Dann werden sie durch eben diese Woge auseinandergerissen – eine große Angst, ja Panik vor dieser nie gekannten Nähe muss sich eingestellt haben, eine Angst vor Ichauflösung –, und eine jähe Entfremdung stellt sich ein. Dennoch dürfen wir auch in dieser Situation mitbedenken, dass gerade die beiden Wesen Frosch und Kröte solche sind, die besonders viele Wandlungsstufen kennen und enthalten. So mögen sie auch für eine Entwicklungs- und Wandlungsmöglichkeit der beiden, auch in dieser Situation, stehen.

Völlig auf sich gestellt, muss nun jedes von ihnen zunächst seinen eigenen Weg gehen, zu sich selbst finden lernen, ehe sie einander wieder begegnen können. Sie lernen Schafe hüten, was große Einfühlung in das Wesen der Tiere, ihren Herdentrieb, mit dem sie sich auch in Gefahren bringen können, Umsicht und Konzentration erfordert: zugleich aber auch den Blick auf die »inneren Schafe«, die ein jedes von ihnen zusammenzuhalten lernen muss. Es ist ein Beruf, der viel Alleinsein kennt, allerdings in engem Kontakt mit der Natur. Die beiden jungen Leute werden findig beim Entdecken von Weidegründen und brauchen ein Durchhaltevermögen in Wind und Wetter. Für den Mann, der Jäger gewesen war, bedeutet es eine völlig andere Einstellung zum Tier (auch zur eigenen Triebnatur), nun Hirte zu sein. Statt das Tier ins Visier zu fassen, zu jagen und zu töten, lernt er nun, sich dem Tier anzupassen, ihm zu dienen, es zu hüten. Symbolisch verstanden, gilt dieser gleiche Umgang nun auch seinen eigenen Trieb- und Instinktseiten. Für die Frau ist dieses Dasein als Hirtin eine große Verselbstständigung und Befreiung gegenüber ihrem früheren Dasein als Hausfrau in dem kleinen Häuschen, das im Übrigen im Warten auf den Jägersmann bestand. Das kleine Häuschen drückte aus, in welch engem Rahmen diese Beziehung gelebt wurde und nur lebbar war: einen wie engen Rahmen sie füllte.

Wie frei Hirtenfrauen sein können, habe ich in der Sahara erlebt, als ich eine junge Tuaregfrau traf, die mit ihren beiden kleinen Töchtern und der Kleinviehherde weit entfernt vom Lager ihres Stammes völlig unabhängig lebte, ihr kleines Zelt und die Feuerstelle jeweils dort errichtete, wo es noch ein paar kärgliche grüne Büsche und Steppengräser als Futter für die Tiere gab. Diese Freiheit der Hirtin ist übrigens ein Überbleibsel aus der matriarchalen Lebensordnung der Tuaregstämme. Nicht ganz zu vergessen ist auch, dass der Hirtenberuf, das Hirtenamt, noch in biblischen Zeiten zugleich eine fürstliche Aufgabe, ein königliches Amt war, der König, selbst Gott, wurde Hirte seines Volkes genannt. (»Der Herr ist mein Hirte …«) Es war ein Beruf von hoher Verantwortung, der manchmal höchsten Einsatz verlangte, wenn beispielsweise Wölfe oder andere Raubtiere die Herde anfielen.

Eine sehr selbstständige und verantwortungsbewusste Aufgabe also wird von beiden in diesen Jahren großer äußerer und innerer Not wahrgenommen. Völlig gleichrangig wachsen sie daran und werden einander gemäßer. Dass sie voll Trauer und Sehnsucht sind, zeigt, dass sie einander nicht vergessen haben, dass sie bei alledem immer mit ihrer beider Geschichte umgehen: in einem Trauerprozess ihre Trennung verarbeiten und nicht davon lassen können, sich nacheinander zu sehnen.

Als es wieder einmal Frühling wird, alle Möglichkeiten der Lebenserneuerung sich auftun, außen und innen: da will es »der Zufall« – war es nicht vielmehr eine Koinzidenz, eine Synchronizität im Sinne der weisen Alten? –, dass sie einander entgegenziehen und dass ihre Wege sich kreuzen. Doch vermögen sie sich in diesem Augenblick noch nicht zu erkennen. Nur mit großer Betroffenheit kann man sich hier einzufühlen versuchen: Warum erkennen sie sich nicht, nachdem sie jahrelang Sehnsucht nacheinander gehabt hatten und einander nicht aus den Augen ließen? Sind sie so sehr verändert durch ihren je eigenen Weg? Wir müssen das wohl annehmen. Vielleicht ist aber auch die Aussage, dass sie sich nicht erkannten, nicht ganz wörtlich zu nehmen, sodass sie wohl durchaus merkten, wen sie da vor sich hatten: aber doch jedes für sich eine so profunde Veränderung und Wandlung durchgemacht, eine so starke innere Abgrenzung gegen erneute Gefühlsüberschwemmung aufgebaut hatte, dass sie sich noch nicht erkennen konnten, jedenfalls nicht in dem alten biblischen Sinn, in dem Erkennen gleich Lieben[70], gleich ganzheitlicher sexueller Begegnung ist. Sie finden sich vorerst in einer tiefen Solidarität und Freundschaft: »Doch freuten sie sich, dass sie nicht mehr so einsam waren.«

Von nun an trieben sie jeden Tag ihre Herden nebeneinander: »Sie sprachen nicht viel, aber sie fühlten sich getröstet.« Sie erinnern mich an ein Ehepaar, das sich nach einer langen Zeit des Getrenntseins wiederfand. Das Auftauchen eines Dritten hatte große Gefühlsstürme ausgelöst, aber jeden von ihnen schließlich auf einen eigenen Entwicklungsweg gebracht – bis sie sich zunächst über einer gemeinsam getragenen beruflichen Verantwortung behutsam wieder einander annäherten, den Alltag immer mehr miteinander teilten, und sich darin getröstet fanden, auch wenn sie noch lange keine intimen Kontakte wagen konnten.

Doch nun kommt für unser Paar der Abend, an dem der Vollmond wieder erscheint, die innere Zeit dieser Beziehung ist erfüllt, der Kairos ist da: da holt der Schäfer, der Mann also, seine Flöte aus der Tasche. Ich möchte annehmen, dass es die gleiche Flöte ist, die von der Alten über seine Frau zu der Nixe gewandert und nun in seine Hände gelangt ist. Und nun spielt er auf ihr ein schönes, aber trauriges Lied. Er ist es nun, der seine Gefühle der Trauer und der Sehnsucht voll ausdrücken kann. Und damit trifft er ihren Gefühlston, ihrer beider Lied, und sie weint bitterlich. Als er sie nach ihrem Weinen fragt, erklärt sie ihm, dass ebenso der Vollmond schien, als sie zum letzten Mal dieses Lied auf der Flöte blies und das Haupt ihres Liebsten aus dem Wasser hervorkam. Nun wird die Decke von seinen Augen genommen: er erkennt ihrer beider Geschichte, ihrer beider Lied, er erkennt »seine liebste Frau«. Der Bann ist gebrochen. Was ihn an der Nixe anzog, zieht ihn jetzt an ihr an, denn sie hat es für sich selbst erschlossen. Sie aber ist nach allem, was sie erlebt hat, mit der Nixe und mit der Weisen zugleich vertraut und kann sich deshalb als Frau, die um ihre Höhen und um ihre Tiefen weiß, neu auf den Mann beziehen. Sie erkennt ihn, als der Mond auf sein Gesicht fällt: im Licht des weiblichen Gestirns, ihrer weiblichen Intuition, die sie bei der Begegnung mit der Alten wiederentdeckte.

Der Mond, der so oft statt ihres Mannes Gesicht auf dem Spiegel des Teiches erschienen war, zeigt ihr nun wirklich sein Antlitz. Vielleicht ist in diesem Bild auch mitgemeint, dass er in der Zeit bei der Nixe das Mondhafte in sich selber, seine weibliche Seite, gewonnen und entfaltet hat. Die Flöte, die eigentlich von der Alten kommt und durch die Hände seiner Frau und die der Nixe nun in seine Hand gelangt ist, ist eigentlich der Schlüssel zu dem ganzen Märchen, wie die Zauberflöte zu Mozarts Oper. Der Mann hat schließlich die Flöte zu spielen gelernt, was ohne sein Erlebnis bei der Nixe nicht möglich gewesen wäre; nun kann auch er die ganze Skala seiner Gefühle ausdrücken und spricht sie dadurch auch in der Frau an, die ebenfalls, durch die Gaben und den Rat der Alten, gelernt hat, ihre eigene Nixenseite in ihr Leben einzubeziehen. Nun kann die Nixe keinen gefährlichen Sog mehr entfalten, und sie lebt mit in dieser ganzheitlichen Beziehung, die nun die abgründige Tiefe der Gefühle kennt.

Das Gegengewicht hält ihr die Alte, die sie aus ihrer lichten Höhe mit ihrer Weisheit ergänzt. Auch hier erwies sich die Alte als intime Kennerin der Situation, auch der Nixe, die durch ihre Gaben an die junge Frau, Kamm, Flöte und das Spinnrad, und nicht zuletzt durch den Rat, wie sie zu gebrauchen seien, die Wandlung des ganzen Geschehens in Gang setzt, ohne der Frau im geringsten die eigenen Erfahrungen abzunehmen oder sie auch nur vorauswissen zu wollen. »Und du wirst sehen, was geschieht«, war der Satz, der ihre Einstellung am deutlichsten ausdrückt. Damit erkennen wir in allen wesentlichen Zügen die Gestalt der weisen Alten wieder, wie sie uns schon das zuvor betrachtete Märchen »Die Gänsehirtin am Brunnen« zeigt.

Bilderserie zu dem Märchen »Die Nixe im Teich«

Ich möchte diesem Märchen eine Bilderserie anfügen, die eine Frau, zu der Zeit 54 Jahre alt, während eines viertägigen Seminars, an dem wir das Märchen Abschnitt für Abschnitt betrachteten und imaginierten, zu diesem Märchen malte (siehe Farbtafeln 10–14). Sie hatte den geliebten Mann zu der Zeit an eine Faszination, die ihn überwältigte, verloren – für ihn war es eine berufliche Aufgabe, die ihn auch mit einer ihr fremden Frau verband –, eine Faszination, die ihn zu der Zeit buchstäblich verschlungen hatte, sodass sie ihn nicht mehr zu erreichen vermochte. In der Bilderserie stellt sie ihre eigene Begegnung mit der »weisen Frau« dar, die sie während der Beschäftigung mit diesem Märchen hatte. Es ist bereits bezeichnend, welche Szenen sie jeweils herausgreift, um sie auch durch Zeichnen und Malen darzustellen – ich rege immer dazu an, diejenigen Bilder des Märchens zu gestalten, die »am stärksten berühren«.

Bild 10: Dies war bei ihr bezeichnenderweise die große Trauersituation, in der die Frau erkennt, dass ihr Mann der Faszination durch die Nixe erlegen ist, in der sie ratlos den Teich – und damit das Problem – zu umkreisen beginnt und all ihre Gefühle heraufkommen lässt. Hier ist am eindrucksvollsten, wie sie das Umkreisen des Weihers malt: In Aufsicht liegt der Weiher wie ein großes, fast leer belassenes Rundes im Bild und vor unseren Augen. In zartestem Blau und Grau sind nur leise Oberflächenbewegungen angedeutet. Dieses leere Rund – fast an einen Meditationskreis des Zen erinnernd – umkreist nun die Frau mit unzähligen schwarz gezeichneten Schritten, die wie die Trittspuren eines aufgeregten und aufgescheuchten Vogels wirken. Indem sie sie zeichnet, jeden einzeln, die doch allmählich einander überlagernd wie zu einem Band sich verflechten, führt sie sie faktisch aus, tut sie sie selbst, diese Schritte, unentwegt das Problem jenes »Warum« umkreisend, warum und wozu sie den Mann an die Nixe verloren hat. Es ist zugleich, als umwanderte sie mit dem leeren Kreis, diesem großen Runden, ihren eigenen weiblichen Innenraum und Schoß – als frage sie nach sich selbst als Frau –, und schließlich sucht sie in diesem Umrunden auch nach dem größeren weiblichen Selbst und damit implizit nach der weisen Frau, zu der sie ihr Traum führen wird, jedoch nicht ehe sie vor Erschöpfung niedergesunken ist.

Dieses Niederfallen, ins Unbewusste hinein, gestaltet sie sehr ausdrucksvoll, indem sie diese Frau, die mit dem Mann all ihr Selbstwertgefühl verliert, hässlich und braun darstellt, fast wie ein zerdrücktes Insekt oder auch wie einen plumpen, gestaltlosen Sack. Braun ist zudem die Farbe der Hemmung – aber doch auch die der Erde, auf die sie jetzt niedersinkt. Eben dorthin führt aber der Ansatz eines Weges zum Teich; an der Stelle wird das Muster der Wegspuren etwas durchlässiger, als gebe es doch noch einen Zugang zum Wasser. Ihr gegenüber, am anderen Ende des Teiches, liegt die rote Jägertasche: Die Frau betrachtet das Ganze also bereits aus einer anderen Perspektive, die dem Ausgangspunkt des Unglücks polar gegenüber liegt; so beginnt sie bereits nach sich selbst zu fragen, nach dem, was ihr in ihrer Weiblichkeit fehlte, was bei ihr selbst ausgespart war, statt nur nach dem, was der Jäger oder die Nixe zu dem Unglück beigetragen haben könnten. Von links oben bricht auch ein Licht in die Szene hinein: Bewusstseinslicht?

Bild 11: In einer zweiten Szene zeigt die Malerin den langen, mühsamen Weg, den die Jägersfrau – und wieder ist es zugleich sie selbst – hinaufsteigt, hinaufstrebt zu der weisen Alten; ihrem Traum, dass diese ihr helfen könne, Folge leistend. Winzig im Vergleich zu der Größe der Felsbrocken, die am Weg liegen, sehen wir die rote Frauengestalt – wo Rot ist, ist allerdings noch Emotion und Libido – aus der linken unteren Bildecke, der symbolischen Zone des Unbewussten, aufbrechen und den Weg, der in sieben steilen Kurven nach oben führt, ausschreiten. Zuerst führt er noch durch Grün, dann gerät er in die Felsregion, an stacheligen, dürren Büschen vorbei und verliert sich hoch oben im Nebel. Die Sieben gilt von jeher als heilige Zahl, was auf die vier verschiedenen Mondphasen zu je sieben Tagen zurückgeht: eine »Zahl der Vollendung…, die die Himmelssymbolik der Drei mit der Erdbedeutung der Vier verbindet«[71]. So geht es hier also darum, diesen Weg ganz auszuschreiten, bis er zu einer gewissen Erfüllung führt.

Dass der Weg sein Ziel erreicht, ob er sein Ziel erreicht, können wir hier noch nicht erkennen – die Malerin selbst war sich bei der Gestaltung des Bildes noch im Unklaren darüber, ob sie für sich selbst an eine weise Alte, die ihr Rat geben könne, glauben dürfe, ob es je eine Lösung für die Beziehungsprobleme zwischen ihr und diesem Mann geben würde. Doch hatte sie sich aufgemacht, war beim Malen selbst diesen Weg mit hinaufgestiegen, der sie jedenfalls gegenüber dem bloßen Umkreisen des Weihers auf ein »höheres Niveau«, auch ein höheres Bewusstseinsniveau brachte. Ihre zarte Hoffnung schlägt sich in dem rötlichen Schimmer, in dem der Weg endet, und in der Sonne, die von links oben durch den Nebel scheint, nieder. Sehr eindrucksvoll sind die sechs großen, graubraunen Felsbrocken, die, je höher sie kommt, umso größer werden. In reizvollem Kontrast dazu steht die zarte, fast japanisch anmutende Malweise, in der sie diesen Weg gestaltet. Die Sechszahl hat übrigens oft mit Sexualität zu tun, die hier wohl auch das Hintergrundsproblem bildet; im christlichen Symboldenken begegnet sie ambivalent, einerseits heilig als Zahl der sechs Schöpfungstage, andererseits apokalyptisch als Zahl des Bösen.[72] Sie steht hier gewiss für das Widerständige des Weges, insofern auch für »das Böse« daran, zugleich aber bedeutet das Übersteigen eines jeden der Steine auch ein »Schöpfungswerk«. In China stand die Sechs im Zusammenhang mit den Einflüssen des Himmels, was sich hier durch die feine Darstellung des eindringenden Lichtes bestätigt.[73]

Bild 12: Als nächste Szene greift die Malerin den Moment heraus, wo die beiden ein erstes Mal gerettet scheinen, als der Mann – nachdem die Frau am goldenen Spinnrad spann – nun ganz aus dem Wasser kommt, sie selbst aktiv bei der Hand fasst und mit ihr zusammen der Macht des Weihers und der Nixe zu entfliehen hofft. Wie in einen geschützten Raum, einen rötlichen Torbogen, gefüllt mit Licht, lässt sie die beiden, die rot gekleidete Frau und den grünen Mann, entkommen, an den rötlichen Lichtschimmer, in dem der Bergweg endet, erinnernd. Sie lässt die beiden bei ihrem Fluchtversuch aus dem Bannkreis des Weihers nach der rechten Seite des Bildes tendieren, die im Vergleich zur linken den Raum des Bewusstseins und der Handlungsfähigkeit symbolisiert. Doch greift aus dem Teich eine übermächtige, schwarze Woge, gestaltet wie eine Hand, zu ihnen hinüber: die greifende, verschlingende Macht der nixenhaften Gefühlstiefe – ein negativer Aspekt des Mutterkomplexes – wird gerade durch die Wiederbegegnung der beiden noch einmal herausgefordert und in äußersten Aufruhr versetzt. Die wurzelstarken Bäume am Ufer des Teiches betonen zusätzlich die festhaltende Kraft des Weihers. (Ob hinter den drei Bäumen womöglich auch das Ursprungsdreieck Vater-Mutter-Kind sich versteckt, das jenen Nixenkomplex der Zeichnerin in der Kindheit mitkonstellierte?) Die Malerin hatte relativ kurz vor der Zeit, in der wir in dem Seminar das Märchen behandelten, eine vergleichbare Situation erlebt: eine Wiederbegegnung mit dem geliebten Mann nach sehr langer Zeit hatte einen ungeheuren Gefühlssturm ausgelöst und sie beide auch eine sexuelle Begegnung von höchster Intensität erfahren lassen. Die dabei aufgerissenen Emotionen waren aber so stark gewesen, dass sie unmittelbar danach Angst vor der Nähe auslösten und die beiden noch weiter als zuvor auseinanderrissen.

Bild 13: Am vierten Tag unseres Seminars zu diesem Märchen greift die Zeichnerin die Szene heraus, bei der die beiden, die nach der Flut durch hohe Berge und Täler voneinander getrennt worden waren, eines Tages durch »Zufall« mit ihren Herden einander entgegenzogen. Sie gestaltet die Szene unter dem Licht einer ungewöhnlich großen, zunehmenden Mondsichel, die einen Hoffnungsaspekt symbolisiert. Bei der alten Weisen hat die Zeichnerin mit der Jägersfrau gemeinsam gelernt, auf die Phasen des Mondes zu achten, auch weiß sie, dass erst bei Vollmond das Entscheidende sich ereignen kann.

Hier geschieht nur etwas Anfängliches – das spürt die Zeichnerin genau, da ja erst wenige Wochen seit der erneuten Trennung von dem geliebten Mann vergangen sind und nicht schon Jahre wie für die Jägersfrau –, doch haben die Tage unseres Seminars eine Hoffnung in ihr geweckt, dass auch für sie und den geliebten Mann ein inneres Aufeinanderzugehen eines Tages wieder möglich werden könne, wenn auch nicht, ehe sie beide ihre innere Selbstständigkeit auf einer neuen Ebene erlangt hätten. So lässt sie unter den elf schroffen spitzen Berggipfeln – die Elfzahl in ihrer Unteilbarkeit deutet erfahrungsgemäß ein im Moment nicht lösbares Problem an – die beiden, Mann und Frau, jeweils an der Spitze ihrer Herde gehend, aufeinander zuziehen.

Die beiden Menschengestalten mit ihren Herden sind sehr klein gezeichnet, gemessen an den Proportionen dieser sie überragenden Schicksalslandschaft mit den bräunlich-grauen Bergen, schwer übersteigbare Probleme ausdrückend – aber das warme, goldgelbe Licht des Mondes, das den Himmel durchstrahlt, zeugt von einer darüber stehenden Hoffnung. Trotz ihrer Winzigkeit im Raum dieser Landschaft wirken die beiden Menschen, die ihre ansehnlichen Herden anführen, in ihrer Art souverän, und das Aufeinanderzugehen der beiden keilförmig gestalteten Herden mit den beiden Menschen an der Spitze – sie wieder in Rot, er in Grün gekleidet – geschieht sehr dynamisch. Es ist bei der Art dieser Darstellung ganz unmöglich, dass sie aneinander vorbeigehen, dass sie etwa nicht aufeinander treffen könnten. Auch die große Selbstständigkeit und völlige Gleichrangigkeit beider wird bei dieser Darstellung erfahrbar. Wenn diese Souveränität und Gleichrangigkeit eines jeden in seinem eigenen Lebensbereich erlangt wäre, dann – so scheint die Malerin zu hoffen, sonst könnte sie das Bild nicht so gestalten – wäre die Möglichkeit einer Wiederbegegnung auf einer neuen Ebene möglich.

Noch aber steht diese Möglichkeit nur als Verheißung da, im Zeichen des anfänglichen, aber zunehmenden Mondes. Aufschlussreich scheint mir zu sein, dass der Mann hier von links nach rechts der Frau entgegenzieht – also aus der Unbewusstheit seiner Nixen-Verwunschenheit heraus in eine größere Bewusstheit hinein, während sie von rechts nach links wandert, durch die Begegnung mit der alten Weisen aus einer größeren Bewusstheit kommend und versuchend, ihm hier in seiner Erfahrung mit dem Unbewussten, mit der Nixe, zu begegnen und sich einzufühlen. Komplementär wie in der Farbgebung ihrer Kleider vermögen sie einander gerade mit ihren unterschiedlichen Erfahrungen von Neuem anzuziehen.

Bild 14: Einige Tage nach dem Abschluss unseres Seminars verspürte die Zeichnerin ein großes Bedürfnis, noch ein weiteres Bild zu gestalten, das die Begegnung der jungen Frau mit der alten Weisen darzustellen versucht. Sie empfindet das Thema dieses Bildes als besonders schwierig, fühlt sich aber von innen her stark dazu gedrängt, eine Gestaltung zu versuchen. Es ist ihr wichtig geworden, auch als Nachwirkung unseres Seminars, die Begegnungsmöglichkeit mit der alten Weisen auch für sich selbst und ihre schwierige Beziehungsgeschichte noch weiter zu erschließen. So entsteht ein Bild, in dessen Höhenraum, über wellenartig gleitenden Farbbändern, die alte Weise erscheint, ganz von warmem, goldgelbem Licht umströmt: an der gleichen Stelle übrigens, an der in den früheren Bildern der Zeichnerin die Sonne war und wo auf den Bildern der christlichen Malerei Gott-Vater zu stehen kommt. Es ist der symbolische Bildort des Geistigen, an dem hier ein Bild weiblicher Geistigkeit, ein Bild der Weisheit erscheinen soll. Dort hinauf in die Höhe über den Wolken hat die Malerin die weise Frau gesetzt, nur bis zur Brust sichtbar ist sie, im blauen Gewand der Himmelskönigin Maria auch, doch oben zu einem weiten, spitz zulaufenden Ausschnitt geöffnet, der ein weibliches Dreieck bildet. Ein weißer Nimbus umgibt ihr Gesicht, das weiße Licht enthält die Fülle der Farben; doch: Ist es überhaupt ein Nimbus oder nicht vielmehr ein mondhafter Strahlenkranz, den ihr schlohweißes Haar bildet? Ihren Leib verhüllen die Farbbänder von Wolken, die stufenartig übereinander liegen: das oberste goldgelb wie das Licht, das sie umströmt – hier verbinden sich weißes Mondlicht und goldgelbes Sonnenlicht in ihrer Ausstrahlung miteinander; die beiden mittleren Bänder weiß und grau wie die Wolken und Nebelschichten, die sie bei ihrem Weg zu der Alten zu durchdringen hatten; dann folgt das braune Band der Erde und noch tiefer unten das Blau und Graublau des Teiches, der Bereich der Wassertiefe. All dies also gehört zu ihr, zur alten Weisen, so sagt diese Bildkomposition. Diese Schichten sind wie die Säume ihres kosmischen Rockes: von dem Bereich der Nixe, der unbewussten Tiefe, über den Raum der Erde, den sie als Naturmutter verwaltet, über Wetter und Wolken bis empor zu der Höhe des lichten Sophiabereichs. Die weise Alte ist gleichsam der obere, der geistige Aspekt der Großen Mutter, der die anderen Bereiche, die sie umfasst, in sich enthält.

Die Malerin sehnt sich spürbar danach, den Kontakt zu der weisen Alten zu gewinnen: Doch befindet sich die Weise für sie dennoch sehr hoch oben in den Wolken, abgehoben von der ihr zugänglichen Wirklichkeit. Es endet ja auch der Weg, den sie einige Bilder zuvor zu ihr emporzusteigen suchte, vorerst noch in Nebeln. Es fehlt der Zeichnerin gleichsam noch ein Wegstück zwischen der letzten der sichtbar gewordenen Wegstufen und der Begegnungsmöglichkeit mit der Alten dort oben. Dennoch ist auf dem Bild die Frau, und damit doch auch ein Teil der Malerin selbst, in ihrem purpurroten Gewand bis hinauf in die lichte Höhenregion gelangt, doch weiß sie wohl selbst nicht wie; sie gleitet in diesen Licht- und Wolkenschichten wie im Wasser, auch läuft ihr langer Rock wie in einen Fischschwanz aus. Das Nixenhafte zu integrieren, wie die Alte geraten hatte, durch den Umgang mit Kamm, Flöte und Spinnrad, das ist ihr wohl gelungen: also das Erotisch-Sexuelle in sich zuzulassen, das ihr lange fremd gewesen war. So kann sie nun auch ihrem Kleid die erotisch-blutvolle Farbe geben. Darin ist sie der alten Weisen gerecht geworden, wie sie der Alten ja auch entspricht, indem sie ihrem eigenen Gewand den gleichen weiten dreieckigen Ausschnitt gibt wie deren Gewand, ihn ganz bewusst in ähnlicher Form gestaltet, um die junge Frau und sich selbst als deren Schülerin zu charakterisieren.

Doch steht die Zeichnerin zu diesem Zeitpunkt noch nicht fest genug auf ihren eigenen Füßen, um die letzte Phase des Märchens realisieren zu können. Sie ist zwar nun in zuverlässigem Kontakt mit der alten Weisen, doch steht sie etwa an der Stelle des Märchenwegs, wo sie nach ihrer Wiederbegegnung mit dem geliebten Mann und der nachfolgenden Gefühlsüberschwemmung erneut erst sich selbst wiederfinden muss. Eine Beziehungsaufnahme mit der alten Weisen in dieser Situation versucht sie gerade auch im Imaginieren und Malen zu gewinnen, das zur Gestaltung dieses Bildes führt und das ihr – wie jede Begegnung mit diesem Archetyp – ein Gefühl von Hoffnung für all die schwer überschaubaren Wege ihrer Beziehung vermitteln konnte: eine Hoffnung, die vor allem auf ihrer eigenen Entwicklung als Frau liegt.

3. Bettlerin – Heilerin – Seherin Erscheinungs- und Begegnungsformen der alten Weisen im Märchen

Die »weise Frau« als Ratgebende und Sinnstiftende

Der Typus der Alten, der uns in den beiden Märchen beschäftigt hat, ist derjenige, der den Sophiaaspekt, den Weisheitsaspekt am deutlichsten enthält: So wird die Alte in den beiden Märchen auch ausdrücklich als »weise Frau« bezeichnet. Rat wissen und Rat geben können ist also das, was die weise Frau auszeichnet, und was sie als eigenen Archetyp von allen anderen abhebt. Dabei geben auch die Großmütterchen, die Kräuterfrauen und des Teufels Großmutter guten Rat – sie gehören ja auch zum gleichen Archetyp. Was aber die Gestalt der »weisen Frau« unter den anderen Vertreterinnen dieses Archetyps, mit dem sie sich vielfach deckt, heraushebt, ist dies, dass sie »in der Höhe« wohnt. Die »Höhe« symbolisiert im Gegensatz zur »Tiefe« immer etwas Lichtes, Lichtvolles, Himmelsnahes, einen Geistaspekt, der bei diesen weiblichen Gestalten den Charakter der Sophia hat. Die »weise Frau« ist ausgezeichnet durch besondere Güte. Schon das Klima in ihrer Nähe ist milder und freundlicher als irgendwo sonst in den tiefer gelegenen Regionen.

Man muss sich bewusst zu ihr hinaufarbeiten, auf einem steinigsteilen Weg, man stürzt nicht zu ihr hinab in die Tiefe, wie zu Frau Holle in den Brunnen oder gar zu der Nixe in den Teich. Sie begegnet nicht einfach im Wald, sondern im Traum, als im innerseelischen Bereich. Diese Märchen enthalten bereits viel psychologische Reflexion. Märchen, die die deklarierte weise Frau enthalten, sind nach meiner Beobachtung auffallend durch einen hohen Bewusstseinsgrad des Erzählers und damit auch des von ihm Erzählten charakterisiert. Die endgültige Fassung der beiden interpretierten Märchen hat, wie wir erwähnten, relativ spät stattgefunden. Die weise Frau wohnt in einem Temenos, einem eingegrenzten Ort, auf einer lichten Höhe – der dichte Waldgürtel liegt unterhalb ihrer Behausung –, der sich auszeichnet durch die lebendige Fülle von Pflanzen, Bäumen und Tieren, durch Bäche und Brunnen, es gibt hier lebendiges Wasser. Die Eigenschaften und Fähigkeiten der Mutter Natur enthält sie alle in sich, doch gehört ihr darüber hinaus auch der Sophiaaspekt zu.

Sie ist weise im Blick auf die Zeit, sie weiß genau, was jeweils die Stunde geschlagen hat, und sieht die Entwicklung aller Dinge souverän voraus. Als solche, um die Rhythmen des Lebens Wissende, ist sie eng mit dem Mond und seinem Phasenwechsel verbunden. Sie ist Spinnerin, die die Fäden zubereitet für das Gewebe der Wirklichkeit: Doch verwickelt sie sich nicht mehr selbst in die Wirklichkeit hinein, sondern wirkt aus deren Hintergrund heraus, wobei es ihr wichtig ist, gerade die Selbstständigkeit derer, die ihr begegnen, zu fördern und sie jeweils auf ihren eigenen Erfahrungsweg zu bringen.

Was ihr besonders am Herzen liegt in ihrem Spinnen und Weben, sind die Beziehungen der Menschen untereinander: zwischen Eltern und Kindern, zwischen Mann und Frau. Sie wirkt als weibliche Weise im Dienste des Eros. Sie hat ausgesprochenes Wissen um das Wesen und Wirken des Eros, wie ihre Ratschläge für die Frau, die ihren Mann an die Nixe verloren hat, bezeugen.

Besonders charakteristisch für diese weise Frau jedoch ist ihr Sinn für das Klärende, Ordnende. Wie sie der Jägersfrau hilft, ihr durch Verzweiflung und wildes Wetter zerzaustes Haar zu ordnen, so ordnet sie auch die verworrenen Schicksals- und Beziehungsfäden der Menschen mit kundiger Hand. Reinlich, wie ihre Hütte von Anfang an ist, reinigt sie sie noch einmal ausdrücklich bei deren Übergabe an die junge Frau. Bei der weisen Alten muss alles stimmig sein, und für die Stimmigkeit der Dinge steht sie vor allem ein. Dazu passen auch ihre Begleittiere, die Gänse, die mit ihrer Wachsamkeit dafür einstehen, dass alles seine Ordnung hat. Doch will ich mich jetzt noch einmal einigen weiteren Erscheinungsformen des Archetyps der alten Weisen, die ich zu Anfang erwähnt habe, zuwenden, und sie noch etwas anschaulicher herausarbeiten.

Das Großmütterchen – Erneuerung des Mütterlichen durch den Eros

Den Typ des deklarierten Großmütterchens beschreibt das Märchen »Großmütterchen Immergrün« sehr anschaulich, das einer alten vorgrimmschen Märchensammlung entstammt.[74] Die am Anfang geschilderte Großmuttergestalt scheint mir innerhalb der schon genannten doch etwas Besonderes zu sein. Das Märchen bringt schon mit der Benennung des »Großmütterchens Immergrün« zwei polare Begriffe gegensatzvereinend zusammen: das sehr Alte des Großmütterchens und das alterslose, ewig junge, das Immergrün. So ist dieser Märchenname bereits ein Symbol in sich.

Der Märchenanfang lautet:

Es war einmal eine kranke Mutter, die hatte Herzweh nach Erdbeeren und schickte deshalb ihre beiden Kinder in das Holz, dass sie ihr welche suchten. Als der Korb voll war, keins hatte aber eine gegessen, so lieb hatten sie die Mutter – da kam ein altes Mütterchen dabei, das war ganz grün angezogen und sprach zu ihnen: »Ich bin hungrig und kann mich nicht mehr bücken, so alt bin ich, schenkt mir ein paar Erdbeeren.«

Und sie erbarmten sich der alten Frau, und schütteten ihr das Körbchen in den Schoß. Als sie darauf forteilten, um andere zu pflücken, rief das Mütterchen Immergrün sie zurück, nahm sie bei der Hand und sagte: »Nehmt die Erdbeeren nur wieder, ich finde schon noch welche. Aber weil ihr ein gutes Herz habt, schenke ich euch eine weiße und eine blaue Blume. Nehmt sie wohl in Acht, bringt ihnen alle Morgen frisches Wasser, dann werden sie nie verwelken.«

Sie dankten und eilten nach Hause. Als die Mutter die ersten Erdbeeren an die Lippen brachte, da war sie gesund. Das hatte Großmütterchen Immergrün getan.

Ich gebe hier nicht den vollständigen Märchentext wieder, sondern nur die entscheidende Stelle: Hier vermag Großmütterchen Immergrün Herzweh nach Erdbeeren zu heilen. Dabei muss man sich sicher die Walderdbeeren mit ihrem einzigartigen Aroma vorstellen, dann versteht man diese Mutter noch besser. Hier weiß man endlich einmal genau, was jemandem fehlt. Die rote Walderdbeere mit ihrer Würze hat natürlich etwas mit Eros, die Krankheit der Mutter also mit ihrer Sehnsucht nach Eros zu tun. Die Erdbeeren sind auch solche Beeren, die man pflücken muss, wenn sie reif sind; man kann sie nicht lange aufsparen, sie halten sich nicht. Mutters Sehnsucht nach Eros ist also dringlich, und sie drängt danach, jetzt, nicht erst irgendwann, realisiert zu werden. Wenn Mutter krank ist, kann es um die wirkliche Mutter, aber auch im symbolischen Sinn um das Mütterliche gehen, dem hier etwas fehlt. Dass hier die Mutter, das Mütterliche, Sehnsucht nach Eros hat, ist eine ungewöhnliche Situation.

Das Mütterliche also braucht Erneuerung, auch im erotischen Bereich; die Kinder, die neuen Entwicklungsmöglichkeiten, sollen es ihr bringen, bringen es ihr auch. Dass es aber gelingt, dass die Mutter wirklich gesund wird, ist, wie das Märchen meint, doch vor allem das Werk der weisen Alten. Die Alte dient auch hier dem Eros, wie in den schon bedachten Märchen.

Man kann die Situation auch so sehen, dass man hier der mütterlichen Seite, den mütterlichen Gefühlen selbst wieder Eros zuführen muss, damit sie nicht dahinsiechen. Aber: Die Mutter selbst muss diesen Auftrag an die Kinder geben. Mütter können lange völlig in ihrer sorgenden Seite aufgehen: Hier müssen gerade die Kinder, denen sonst ihre Sorge gilt, spüren, dass es die Mutter ist, die Mangel leidet.

Man könnte es aber auch umgekehrt sehen: dass der Eros selbst immer wieder mit mütterlichen Gefühlen und Handlungsweisen, zum Beispiel des Heilens und Sorgens, verbunden werden muss. Erotisches Erleben besteht gewiss nicht nur im einmaligen Erdbeerpflücken, sondern auch im täglichen füreinander Sorge-Tragen, wie hier bei der blauen und der weißen Blume, die nicht welken, wenn man ihnen jeden Tag Wasser gibt. Unter solchen Bedingungen kann der Eros in einer Beziehung lange gesund und lebendig bleiben.

Wie der Eros mit dem Mütterlichen zu verbinden sei, ist nicht so einfach und selbstverständlich zu lösen. Dies aber vermag Großmütterchen Immergrün, die dem Mütterlichen und dem Eros zugleich Sorge trägt. Großmütterchen Immergrün: Schon sein Name vereint, wie wir anfangs bemerkten, zwei kontrastreiche Begriffe sehr reizvoll: etwas sehr Altes mit etwas immer Jungem. Immergrün ist etwas Unverwelkliches, Großmütterchen Immergrün gleichsam die ewige Jugend. Wo sich Mütterliches mit Eros verbinden lässt, entsteht eine unverwelkliche Erneuerungskraft. Schon allein durch die Farbe Grün, die sie in ihrer Kleidung und ihrem Namen bei sich trägt, ist sie mit der unverwüstlichen Wachstums- und Erneuerungskraft der Natur verbunden – und aus ihr heraus vermag sie auch zu heilen. Für die heilige Hildegard von

Bingen übrigens war die Grünkraft, die sancta viriditas, wie sie sie nannte, die Wurzelkraft allen Lebens, die im Göttlichen selbst gründet.[75]

Das Märchen gibt auch eine kollektive Situation wieder, in der zwar das Mütterliche an der Frau hoch in Geltung steht, aber doch meist abgespalten vom Erotischen. Die mütterliche und die erotische Frau werden in unserer Gesellschaft stark als Gegensätze gesehen. Oft entsteht auch ein Konflikt in den Beziehungen zwischen Mann und Frau, wenn die Frau Mutter wird oder schon geworden ist: Den Mann erinnert sie an seine eigene Mutter, die erotische Attraktivität einer Frau lässt plötzlich nach; auch die Frau versteht sich nun primär als Mutter, mehr auf die Kinder bezogen als auf den Mann. Der männliche Partner, auch das Männliche in ihr selbst, werden in solchen Phasen unter Umständen vernachlässigt oder gar abgespalten. Diese auch für das Kollektiv nicht ungefährliche Situation vermögen wir jedoch, so meint das Märchen, mithilfe von Großmütterchen Immergrün zu überwinden, zu überwachsen.

Die Kräuterfrau – naturverbunden und im Dienst des Menschen

Den Typus der alten Weisen als Kräuterfrau veranschaulicht sehr schön ein Alpenmärchen, das schon in den Charakter einer Sage hinüberspielt; es trägt den Namen seiner Heldin, »Die Wurzelsophie«[76]. Der Textanfang lautet:

In einer morschen Hütte am Rand eines Hügels, auf dem allerlei Gestrüpp wucherte und die Käuze in der Nacht unheimlich schrien, hauste ein krummes altes Weiblein, das sich vom Verkauf heilkräftiger Kräuter und Baumrinden ernährte. Es war die Wurzelsophie, die so hieß, weil sie nicht nur jedes Stänglein kannte, sondern auch Wurzeln aus der Erde grub und sie zu viel begehrten Medizinen kochte. Oft dampfte bis spät in die Nacht hinein ihr Kessel, über dem sie allerlei geheimnisvolle Sprüche hinsagte, seltsam beschwörende Zeichen machte, um die Brühe richtig geraten zu lassen. Tagsüber suchte sie, wenn sie nicht bei Kranken weilte, Kräuter. Die Wurzelsophie wusste alles und ging als lebendiges Arzneibuch umher, deren Ratschläge man freilich nur dann zu hören bekam, wenn man dafür ein Stückchen fleischdurchzogenen Speck oder ein Fläschchen Schnaps opferte.

Wo es keinen Kranken im Haus gab, suchte die Wurzelsophie keinen Zutritt. Sie war nicht schwatzhaft und fühlte sich allein am wohlsten.

Was die Wurzelsophie unseren bisher betrachteten weisen Alten hinzubringt, ist ihre Kenntnis und Verwendung von heilkräftigen Wurzeln, ihr Aufgehen im Heilberuf, ihre Arbeit mit dem Kessel, der ein weiteres unentbehrliches Attribut der alten Weisen ist. Im Speck und im Schnäpschen, an denen sie sich freut und die sie auch braucht, weil sie offensichtlich für ihre ärztlichen Bemühungen nicht zu viel verlangt, zeigt sich auch, dass sie für sich selber zu sorgen versteht, sich auch selbst eine Mutter ist und durchaus den kleinen Genüssen des Lebens nicht abgeneigt ist.

Eine Freundin erzählte mir von einer Kräuterfrau, die sie leibhaftig noch gekannt hatte: »Die unabhängigste Frau, die ich je kennen gelernt habe«, sagte sie. Bis hin zu dem Schnäpschen, das sie liebte und wohl auch selbst zuzubereiten verstand, habe sie der Wurzelsophie aufs Haar geglichen. Dass die Wurzelsophie an den Wurzeln arbeitet, sie ausgräbt, um Tees und heilsame Essenzen aus ihnen zu brauen, zeigt, dass sie wirklich den Dingen an die Wurzel geht, von den Wurzeln her zu heilen versucht. Bis heute kennen wir Rezepte, in denen die Essenzen der Wurzeln eine besondere Rolle spielen. Wurzelsophie wohnt nicht bei den Wurzeln wie die Zwerge, sondern sie gräbt sie aus, hebt sie ans Tageslicht, macht sie nutzbar. Dass sie sie zusammen mit anderen Kräutern in ihrem Kessel kocht, zeigt wiederum, dass sie mit dem alten Herdmysterium der Frauen, mit dem Wandlungsgeheimnis eng vertraut und verbunden ist. Durch Kochen am Feuer, in einem dickbauchigen Kessel – der von Erich Neumann immer wieder mit der Uterussymbolik in Verbindung gebracht wird –, weiß sie Natur in Medizin zu verwandeln.

Am wichtigsten in unserem Zusammenhang scheint mir in dieser alten Sage zu sein, dass sie zeigt, wie die Wurzelsophie gleichsam im Unbewussten mit den mehr als menschlichen Kräften, den Feen, den Saugen, verbunden ist. Die Sage berichtet nämlich weiter, wie sich die Wurzelsophie eines Tages beim Wurzelgraben verstiegen hatte, nicht mehr herausfinden konnte, sich wie an einem

Platz festgebannt vorkam und daher, »wie an den Felsen geklebt«, stehen bleiben musste. »Sie fürchtete, in die Tiefe gerissen zu werden, doch plötzlich beruhigte sich der Wind.« Wie die Wurzelsophie am folgenden Tag den Nachbarn erzählte, zu denen das ungewöhnliche Ereignis sie dann doch gezogen hatte, wurde plötzlich alles lichter, ein »weißer Nebel«, »schleierähnliche Gespinste« wischten über ihr Gesicht und umkreisten sie. Dann hörte sie »sanfte Stimmen, die dunkel, lieblich und warm klangen ... fühlte sich von sanften Händen gehoben und auf eine Matte vor den Felsen getragen.« Erst da erkannte die Wurzelsophie, dass die lichten Gestalten die saligen Frauen gewesen waren, von denen sie bis dahin wohl gehört, sie aber nie gesehen hatte, und die nun auch sie gerettet haben.

Es sind die überpersönlichen, mehr als menschlichen weisen Frauen, die Saugen, die die Wurzelsophie, die so ganz in ihrem Sinne lebt und handelt, selber aus Lebensgefahr retten. Auch sie erscheinen nicht von selbst, es sei denn in höchster Not. Sie gehören gewiss zu den religiösen Hintergrundgestalten der weisen Alten, die in unseren Märchen und Sagen sichtbar werden. Vor allem gehört die Wurzelsophie selbst zu den weisen Alten.

Hier wird sehr bewusst und abgestuft erzählt: Die Wurzelsophie ist eine menschliche Frau, wenn auch eine Weise – sie kann in Lebensgefahr kommen wie jeder Mensch –, doch ist sie getragen vom Schutz der viel mächtigeren mehr als menschlichen Gestalten im Hintergrund. Die Wurzelsophie verfügt über keinerlei Künste, die sie vom menschlichen Schicksal bewahrten, oder sie setzt sie, falls sie sie kennt, nicht zu ihren eigenen Gunsten ein. Ihre Künste dienen ganz den Menschen. Sie selbst ist den übergeordneten Mächten ausgesetzt wie andere Menschen auch, aber sie ist auch tief mit ihnen verbunden und von ihnen getragen, die in der Not in Erscheinung treten und zu retten wissen, wen sie gleichsam zu den ihren zählen.

Als Kräuterfrau und »Frauenärztin« erscheint die weise Alte auch in dem schon erwähnten Märchen »Der Soldat und die schwarze Prinzessin«[77], das ein besonders anschauliches Beispiel dafür bietet, in welcher Weise die Alte zu begegnen pflegt.

Der Text beginnt wie folgt:

Es ist niemand so glücklich, dass er das Wünschen verlernte. Das erfuhren auch ein König und eine Königin. Sie lebten in aller Freude und Herrlichkeit der Welt und saßen doch traurig beieinander, denn sie hatten keine Kinder. Eines Tages, als der König ganz verzweifelt und verzagt im Wald herumlief, begegnet ihm ein altes Mütterchen, das fragte ihn, was ihm fehle. »Lass mich zufrieden«, entgegnete der König, »da kannst du mir doch nicht helfen.« »Wer weiß«, antwortete das Mütterchen, »von alten runzligen Weiblein sind oft die besten Ratschläge gekommen.« Da dachte der König: »Hilft es nicht, so schadet es auch nicht«, und offenbarte der Alten seinen Kummer. Da sagte das Mütterchen: »Wenn's weiter nichts ist, euch soll bald geholfen werden, wartet ein Weilchen, ich komme bald zurück.« Damit humpelte es in den Wald hinein und pflückte Kräuter und Blumen, die ganze Schürze voll, brachte sie zum König und sagte, davon solle er seiner Frau einen Tee kochen. »Den müsst ihr dann in Gottes Namen beide trinken, eh' ihr zu Bett geht, und euer Wunsch wird erfüllt werden«, sagte das Mütterchen.

Der König glaubte zwar nicht an die Rede der Alten, aber er trug die Kräuter doch heim zur Königin, und die kochte auch wirklich Tee davon. Wie sie nun beide vor dem Schlafengehen davon tranken, überkam es den König wieder wie Wahn und Verzweiflung und er rief: »Trinkt Frau, in Gottes Namen, mit dem Teufel immerzu.«

Das alte Weib hat den König nicht betrogen, über neun Monate genas die Königin eines Mädchens, und das war gesund an allen Gliedern, aber es war kohlschwarz von Farbe. Dass war eben, weil er den Teufel auch bemüht hatte.

Ich möchte mich wieder auf diesen, für unser Thema wesentlichen Anfang des Märchens beschränken und nicht den gesamten Text zitieren.

Das Mütterchen versteht sich auf den Geburtszauber, der Teufel ist allerdings auch nicht fern. Der Märchenerzähler jedoch hält in Ehren, dass das Mütterchen seine Sache recht gemacht habe, für die kohlschwarze Beigabe kann es nichts. Häufig treten die weisen Frauen im Märchen dann auf, wenn das Königspaar unfruchtbar ist; das heißt zugleich, dass die Kräuterfrau dann auftritt, wenn das herrschende Miteinander von Mann und Frau in einer Gesellschaft keine Früchte mehr trägt, wenn es damit nicht mehr stimmt.

In einem solchen fatalen Fall hilft in den Märchen niemand anders als die alte Weise, während der männliche alte Weise, der uns aus der Jung'schen Psychologie viel vertrauter ist und den man hier eigentlich erwarten würde, als Mann eindeutig nur dem alten König selber hilft, vor allem in den Fällen, wenn dieser, altersschwach geworden, nach dem Wasser des Lebens verlangt.

An sich ist das Motiv vom Wasser des Lebens kein grundsätzlich anderes als das von dem Wunsch nach Kindersegen auch, es ist aber typisch für die beiden Figuren, dass der alte Weise sich nur um den König selbst bemüht, während die alte Weise als Frau sich immer um das Königspaar, um die Beziehung zwischen den beiden und ihre Fruchtbarkeit kümmert, damit letztlich auch um das Gedeihen des Eros in diesem Reich.

Wenn in diesem Märchen ein schwarzes Mädchen geboren wird, so ist schon wieder eine Verdunkelung des Weiblichen – als Folge des königlichen Kraftausdrucks – in Gang gekommen. Das Mädchen hat zu tragen, dass der König in seiner Verzweiflung ein Kind, eine Zukunft, erzwingen und ertrotzen wollte und darüber ins Fluchen kam. Er fiel aber auch deshalb in solche Verzweiflung, weil es ihm nicht gelungen war, sich der alten Weisen wirklich anzuvertrauen. Das Mädchen wird einen langen Entwicklungsweg gehen müssen, um diese Belastung, die sie vom Vater her auf sich liegen fühlt, aufzuarbeiten. Viele Märchen kennen diese Zusammenhänge, in denen die Kinder ein Problem, das die Eltern selbst nicht lösen konnten, in ihrem Leben auszutragen haben. Hier ist es Mangel an Vertrauen, ist es das Fehlen der Kräuterfrau überhaupt, das Fehlen der weisen Alten im gesamten System dieses Königreiches, dieser Gesellschaft. Weil sie gering geachtet wird, lebt sie entfernt von den übrigen Menschen. Aber gerade weil sie so entfernt wohnt, so ganz von außen kommt und neue Maßstäbe und Möglichkeiten mitbringt, kann sie diesem Königspaar auch helfen.

Wie man der alten Weisen begegnen kann

In dem eben betrachteten Märchen ist anschaulich der typische Verlauf einer Begegnung mit der alten Weisen beschrieben. Es ist zum Beispiel kennzeichnend, dass die alte Weise – auch der alte Weise – nie von ungefähr, sondern eben nur dann auftreten, wenn wirkliche Existenznot herrscht. Wenn sie nicht ohne weiteres unter anderen Menschen anzutreffen sind, sondern eben entfernt von diesen wohnen, etwa am Rand eines Waldes oder auch im Wald, so ist dies auch eine Folge davon, dass sie vom herrschenden Bewusstsein und von der herrschenden Wertung in einer Gesellschaft so weit an den Rand gedrängt sind. Allerdings lieben sie auch selbst die Einsamkeit. Die alten Weisen als Kräuterfrauen begegnen also am Rand des Waldes oder im Wald selbst – »Eines Tages, als der König ganz verzweifelt und verzagt im Walde herumlief« – und man trifft auf sie, symbolisch verstanden, in der Tiefe, im Dickicht des Unbewussten, wohin man sich verirrt, oder allenfalls an der Schwelle zwischen Bewusstsein und Unbewusstem, zwischen dem kultivierten und dem wilden Bereich, zwischen dem, was wir innerlich schon bearbeitet haben und dem, was in uns selber noch ungeordnet ist.

Das Ichbewusstsein weiß in dieser Situation meist keinen Ausweg mehr, gerät dadurch in eine gewisse Regression. Und gerade dadurch kann die innere Gestalt der alten Weisen auftauchen und in Fantasie und Imagination erlebt werden: so wie sie der König in eben dem Moment bemerkt, als er so verzweifelt umherirrt. In der Sprache der Jung'schen Psychologie würden wir diesen Vorgang so beschreiben, dass in solchen Momenten der Archetyp der alten Weisen belebt wird und damit all das, was man in der Geschichte der inneren Bilder und Vorstellungen über sie schon gedacht, gehört und gelesen hat, samt den damit verbundenen Gefühls- und Verhaltensmöglichkeiten.

In den Zeiten, in denen sich der Archetyp belebt, können wir auch an realen Gestalten die typischen Züge der alten Weisen wahrnehmen, wir projizieren sie einerseits auf geeignete Personen, erkennen sie aber dort auch wieder, wo sie ein Stück weit gelebt und verkörpert werden. Weil wir uns bei der inneren Belebung dieses Archetyps immer zugleich danach sehnen, ihn auch in der Realität zu erfahren, erkennen wir seine Ausprägungen jetzt auch bei solchen Menschen, bei denen wir sie früher vielleicht nicht wahrgenommen haben.

Nicht ohne Ironie und wohl auch inneres Schmunzeln schreibt Adolf Guggenbühl-Craig in seinen Betrachtungen über »Die närrischen Alten«, wie »der weise Alte« auch auf einen älteren Analytiker projiziert werden kann: »Je älter man als Analytiker wird, desto weniger muss man in der analytischen Stunde sagen. Denn immer mehr geschieht es, dass man bei irgendwelchen Schwierigkeiten, die der Patient darlegt, sich nur noch räuspert oder etwas mit dem Kopf nickt und dann in der nächsten Stunde der Patient einem sagt, wie man ihm genau das Richtige geantwortet habe... Der Patient projiziert also seine eigene Weisheit auf den älteren Analytiker, dieser muss selber immer weniger Weisheiten von sich geben.«[78] Wir finden die alte Weise nun überall wieder, überall lebendig, auch in den Gestalten der Geschichte, der Literatur, der Bühne und des Films.

Eine entsprechende Gestalt der christlichen Geschichte, die mich in der Zeit, in der sich für mich der Archetyp der alten Weisen belebte, zu faszinieren begann, ist die große Heilige, Heilende und Visionärin Hildegard von Bingen. Dass sie in ihrer Zeit, dem 12. Jahrhundert, auch viele ihrer Zeitgenossen in ganz Europa zu packen und zu überzeugen vermochte, zeigt, wie sehr der Archetyp der weisen Alten damals auch kollektiv erlebbar war. In Begegnungen mit solchen Menschen, die Weisheit verkörpern, spüren wir auch in uns selbst das Organ für Weisheit berührt und belebt und gehen in dem Gefühl, selbst etwas weiser geworden zu sein, aus diesen Begegnungen hervor. Dabei müssen die Menschen, die uns ein Quäntchen Weisheit vermitteln, nicht unbedingt alt sein; sie müssen nur in Kontakt mit der alten Weisen in ihnen selbst stehen, sodass sie auch aus einem jungen Menschen sprechen kann. Die alte Weise ist eben eine Gestalt, die wir alle potentiell in uns tragen, zu deren Bild wir Kontakt aufnehmen können: Dies ist ein Charakteristikum archetypischer Gestalten nach C. G. Jung.

Doch gibt es auch typische Voraussetzungen für eine Begegnung mit der Alten in den Märchen. Sie müssen erfüllt werden, wollen wir sie nicht verpassen. Der König begegnet ihr, weil er in seiner Verzweiflung ratlos durch den Wald läuft. Dem jungen Grafen, dem das schwer an seinen Körben schleppende Mütterchen begegnet, geht es zwar in diesem Moment, wie das Märchen selbst sagt, sehr gut – hier wird er jedoch von der Alten zu einem bestimmten Zweck in Beschlag genommen, nämlich dazu, ihn belastungsfähig zu machen und durch ihn einer jungen Frau weiterhelfen zu können, die ihr Vater in schwere seelische Not gebracht hatte. Diese junge Prinzessin wiederum war, wie es die Regel ist, der Alten in der Zeit ihrer größten Verzweiflung begegnet, als sie, vom Vater verstoßen, durch den wilden Wald irrte. Der Graf gerät gleichsam in eine schon laufende Geschichte zwischen der Prinzessin und der Alten, die für sie zur Initiationsmeisterin geworden ist, hinein. Nun wird sie auch zur Initiationsmeisterin für ihn.

Es gibt in den Märchen auch eine typische Art und Weise, in der die Alte sich zeigt und annähert. Als Erstes erwartet sie, dass diejenigen, denen sie begegnet, sich auf sich selbst besinnen: darauf, was sie eigentlich wollen; was ihnen eigentlich fehlt. Sie drängt sich nie auf; sie fragt die ihr Begegnenden vorerst nach deren Woher und Wohin. Ob wir genügend Problembewusstsein für unsere Lage haben, ob wir wissen, was uns fehlt, vor allem aber, ob wir die Alte, auf die wir treffen, ernst genug nehmen als eine, die uns helfen könnte: das entscheidet über unsere Begegnung mit ihr. Zugleich ist es die Voraussetzung jeder möglichen Veränderung unserer Situation. Ähnliches gilt ja für den Beginn einer jeden Therapie, auch wenn wir die Frage »Was fehlt dir?« heute nur selten noch so direkt stellen. Wo sie ernsthaft gestellt würde, enthielte sie eine erste Chance zur Heilung. Auch Jesus hat übrigens die Menschen, die ihn in ihrer Not aufsuchten, so direkt nach dem gefragt, was ihnen fehle. Den Menschen, die der alten Weisen begegnen, fehlt in dem Moment vor allem eins: ein Quäntchen Weisheit. Sie wissen nicht, wie es weitergehen soll, ihre Zukunft – die Beziehung, die Fruchtbarkeit, die Lebenserneuerung – scheint blockiert. Häufig haben sie den Blick für die Fäden des Lebensgewebes, dafür, wie die Dinge zusammenhängen und zusammenspielen, verloren, ihr Sensorium für Orientierung, ihre Intuition und Imagination ist irritiert.

So scheint es auch ein typischer Vorgang bei der Begegnung mit der Alten zu sein, dass ihr zunächst Misstrauen, zumindest Ambivalenz, vor allem von männlicher Seite her, entgegengebracht wird. So sagt der König: »Lass mich zufrieden, da kannst du mir doch nicht helfen«; so fragen die Soldaten: »Was soll es denn für einen Sinn haben, dass wir dir davon erzählen?«

Entsprechend charakteristisch sind die Reaktionen der Alten auf diese Ambivalenz. Es gibt vor allem zweierlei Arten, mit denen die Alte auf die geringschätzige Abwehr ihres Gegenübers reagiert. In dem eben zitierten Märchen »Der Soldat und die schwarze Prinzessin« begegnet uns eine Alte, die sich ihres Wertes sehr wohl bewusst ist, wenn sie zum Beispiel sagt: »Schon oft sind von runzligen alten Weiblein die besten Ratschläge gekommen.« Sie überzeugt aus ihrem Selbstbewusstsein heraus. Sie ist vertraut mit schwierigsten Lebenslagen, weiß auch da Rat, wo alle anderen ratlos sind, wie sich aus ihrer souveränen Antwort auf das Lebensproblem des Königs, seine Kinderlosigkeit ergibt: »Wenn's weiter nichts ist.« Sie kann aber auch ganz anders mit dem Misstrauen umgehen, das man ihr entgegenbringt und mit dem sie auch schon rechnet. Dann gibt sie sich selbst als Hilfsbedürftige, als Bettlerin, ja als Hungerleidende aus und bittet darum, dass man die Nahrung mit ihr teilt, ihre Last tragen hilft, und appelliert damit an das Mitgefühl und die Solidarität des Gegenübers. Auch über die Tatsache, dass es schwer ist im Leben, stellt sie gerne eine Übereinstimmung und Solidarität mit dem, der ihr begegnet, her: Beiden geht es schlecht, darüber kommen sie ins Gespräch, und es wächst ein gewisses Zutrauen zueinander.

Zuweilen macht sie es aber den Begegnenden – oft sind es Männer – ausdrücklich schwer, sich mit ihr einzulassen, sich mit ihr auseinanderzusetzen, indem sie sich ironisch und boshaft, uneinsichtig und ausnutzend gebärdet, wie vor allem gegenüber dem jungen Grafen in »Die Gänsehirtin am Brunnen«. In diesem Fall fordert sie ihr Gegenüber buchstäblich heraus, selbst zu sehen, wen es vor sich hat, was für ein Gewicht sie hat. In »Der Soldat und die schwarze Prinzessin« lässt sich der König mit seinem »nützt es nichts, so schadet es auch nicht« noch recht von oben herab auf sie ein: Er merkt gar nicht, dass er ihrer Ausstrahlung schon erlegen ist.

Dieses Märchen aber stellt uns die alte weise Frau wieder in neuen Funktionen vor: vor allem als diejenige, die eine Menge von Schwangerschaft und Geburt, von Leben und Tod versteht. Sagt sie doch souverän angesichts der chronischen Kinderlosigkeit des Königspaars: »Wenn's weiter nichts ist.« Hier klingt das selbstverständliche alte Wissen an, das die Weisen als Frauenheilkundige und Hebammen hatten. Hierzu fällt mir der Refrain eines Liedes aus der feministischen Bewegung ein, das eine Alte über ihre Lebenserfahrung berichten lässt: »Weise Frau, erzähle, was du vom Leben weißt.« Im Märchen benutzt die Alte immer wieder Kräuter, hier zu einem fruchtbarmachenden, empfängnisfördernden Tee. Dass die Kräuterfrau so weitab vom Königshof lebt, leben muss – allein das wirft ein Licht darauf, warum es dort, am Hof, zu der Zeit so unfruchtbar ist: Was diesem Hof fehlt, ist sie. Gerade weil die Lage so ist, kann sie aber auch als ganz von außen Kommende mit unbefangenem Blick und ungeahnten Wirkungsmöglichkeiten handeln und Abhilfe schaffen.

Es ist nun ein weiterer typischer Zug in der Erscheinungsweise der Alten, dass sie in den jeweiligen Märchen, einmal in einem entscheidenden Moment aufgetaucht, später nicht mehr vorkommt. So tritt auch unsere Kräuterfrau, nachdem sie dem Königspaar zu der schwarzen Prinzessin verholfen hat, in diesem Märchen später nicht mehr auf. Wir treffen die alte Weise in den meisten Märchen, in denen sie am Anfang begegnet, im späteren Verlauf nicht mehr an, oder sie erscheint ausschließlich in einer bestimmten zentralen Phase in der Mitte der Handlung, wie in »Die Nixe im Teich«, zieht sich aber anschließend wieder ganz in den Hintergrund zurück. In seltenen Fällen, wie in »Die Gänsehirtin am Brunnen«, wird sichtbar gemacht, dass die alte Weise durch den ganzen Märchenverlauf die Fäden in der Hand behält, sie behutsam lenkt und zum Gewebe zusammenfügt. Gerade sie nimmt sich jedoch in der Endphase des Märchens ganz zurück, macht sich selbst überflüssig und überlässt der jungen Frau ihr Häuschen, ihr Wirkungsfeld.

Es ist weiterhin charakteristisch für die alte Weise, dass sie zwar entscheidende Impulse gibt und die Heldin oder den Helden auf ihren Weg bringt, selber aber nie die Heldin eines Märchens ist. Sie gibt jeweils die entscheidenden Anstöße für die Helden aus dem Hintergrund ihrer lebenserfahrenen Weisheit heraus, aber den Weg gehen und bestehen, das müssen die jungen Heldinnen und Helden selbst. Man begegnet der alten Weisen, nimmt sie wahr, auch in ihrer unscheinbaren Gestalt, man erlangt ihren Segen oder verpasst beides. Dass diejenigen, denen sie einen Rat gibt, diesen dann nicht immer gleich und oft nur zum Teil befolgen, gehört auch zum typischen Verlauf der Begegnung mit ihr. Dadurch bekommt die Entwicklung des Helden Dynamik, schürzt sich der Knoten, und die weise Alte muss unter Umständen sogar mehrmals konsultiert werden. Wie wir gesehen haben, muss sie jeweils den, dem sie begegnet, zuerst überzeugen, dass sie etwas zu sagen hat; sie verlangt von ihm Besinnung auf sich selbst, auf das, was ihm fehlt, und erst dann, wenn sie ihn überzeugt hat, stellt sie ihr Wissen zur Verfügung. Handeln müssen dann die anderen, die eigentlichen Heldinnen und Helden des Märchens.

Des Teufels Großmutter – im Bund mit den Menschen

Zur Abrundung dieses Kapitels ist es unerlässlich, dass wir uns des Teufels Großmutter noch einmal gründlich zuwenden. Man muss erst dahinterkommen, dass sie zu den alten Weisen gehört: den Hinweis verdanke ich Verena Kast, nicht zuletzt ihrer Interpretation des Märchens »Der Teufel mit den drei goldenen Haaren«.[79]

Der Übergang von den verschiedenen Typen der alten weisen Frauen, denen wir in den Märchen begegnen, zur Gestalt einer klar deklarierten Großmutter, ist, wie wir schon sahen, fließend. Die einen werden zum Beispiel einfach »weise Frauen« genannt, die anderen »Mütterchen« oder gar »Großmütterchen«.

Diejenige des Teufels ist eine deklarierte Großmutter. Wir können hier kurz zusammenstellen, was wir aus den Märchen über »Teufels Großmutter« (wie ich sie von nun an nennen will) wissen: vor allem also, dass der Teufel eine Großmutter hat! Er lebt mit ihr irgendwo in einem ausgegrenzten Bereich, fern von den Menschen, zum Beispiel in einer meeresnahen Klippe. Es handelt sich um ein recht vertrautes Zusammensein der beiden: gibt es doch gute Speisen und Getränke, wenn der Teufel abends nach Hause kommt, und wird er doch mütterlich teilnehmend nach seinen Erfolgen beim Seelenfang gefragt; schließlich legt er sich im Schoß der Alten nieder, wird noch von ihr gelaust, und im vertrauten Gutenachtgespräch, ehe er einschläft, vermag ihm die Alte manches Geheimnis abzulauschen. Solche Geheimnisse entlockt sie ihm immer irgendwelchen Menschen zuliebe, die bei ihr Schutz und Unterschlupf gefunden haben. Oft geht es zwischen dem Teufel und seiner Großmutter viel netter und menschlicher zu als am Königshof. Es ist ein Clou der Märchen, dass sie mit ihrer kompensatorischen Schilderung des zärtlichen Verhältnisses zwischen dem Teufel und seiner Großmutter manche der herrschenden Verhältnisse, zum Beispiel am Hof, gründlich karikieren.

Die Großmutter kann mit dem Teufel umgehen, sie sorgt auch dafür, dass er nicht allzu sehr über die Stränge schlägt, achtet darauf – wie auch bei einem Jungen in der Pubertät –, dass er nicht allzu teuflisch sich gebärdet. Gegenüber seiner Großmutter wirkt der Teufel immer etwas pubertär. Teufels Großmutter hat allzeit Mitgefühl mit den Menschen, ist sie doch selbst »menschengefühlig«. Sie hat vor allem mit den Menschen zu tun, denen es aus irgendeinem Grund schlecht geht und die, meist aus dem gleichen Grund, unter die Gewalt des Teufels geraten sind. Durch das Eingreifen von Teufels Großmutter werden diese Menschen immer wieder aus seiner Macht befreit.

Hier stoßen wir auf einen subversiven Zug der Märchen, die der christlichen Vorstellung vom Teufel strikt zuwiderläuft. Wenn wir uns fragen, wie die Vorstellung von einer Großmutter des Teufels überhaupt zu Stande gekommen sein mag, gelangen wir unweigerlich wieder auf die Spur einer umfassenderen Göttin, die die spätere Spaltung in Gut und Böse noch zu umgreifen vermochte, und die – vom Christentum verdrängt – nur noch subversiv tätig sein kann. Die alte Hei etwa war eine Unterweltgöttin, die keineswegs nur als böse betrachtet wurde, sie war vielmehr für Werden und Vergehen, für Leben und Tod zuständig. Vermutlich ist die Gestalt der Frau Holle mit ihr verwandt, hat sich aus ihr heraus entwickelt; auch sie hat ihren Herrschaftsbereich sowohl unter als auch über der Erde. Hei verkörpert eine ältere und umfassendere Auffassung vom Dunkeln als die spätere Teufelsvorstellung: Der Teufel wirkt im Vergleich zu ihr eindimensional. Er verkörpert das vom Ganzen abgespaltene Böse.

Die Sicht des Grimm'schen Märchens »Der Teufel mit den drei goldenen Haaren« ist demgegenüber mehrdimensional und der alten Hel und Frau Holle näher: Teufels Großmutter ist hier ausgesprochen weise, sie findet im Zusammenspiel mit dem Teufel heraus, warum der Brunnen vertrocknet ist: weil der Kontakt mit den Kräften der Tiefe gestört, unterbrochen ist. Es ist übrigens ein aktuelles Märchen im Blick auf die Frage, woher es kommt, dass wir kein gutes Wasser mehr haben. Im Vergleich zur Weisheit dieser alten Tod-im-Leben-Göttin ist das Wissen und Vermögen des Teufels mehr als einseitig.

Weitere charakteristische Züge von Teufels Großmutter zeigt ein Grimm'sches Märchen auf, das ich in einer Zusammenfassung einbringen will. Das Märchen hat den Titel »Der Teufel und seine Großmutter«[80].

Es ist Krieg. Drei Soldaten beschließen, nicht länger den Krieg mitmachen zu wollen, zumal auch ihr Sold mehr als mager ist. So verstecken sie sich in einem Kornfeld und hoffen, dass das Heer abziehe. Das Heer aber zieht nicht ab. Sie leiden großen Hunger, wissen schließlich nicht mehr, was sie weiter tun sollen. Falls man sie entdeckte, würden sie gehängt. In ihrer größten Not kommt ein feuriger Drache geflogen und bietet ihnen an, wenn sie ihm sieben Jahre lang dienen würden, dann könne er ihnen helfen: »Nach Verlauf der sieben Jahre aber seid ihr mein eigen.« Nachdem alle drei ihre Unterschrift auf den Vertrag geleistet haben, macht der Drache noch eine Einschränkung: »Doch will ich euch noch ein Rätsel aufgeben, könnt ihr das raten, sollt ihr frei sein und aus meiner Gewalt entlassen.«

Die Soldaten haben keine Wahl, sie gehen auf das Angebot des Drachen ein. Dieser führt sie aus der Klemme und stellt sie an einen besseren Ort. Dort können sie in vollen Zügen leben. So genießen sie ihr Leben einige Jahre lang. Wie aber das siebente Jahr herannaht, da werden zwei von ihnen sehr traurig. Einer aber ist immer noch guten Mutes und sagt: »Brüder, fürchtet nichts, ich bin nicht auf den Kopf gefallen, ich errate das Rätsel.« Sie gingen hinaus aufs Feld, saßen da, und die zwei machten betrübte Gesichter. Da kam eine alte Frau daher, die fragte, warum sie so traurig wären. »Ach was liegt euch daran, Ihr könnt uns doch nicht helfen.« – »Wer weiß«, antwortete sie, »vertraut mir nur euren Kummer.« Da erzählt ihr der Lustige, dass sie jetzt vom Teufel geholt werden würden, weil sie so lange so gut gelebt hätten. Dass sie sich jetzt nur noch retten könnten, wenn sie ein Rätsel, das er ihnen stellen würde, errieten. Die Alte sprach: »Soll euch geholfen werden, so muss einer von euch in den Wald gehen; da wird er an eine eingestürzte Felswand kommen, die aussieht wie ein Häuschen. In das muss er eintreten, dann wird er Hilfe finden.« Die zwei Traurigen dachten: »Das wird uns doch nicht retten« und blieben sitzen. Der Dritte aber, der Lustige, machte sich auf und ging so weit in den Wald hinein, bis er die Felsenhütte fand. In dem Häuschen aber saß eine steinalte Frau, die war des Teufels Großmutter und fragte ihn, woher er käme und was er hier wollte. Er erzählte ihr alles, was geschehen war, und weil er ihr wohlgefiel, hatte sie Erbarmen und sagte, sie wolle ihm helfen. Sie versteckt ihn in einem Keller, der unter einem großen Stein liegt. Um Mitternacht kommt der Drache nach Haus; er bekommt zu essen und zu trinken, sodass er guter Laune wird. Dann fragt ihn die Großmutter nach den Ereignissen des Tages, fragt ihn, wie viele Seelen er mitgebracht hätte, und er entgegnet, er habe keine gefunden. Es seien ihm immerhin noch die drei Soldaten sicher. Er würde ihnen ein Rätsel erzählen. Sie fragt nach dem Rätsel. Da verrät es ihr der Teufel. Als der Teufel schließlich schnarcht, nimmt die Großmutter den Stein weg und fragt den Soldaten: »Hast du auch alles wohl in Acht genommen?« – »Ja«, sprach er, »ich weiß genug und will mir schon helfen.« Durch das Fenster der Alten geht er zurück zu seinen Kameraden. Am anderen Tag erscheint der Teufel bei den Dreien und stellt sein Rätsel, und der Lustige weiß die Lösung. Da fliegt der Teufel fort und hat keine Gewalt mehr über die drei. Sie genießen nun ihr Leben weiterhin in vollen Zügen.

Wir haben ein Märchen vor uns, in dem der Teufel und seine Großmutter in allen ihren typischen Zügen geschildert sind. Dass die Großmutter die Lösung des Rätsels herausfindet und sie den Menschen verrät, das eben ist charakteristisch für sie. Die Proben, die der Teufel für die Menschen ersinnt, macht seine Großmutter bestehbar.

In diesen Märchen gibt es eine interessante Verbindung zwischen der ersten weisen Frau, die den Menschen noch näher ist, und der zweiten, der Steinalten, die hier fern von allen menschlichen Behausungen in den Klippen, ganz nah am Wald, nahe am Unbewussten also, wohnt. Die erste weiß von der zweiten und schickt den lustigen Soldaten, der genügend Courage hat, ihr zu begegnen, weiter – zu ihr, die das noch hintergründigere Wissen und auch zum Drachen, einem ebenfalls sehr urtümlichen Tier, Beziehung hat. Ihr dunkler Aspekt ist nicht von ihr abgespalten, sondern mit ihr verbunden. Es ist der seelenfangende, der raubende und fressende Aspekt des Mütterlichen. Sie aber weiß mit ihm umzugehen, er nimmt nicht unkontrolliert überhand. Die Steinalte – hier wohnt sie auch in den Steinen, in den Klippen, nahe am Wald –, das ist die Uralte, älter als ein Menschenleben. Das ist Teufels Großmutter. Es ist mindestens eine Generationenfolge von der ersten alten Weisen bis hin zu dieser zweiten, zu dieser Urmutter der Weisheit, die mit dem Bösen, im Teufel verkörpert, verbunden ist.

Dass die drei Soldaten den Krieg gründlich satthaben – und sei es auch wegen des kargen Soldes –, ist ein sympathischer Zug des Märchens; das Volk, das dieses Märchen erzählt, hatte den Krieg wohl schon immer satt. Die drei desertieren, um ihr Leben endlich auch noch leben und genießen zu können – und sie tun es auch, zuerst mit gutem, dann mit immer schlechterem Gewissen, zuletzt in einer immer mehr überhand nehmenden Angst vor dem Teufel, der sie schließlich, als Quittung für die paar guten Jahre, die er ihnen gönnte, doch noch holen wird. Wenn wir erst einmal ein schlechtes Gewissen haben, verfallen wir leicht in eine Niedergeschlagenheit und Depression, wie die ersten beiden Soldaten, als die Lage immer schwieriger wird. Die Pointe in diesem Märchen besteht darin, dass die drei nach der grundlegenden Hilfe durch Teufels Großmutter ihr Leben erst recht genießen können, und diesmal ohne Angst und schlechtes Gewissen. Sie haben ja das Rätsel gelöst, das zu den Bedingungen ihrer Befreiung gehörte. Das aber ist das nicht geringe Werk von Teufels Großmutter.

Die Soldaten gleichen den Menschen unter uns, die sich schwertun mit der Frage, ob sie überhaupt ein Lebensrecht haben, ob sie gar gelegentlich ihr Leben ein wenig genießen dürfen – oder ob sie solch einen Versuch nicht bitter würden bereuen müssen, falls sie ihn einmal gewagt hätten. Ein Schuldgefühl, das auf dem Grund ihrer Seele liegt, meist aus der Kindheit mitgebracht, legt ihnen diese Befürchtungen nahe, es könne sich jede Regung von Lebensfreude wieder rächen, man werde sie, da sie des Teufels, nur allzu teuer bezahlen müssen.

Diese Deserteure aus dem Krieg brauchen lange, bis ihr Gewissen ihnen erlaubt, in Frieden zu leben. Eben dazu brauchen sie Teufels Großmutter, da sie auch den Gewissenswurm in Gestalt des Teufels besänftigen kann. Es ist ein köstlicher Zug dieses Märchens, dass Teufels Großmutter eine Schwäche für Menschen hat, die ihr gefallen; es genügt ihr, dass dieser bedrohte und Hilfe suchende Mensch zum Beispiel schön ist, um ihn zu retten. Ein Mensch, der ihr gefällt, darf in den unkonventionellen Augen von Teufels Großmutter nicht zum Teufel gehen. Sie hat ihre eigenen und sicher andere Werte und Maßstäbe als die, die gerade im Kriegsrecht oder am Königshof herrschen; sie liebt das Leben, auch Menschen, die desertieren, weil sie den Krieg satthaben.

Teufels Großmutter kann jeweils eine Mittlerin zwischen dem Verteufelten und dem Unverteufelten sein, weil sie eigene Maßstäbe hat. Sie ist wohl auch deshalb so steinalt vorgestellt, weil man wohl ziemlich alt werden muss, vielleicht mehr als ein Menschenleben alt, bis man merkt, dass im »Verteufelten« oft etwas sehr Vitales steckt, das man zum Leben und zur Heilung braucht. Es ist natürlich auch im archetypischen Sinne stimmig, dass Teufels Großmutter als so steinalt gilt, ist sie doch der Ganzheit älterer

Göttinnen, die Gut und Böse noch umfassten, nahe. Auf die religionsgeschichtlichen Hintergründe der Vorstellungen, die wir in den Märchen von der weisen Alten finden, will ich im nächsten Kapitel näher eingehen.

4. Die weise Frau als Medium der Göttin Religionsgeschichtliche Hintergründe für die Gestalt der alten Weisen

Holle und Perchta

Ihr Wohnort in der Höhe und in der Tiefe

Die beiden Orte, Lebensräume, in denen die Alte in den Märchen »Die Nixe im Teich« und »Die Gänsehirtin am Brunnen« sich bewegt, sind uns in ihrer Ähnlichkeit miteinander aufgefallen: beide liegen in den Bergen, sei es nun mehr eine Alpengegend oder ein Mittelgebirge, nicht direkt auf den Gipfeln, sondern auf einer hochgelegenen Alm; die Klarheit und die Milde des Wetters sind charakteristisch, bestimmte Pflanzen wie Schlüsselblume, Thymian, Apfelbaum wachsen im Umfeld der Alten; besondere Tiere wie Gänse und später der Uhu tummeln sich in ihrer Nähe; und unweigerlich gehört auch das Wasser dazu, der lebendige Bergbach, aber auch der Brunnen und der Teich; und in ihrem tiefen Wissen um die richtige, die erfüllte Zeit, stehen sie mit dem Mond in Beziehung. Die beiden Alten sind auch mit den Spinnrädern vertraut; die Alte in »Die Nixe im Teich« verfügt außerdem über den goldenen Kamm und die goldene Flöte.

Welche Gestalten aus Mythologie und Religion im deutschsprachigen Raum gibt es nun, die mit diesen Beschreibungen und Eigenschaften übereinstimmen? Denn die weise Frau ist offenbar auch außerhalb der Märchen nicht unbekannt, sonst könnte sie nicht in so verschiedenen Märchen so gleichartig beschrieben werden.

Auch für den Bereich der Frau Holle, wie er in dem gleichnamigen Märchen der Brüder Grimm geschildert wird, sind Apfelbaum, Wiese und Wasser kennzeichnend. Ihr Reich ist durch den Brunnen erreichbar, in den die Spule der Heldin hinabgefallen ist und unter dem sich eine zweite Welt auftut: saftige Wiesen, ein Baum mit reifen Äpfeln, ein Backofen gar, in dem das Brot schon fertig gebacken einem entgegenduftet – alles wartet hier darauf, dass man etwas tut, was an der Zeit ist. Das Motiv der reif gewordenen Zeit, das Wissen um die Zeit, gehört ebenso zu Frau Holle wie zu den beiden weisen Frauen, die wir zuvor schon kennengelernt haben. Das Wahrnehmen des günstigen Kairos, der qualitativen und zu erfüllenden Zeit, lehren sie die jungen Menschen, die in großer Not – hier wegen einem bitteren Leiden an der Stiefmutter – zu ihnen gelangen. Frau Holle ist zugleich Initiationsmeisterin.

Ist in dieser alten Weisen, der als milde geschilderten Frau Holle, auch der Gegensatz zu einem eher als streng und fordernd verstandenen männlichen Gottesbild zu sehen? Hulda, als die Holde, ist in ausdrücklichem Sinne gebend und gewährend. Da die Märchenerzähler immer auch in einer polaren und kompensierenden Einstellung zur herrschenden Religion stehen, ist ihnen die weibliche Seite des Gottesbildes, die im germanischen und keltischen Lebensraum so bedeutsam gewesen war, auch noch in patriarchaler Zeit keineswegs verloren gegangen, nie aus den Augen geraten. Zur Sophia, die auch auf den Höhen und Bergen in Himmelsnähe wohnte – als große weibliche Weisheitsgestalt dem Orient wohlbekannt, auch der Bibel vertraut und im Mittelalter als Frau Weisheit auch dem christlichen Volke nahe –, hat die alte Weise ganz gewiss enge Verbindung, wie wir es bei dem Märchen von der Wurzelsophie gesehen haben. Die Märchen holen die Sophia in Gestalt der Sophie ins Menschlich-Fassbare zurück, Kräutersophie weiß über alle Heilkräuter Bescheid und ist eine große Ärztin, in der die Sophia waltet. Der Schalk, den wir zudem bei der weisen Frau in »Die Gänsehirtin am Brunnen« erkennen können, ist in anderen Schilderungen der Sophia auch zu finden. Spielend und heiter wird sie selbst in den biblischen Quellen[81] beschrieben.

Rechte Zeit und rechtes Tun

Die Gestalt der Frau Holle, wie sie in der germanischen Mythologie überliefert ist, steht unserer alten Weisen wohl am nächsten. Sie ist nicht eben schön mit ihren großen Zähnen – jedenfalls in der späteren Zeit, wie eben in dem Märchen »Frau Holle« wird sie so beschrieben[82] –, aber sie ist gerecht: darin ist sie mit der Göttin Nemesis verwandt, zu der auch die Wachsamkeit der Gänse gehört. Gerecht ist sie nicht einfach im moralischen Sinn, sondern im Sinn der inneren Gesetzmäßigkeit der Natur. Sie zeigt auf, wie sich die Dinge auseinanderentwickelt haben und aufeinander folgen; wenn wir die Äpfel zur rechten Zeit ernten, dann bekommen wir eben auch den Segen der Äpfel – auch in ihrer erotischen Bedeutung. Sie sind auch ein Liebesangebot, das wir entweder annehmen oder uns entgehen lassen. Es geht darum, die Dinge zu ergreifen, wenn sie reif sind.

Wer mitgeht in den großen Gesetzmäßigkeiten des Lebens, den lässt Frau Holle nicht leer ausgehen, wer sie aber nicht beachtet, dem ergeht es wie Pechmarie. Sie ist Herrin der Zeit. Somit ist sie auch Herrin der Gezeiten und des Wetters: es schneit, wenn sie die Betten schüttelt (sogar dieser Zug von ihr wird später auf Maria übertragen, wie wir in den zahlreichen Bildszenen und Traditionen um »Maria-Schnee«[83] erkennen). Auf dem Weg zu ihr muss man raues Wetter ertragen, um bei ihr selbst die offensichtliche Milde zu erleben. Sie kann Gold und Pech ins Leben schicken, kann Erfüllung schenken oder leer ausgehen lassen. So bestraft sie es, wenn man zur rechten Zeit das Flachs nicht spinnt, aber auch, wenn man an ihrem Feiertag die Spindel nicht ruhen lässt.[84]

Natürlich hat sie auch mit dem Tod zu tun, er ist einer ihrer dunklen Aspekte, wie die Hexe und die Nixe im Märchen dunkle Aspekte von ihr sind. Sie hat mit dem Tod so ausdrücklich zu tun wie mit der Geburt. So wissen viele Sagen zu berichten, dass die Kinder aus dem Holle-Teich kommen und unter ihrem Segen stehen. Sie wohnt unter der Erde, aber sie kann auch von oben her den Schnee kommen lassen: es wäre eine Schmälerung von Frau Holle, wenn wir sie nur auf den Bergen sähen und nicht auch in den Tiefen, hat sie doch einen erdhaften und einen himmlischen Aspekt. Wie auf den Himmel ist sie auch auf die Tiefe der Erde und des Wassers bezogen. So enthält sie als einen ihrer dunklen Aspekte, wie wir sahen, die Nixe.

Wind und Wetter

Dass unsere alte Weise hoch oben in den Bergen wohnt, lässt noch eine andere mythologische Frauengestalt in unser Blickfeld kommen: Frau Perchta[85], die ebenfalls im Bergland haust. Sie taucht weniger in den Märchen als in den Sagen auf. Perchta ist eine mit Frau Holle verwandte Gestalt, eine Gestalt gleichen Typs, die im Unterschied zu der mehr im mittleren und nördlichen Deutschland verehrten Holle in der südlichen Region Bayern, Österreich und der Schweiz daheim war. Der Bächtlestag ist ihr Feiertag. Bächthold ist einer, dem die Perchta hold ist. Auch viel gebrauchte Vornamen wie Berta und Berthold sind auf sie bezogen. Oft heißt sie selbst auch einfach Frau Berta. Berchtesgaden ist ein Ort, der ihren Namen trägt: der Garten der Perchta. Perchta wohnt wie Holle in gartenähnlichen und paradiesischen Räumen, in denen man sich nähren und erholen kann. Frau Perchta wohnt ausdrücklich in den Bergen und ist sehr eng mit Wind und Wetter verbunden; zum Beispiel ist sie in den zwölf Raunächten – zwischen Weihnachten und dem 6. Januar – unterwegs, und mit ihr zieht das wilde Heer der Seelen und der Toten; darunter sind auch die ungeborenen und die ungetauften Kinder. Auch ihr dunkler Aspekt ist der Tod. Sie kann einem ordentlich einheizen, wenn man sich gegen die Gesetze der Natur vergeht, sie kann aber auch überreich beschenken. Die beiden Gestalten, Holle und Perchta, sind in vielem verwandt, Frau Perchta hat jedoch eher rauere Züge, was auch mit der Landschaft und dem Klima zu tun haben kann, in denen sie lebt und die sie mit ihrem Wirken erfüllt.

Teiche und Brunnen

Frau Holle, die in Teichen und Brunnen den Zugang zur Tiefe vermitteln kann und zugleich Herrin der Wolken und des Wetters ist, liebt es selbst, sich in Seen und Brunnen aufzuhalten: so sieht man sie gelegentlich zur Mittagsstunde als schöne weiße Frau in der Flut baden und darin verschwinden. Diese Überlieferung[86] scheint mir bedeutsam, um die Verbundenheit der weisen Frau mit der Nixe, wie wir sie in dem Märchen »Die Nixe im Teich« vorfinden, zu begründen. Es gibt offenbar auch eine religionsgeschichtliche Überlieferung, die um den Nixenaspekt der Alten, der Frau Holle, weiß. Eine ihrer Erscheinungsweisen ist auch die von großer Schönheit, was zu ihrem Namen »Holda«, »die freundliche, milde, gnädige Göttin, die von holdem Ansehen ist« passt.[87] Es ist möglicherweise erst unter christlichem Einfluss geschehen, dass man sich diese göttliche Gestalt nun hässlich, langnasig, großzahnig, als Alte mit struppigem und eng-verworrenem Haar vorstellt. Es kann aber auch sein, dass dies zu dem alten Doppelaspekt dieser archetypischen Gestalt gehört, dass sie eine Alte und eine Junge in einem ist.

Nicht nur mit den Nixen, sondern vor allem auch mit den Kindern ist sie verbunden, die nach alten Vorstellungen aus den Teichen kommen, aus den Tiefen der Erde, von dorther, woher die Schicksalsfrauen, die Nornen, das Leben spinnen.

Flachs und Korn: Spinnen und Backen

Wie sie in vielfacher Verbindung mit dem Wasser, auch mit den Wasserwesen steht, ist sie auch Vegetationsgöttin[88], Vegetationsdämonin in ihrer späteren Form, wie wir sie auch in dem Märchen kennenlernen, ein Zwischenwesen zwischen Menschen und Göttern. Dabei erhebt sich die Frage, ob sie vielleicht auch deshalb in den Märchen als Zwischenwesen und nicht mehr ganz als Göttin erlebt wird, weil man in christlicher Zeit ihre volle Macht nicht mehr zu erfahren wagt und vermag. Es spricht aber sehr vieles dafür, dass sie ursprünglich eine Göttin war, die den gesamten Lebensbereich durchwirkte. Sie segnet das Feld wie später noch die Jungfrau Maria, das Getreidewachstum, dem Müller ist sie besonders zugewandt[89] – ein Müller war unser Mann in »Die Nixe im Teich«.

Neben dem Getreide gilt ihre Sorge vor allem dem Flachs und natürlich den Flachsspinnerinnen: sie ist selbst die große Spinnerin. So sind Frau Holle wie Frau Perchta Schutzherrinnen des Spinnens und des Webens; sie wachen aber auch über die weiblichen Tätigkeiten und können so zu Richterinnen der Frauen werden.

Auf Rosensträuchern trocknet Frau Holle ihren Schleier; so sagt man, wenn der Tau über den Spinnweben oder den Altweiberfäden liegt, die sich gern zwischen Rosen ausspannen. Die Fäden des Altweibersommers nennt man im Volksmund auch gern die Fäden der Frau Holle[90] oder Bächtholds Fäden, andererseits aber Marien-Fäden, was wiederum beweist, wie oft die alten Funktionen der Holle und der Perchta, jedenfalls die freundlichen und mit dem Christentum zu vereinbarenden, auf Maria übertragen wurden.

Frau Holles Tiere

Frau Holle schützt vor allem auch die Tiere. Sie sorgt für krankes und verletztes Wild. Die Katze ist ihr Lieblingstier[91]; auch die weisen Frauen bis hin zu den Hexen haben fast immer die Katze bei sich, diese Verkörperung einer bestimmten Seite des Weiblichen, der Hingabefähigkeit in völliger Freiheit. Sie ist zugleich das Lieblingstier der germanischen Göttin Freya, die oft mit dem Katzengespann vorfährt. Interessanterweise sind die Tätigkeiten und Wirkungsweisen, die der Freya zugeschrieben werden, in vielen Überlieferungen deckungsgleich mit denen der Holle. Nach Grimm[92] trifft dies besonders für Niedersachsen zu. Darin besteht ein deutlicher Hinweis auf die ursprüngliche göttliche Natur der Frau Holle.

Störche und Gänse begegnen oft im Umfeld der Frau Holle.[93] Störche entsprechen ihrer Funktion als Hebamme bei der Geburt, Gänse ihrem Wirkungsfeld um Eros und Fruchtbarkeit. Auch der Rabe[94] kommt bei ihr vor, der doch für den männlichen Gott Odin als Vogel der Weisheit, aber auch der Todesahnungen eine große Rolle spielt. Die Hexen vor allem haben immer wieder Raben zur Seite.

Der Uhu[95], die Eule, ist der Holle besonders nahe. In unserem Märchen »Die Gänsehirtin am Brunnen« sagt sie die Zeit an, zu der die Gänsemagd an ihre innere Trauerarbeit zu gehen hat. Die Erzzauberin in dem Grimm'schen Märchen »Jorinde und Joringel« ist mit Katze und Nachteule so verbunden, dass sie sich sogar selbst in beide zu verwandeln vermag. Zugleich hat sie die Macht, jungfräuliche Frauen zu binden und zu lösen. Bei ihr wie auch bei der Kräuterhexe in »Rapunzel« ist ziemlich deutlich, dass sie Dunkelaspekte oder verdunkelte Aspekte der weisen Frau darstellen, mit der die beiden ansonsten verwandt sind. Doch gehören noch weitere Tiere in dieses Umfeld der Frau Holle: Mit dem Rufe »Hulle-Hulle«[96] lockt man vielfach die Tiere an: Auch darin steckt der Name der Frau Holle, der oftmals als »Hulle« überliefert ist. Der Ruf ist sehr verwandt mit dem »Wulle-Wulle«, mit dem in »Die Gänsehirtin am Brunnen« die Gänse angerufen werden.

Holles Orte

Als Wohnstätte der Frau Holle kommen also, wie für die weisen Frauen unserer beiden Märchen, hochgelegene Orte, Berge, auch Steine und Höhlen unterhalb der Gipfel infrage: dazu noch Bäume[97]. Sie wird gelegentlich, wie die Nornen, spinnend unter einem Baum sitzend vorgestellt. Auch Haine, Wiesen und Gärten[98] werden immer wieder als Wohnorte für Frau Holle genannt, seien sie gelegentlich auch auf dem Grund von Brunnen und Teichen, Orte der Tiefe. Frau Holles Segen wird den neuen Häusern[99] zugesprochen. Man sagt zwar, dass Frau Holle in den neuen Häusern wohne, solange sie noch nicht gesegnet seien: das ist natürlich als spätere christliche Aussage zu verstehen, die aber immer noch dies in sich enthält, dass die neuen Häuser, noch ehe sie christlich gesegnet werden, von Frau Holle bewohnt und durchwirkt werden.

Fahrten und Umzüge – Gefolge und wildes Heer

Gelegentlich wird Frau Holle sogar als Bewohnerin des Venusberges genannt, wie Frau Holle und Perchta gelegentlich überhaupt den römischen Göttinnen Venus oder Diana gleichgesetzt werden.[100] Hier zeigt sich ihre innere Verwandtschaft einerseits mit der Göttin der Liebe und andererseits mit der göttlichen Jägerin, die mit Wild und Wetter besonders verbunden war. Zugleich kommt in dieser Gleichsetzung ihr freier, schweifender Zug zum Vorschein, der sich auch in ihren Umzügen[101] darstellt. Immer wieder wird im Volk von dem Umzug oder der Fahrt der Frau Holle berichtet. Einerseits weiß man von ihrem Umzug mit einem Schiff oder einem Pflug, der zu den Frühlingsbräuchen gehört, die den Ackerbau und die Schifffahrt wieder beleben sollen. Noch geheimnisvoller ist aber die Fahrt der Frau Holle in den zwölf Nächten zwischen Weihnachten und dem 6. Januar, bei der auch die Ungeborenen und die Toten mitziehen.[102] Gelegentlich bedeutet »Hollefahren« auch Nachtwandeln, Eintauchen in einen außermenschlichen Bereich. In unseren Märchen wandeln die Gestalten im Mondlicht hin und her: der Graf, die Eltern, die Gänsehirtin selbst, schlafwandlerisch finden sie zu dem Bereich der weisen Frau. Die Hollefahrer erklimmen oft steile Wände im Mondlicht und stürzen ab, wenn man sie anruft.

Auch in unserem Märchen bricht die Alte auf, zum Umzug, zur Fahrt. Das Geschehen wird auch hier in einen jenseitigen Bereich, in eine andere Bewusstseinsdimension gerückt. Frau Holle ist also auch dort, wo wir träumen, schlafwandeln und dem Tagesbewusstsein entrückt sind. Es gibt den Ausdruck »auf Holle-Fahrt sein«, und damit meint man, dass jemand vom Schicksal ordentlich zerzaust wird.[103] So wird auch wirres Haar oft mit Frau Holle in Verbindung gebracht: sie könnte es einem verwirrt haben, und man nennt solches Haar auch »den Hollezopf«. Das erinnert an die Frau in »Die Nixe im Teich«, die jenen schweren Weg hinauf zur Alten gehen musste. Sie ist gleichsam »auf Holle-Fahrt«, und ihr Haar wird dabei vom Sturm zerzaust. Eben dort, bei der Alten, aber erhält sie den goldenen Kamm, um Ordnung in ihr Haar und Klarheit in ihr Schicksal zu bringen. Auch der junge Graf, den die Alte auf seinen Weg zwingt, gerät in diesem Teil des Märchens unvermutet auf Holle-Fahrt.

Holle ist nicht harmlos, so gütig sie sein kann. Vor allem in den zwölf Raunächten muss man sich vor ihr in Acht nehmen, wobei sie besonders denen gefährlich wird, die in irgendeinem Sinn aus den Gesetzen der Natur herausgefallen sind; auch die nachlässige und schlampige Spinnerin und Weberin sucht sie mit allerlei Schabernack[104] heim. Sie wirft ihnen zum Beispiel eine Katze ins Fenster oder setzt sich gar als Hockauf – wie bei unserem jungen Mann – jemandem auf die Brust oder auf den Rücken. Sie rächt sich aber auch an denen, die an den Tagen, die ihr heilig sind, am Bächtlestag oder auch in den zwölf Raunächten, einfach weiterspinnen, statt ihre Tage durch Ruhe zu ehren. Wer sich gegen weibliche Rhythmen und Gesetzmäßigkeiten der Natur vergeht, kann Frau Holle auch als Nachtmar erleben. Unser junger Mann im Märchen hat sich sicher nicht gegen sie vergangen: aber es ist nicht länger haltbar, dass er sie noch nicht kennt. So tritt sie ihm deutlich in Erscheinung.

Das Hollrad[105] rollt während der Wintersonnenwende von den Bergen: es hilft der aufsteigenden Sonne, wieder zu ihrer Kraft zu kommen.

Sowohl Holle wie Perchta treten immer wieder mit großem Gefolge[106] auf. Lebende und Tote, Holde und Unholde gehören dazu. Sie haben als Anführerinnen dieser Züge zugleich die Züge von Seelengeleiterinnen. Auch als Anführerinnen eines Zuges von Zwergen und Heimchen[107] trifft man sie an. Männliche Wesen, wie der getreue Eckhart[108], stehen im Dienst der Frau Holle, aber auch all die Menschen mit Namen Bächthold, Berthold, Berta und Hulda stehen in gleichem Sinn in Beziehung zu ihnen und unter ihrer Huld.

Holle und Perchta können zweierlei Seiten zeigen, Segen und Fluch bringen, Leben und Tod. Man weiß nicht genau, ob in beiden Namen auch der Begriff »verbergen« und »verhüllen« steckt oder doch vor allem die Bedeutung des Leuchtenden[109]. Hinter Frau Holle steht möglicherweise auch die alte, mächtige Hel[110]: die Leben und Tod beherrscht und in der Unterwelt zu Hause ist. Hel ist in der alten germanischen Mythologie auch der Name der Unterwelt, aus der die christliche Hölle abgeleitet wurde und dabei zugleich von einem allgemeinen und auch ehrenvollen Ort der Toten zu einem Ort der ausdrücklichen Verdammnis wurde. In den Märchen selbst bleibt die Hölle, in der Teufels Großmutter wohnt, ein vergleichsweise weniger schreckensvoller Ort, in dem es immer noch Möglichkeiten der Rettung gibt.

Im Licht des Epiphaniastages

In vorchristlicher Zeit war der Holle wie der Perchta der 6. Januar[111] heilig, der Endtag der zwölf Raunächte, der in christlicher Zeit zum Epiphaniastag wird: zum Tag des aufstrahlenden Lichts. Perchta wird in christlicher Zeit durch ihre Verbindung mit diesem Epiphaniastag im Volksglauben immer lichter, auch solche Entwicklungen sind im christlichen Volk, das seinen Perchtaglauben nicht aufgibt, nachweisbar.[112] Durch die Verbindung mit Epiphanias werden also die beiden Gestalten in ihrem lichten Aspekt noch verstärkt, den sie allerdings immer schon hatten, vor allem die Holle, die sowieso die weniger Raue war. Sie werden an diesem Tag des aufsteigenden Lichtes auch als Lichtbringerinnen verehrt, wie auch die schwedische Santa Lucia, und gewinnen damit auch einen geistigen Aspekt. Vor allem Holle, Hulda, erhält in diesem Zusammenhang immer mehr die Züge einer Holdseligen, Züge der Maria, wie beide im Volksglauben überhaupt vielfach miteinander verschmelzen. Unter den hässlichen Verkleidungen und Dämonisierungen, die sowohl der Holle wie der Perchta im Zuge des christlichen Kampfes gegen den alten Volksglauben widerfahren sind, scheinen die lichten Züge dieser beiden großen göttlichen Frauengestalten immer wieder hervor.

Perchta als »Teufels Großmutter«

Immerhin wird Perchta in christlicher Zeit einmal nachweisbar als Hexe, als Teufelin und ein andermal sogar als »Teufels Großmutter« bezeichnet.[113] Es besteht also nachweislich ein Zusammenhang zwischen der Göttin und »Teufels Großmutter«. Verunstaltungen und Hässlichkeiten werden von ihr berichtet, wenn sie in ihrer unansehnlichen Gestalt auftritt, in der man sie erst achten lernen muss, ehe sie einen segnen kann, wie auch in den Märchen vom Auftreten der weisen Frau in ihrer unscheinbaren Gestalt erzählt wird. So hat sie in dem Grimm'schen Märchen »Die drei Spinnerinnen«[114] einen sehr großen Fuß, der vom Spinnen oder vom Weben herrührt und nur beweist, wie unermüdlich sie tätig ist, auch ihr Gans-, Schwanen- oder Storchenfuß, von dem wir schon berichtet haben, gehört hierher. Die hässliche Gestalt der weisen Frau, hinter der man sie in ihrer Weisheit erst wiederentdecken muss, gehört sicher auch in den Zusammenhang der christlichen Entwicklung, in der die weise Frau abgewertet wurde. Wer ihr begegnet, muss sie erst hinter dieser Abwertung wiederentdecken und achten lernen.

Hulda und Perchta sind vor allem anderen für ihre Hilfsbereitschaft bekannt, die sie besonders den Menschen entgegenbringen, die selber hilfsbereit sind: zum Beispiel auch unserem Grafensohn. Hulda verwandelt einem Bauern, der ihren brüchig gewordenen Wagen reparieren hilft, alle die Späne, die bei dieser Arbeit anfallen, in reines Gold, das sie ihm schenkt.[115] Immer wieder wird gesagt, dass diese Gestalten der Hilfe der Menschen bedürfen oder sie suchen, weil sie sonst keinen Ort unter den Menschen haben: so schlägt es sich auch bei der Bettlerin in dem norwegischen Märchen »Zottelhaube« oder in »Der Soldat und die schwarze Prinzessin« nieder.

Huldre – die nordische Holle

Übrigens gibt es auch eine nordische Variante der Frau Holle, Huldre[116] genannt, die vor allem dem Weiden, dem Hüten und dem Melken zugeordnet ist. Als Berg- oder Waldfrau tritt sie auf, bald jung und schön, bald alt und finster. In blauem Kleid und weißem Schleier naht sie sich den Weideplätzen der Hirten und dem Tanz der Menschen, an dem sie teilnimmt. Sie liebt Musik und Gesang, ihr Lied hat eine traurige Weise, es wird Huldreslaat genannt. Hier wird man an die weise Frau in »Die Nixe im Teich« erinnert, die über die goldene Flöte verfügt und die Jägersfrau lehrt, schöne, aber traurige Lieder, die zu Herzen gehen, zu spielen. In Wiesen und Wäldern wird Huldre oft gesehen, als grau gekleidete alte Frau an der Spitze ihrer Herde. So könnte sie auch hinter dem Schafehüten am Ende des Märchens »Die Nixe im Teich« stehen. Vielleicht ist auch »Zottelhaube« aus dem norwegischen Märchen mit ihr verwandt, da auch sie mit dem Verwirren und Entwirren der Haare zu tun hat. Auch Zottelhaube verdankt ihre Geburt einer weisen Frau, die gewiss in Huldres Dienst stand. Vor allem aber sind Hulda und Perchta für den Kindersegen zuständig: wenn Kinder ausbleiben, soll man sie rufen. Die Kräuterweiblein gehören eindeutig zu ihnen.

Die weise als zugleich »weiße« Frau ist schon ihrem Namen nach völlig gleichbedeutend mit Perchta, denn Peraht oder Berht drücken nichts anderes aus als »glänzend, leuchtend, weiß«[117]; Perchta also ist die glänzende, die leuchtende, die weiße Frau; nicht anders

Hulda, deren Name von hold abgeleitet werden kann und der die freundliche, milde, gnädige Göttin beschreibt.[118]

Die saligen Frauen

Nicht direkt identisch mit Hulda und Perchta, aber doch oft mit ihnen verbunden sind die »weißen« oder »saligen« Frauen[119], um die sich viele Sagen ranken. Weiße Frauen sind schicksalskundig, sie werden gesichtet, wo Geburt oder Tod bevorstehen. Schicksalsmächtig treten sie oft in einer Dreiheit auf wie die Nornen. Sie kommen überwiegend als rettende Wesen vor, wie wir in dem Alpenmärchen »Die Wurzelsophie« sahen. Auch sie erscheinen nicht, es sei denn in höchster Not. Sie gehören gewiss zu den religiösen Hintergrundsgestalten der weisen Alten, die in unseren Märchen sichtbar werdden. Vor allem gehört die Kräutersophie selbst zu den weisen Alten der Märchen. Wir sehen, wie hier abgestuft erzählt wird: die Wurzelsophie ist eine Menschenfrau, wenn auch eine weise, doch steht sie in dichtestem Kontakt zu diesen viel mächtigeren, übermenschlichen Gestalten. Sie ist gleichsam eine Weiß-Magierin. Der Name »Wurzelsophie« gefällt mir auch deshalb, weil darin die Sophia steckt, deren Weisheitsaspekt auch hier zum Ausdruck kommt. Als Kräuterfrau hat Sophie ein Heilswissen, ein Wissen auch um die Zeit, in der Hilfe nötig ist.

Freya und Frick – die Göttinnen der germanischen Frühzeit

Zuletzt möchte ich noch einmal die Frage nach der archetypischen Wirkensmacht, nach der Göttin aufgreifen, die hinter der weisen Alten in ihrer menschlichen und mehr als menschlichen Gestalt steht. Ich beschränke mich auf den mitteleuropäischen Raum, aus dem auch die betrachteten Märchen stammen. Es sprach bisher vieles dafür, dass Hulda und Perchta ursprünglich selbst umfassendere Göttinnen waren, die unter christlichem Einfluss zu dämonischen Zwischenwesen heruntergespielt wurden. Wir wissen von einigen Göttinnengestalten aus dem germanischen und keltischen Bereich, die eine große Rolle spielten: doch sind sie verhältnismäßig wenig erforscht, und es ist nicht einfach, die echten Quellen, die von ihrer ursprünglichen Gestalt berichten, noch zu eruieren. Vielfach verflechten sie sich mit der Überlieferung der Perchta und der Hulda.

Frija zum Beispiel, die auch als Frick[120] erscheint, ist mit Attributen verbunden, die sich auch mit Holle oder Perchta assoziieren: auch sie ist die göttliche Spinnerin, eine Wolken- und Wasserfrau, die mit den Gewässern des Himmels und der Erdentiefe zu tun hat; sie ist Herrin der Pflanzen (aller gelben Frühlingsblumen, speziell der Schlüsselblume[121]) oder der Tiere, etwa der Gänse und Katzen, Himmelskönigin, Lebens- und Todesgöttin, wie alle alten weiblichen Göttinnen, die Leben-Tod-Gottheiten waren.[122]

Die Verfasser der Artikel im »Handwörterbuch des deutschen Aberglaubens«, das ab 1927 von Bächtold-Stäubli herausgegeben wurde, erweisen sich als erstaunlich unbefangen und vorurteilslos im Blick auf den matriarchalen Hintergrund der germanischen Religion. Die Gottheiten der germanischen Stämme sind nach ihrer Sicht in geschichtlicher Zeit mehrheitlich weiblicher Natur gewesen. So habe der letzte große Heide im Norden, Hakun Jarl, zum Beispiel seine Göttin in allen Lebenslagen – sogar in der Entscheidungsschlacht – unter Verzicht auf den auch damals schon vorhandenen »Kriegsgott« angerufen.[123] In einer langobardischen Quelle, die Zeugnis für die deutsche Freya-Tradition liefert, haben sich die Veniler im Entscheidungskampf gegen die wotangläubigen Vandalen ausschließlich an ihre Stammesgöttin gewandt. Erst nach dem Sieg der Vandalen hätten sie in einem längeren Annäherungsprozess beider Gottheiten zuletzt ihre Freja dem Wotan angetraut.[124]

Uralte germanische Göttinnen, die Mutter Thors zum Beispiel, heißen Hlodyn oder Hlodana[125], worin wir unter Umständen den Namen Hulda erkennen können. Dies spräche wieder dafür, dass sie ursprünglich keine dämonische Halbgöttin, sondern die große, umfassende und alles in sich vereinende Göttin selber war, die vor der gesamten Auffaltung des patriarchalen Götterhimmels vorhanden war.

Frick übrigens heißt einfach »Herrin«[126], Herrin über alles Lebendige, wie Freya ursprünglich »Gattin«[127] hieß. Es ist kaum eine Frage, welches die ältere Tradition ist: die dem Gotte nur beigeordnete Gattinnengestalt der Freya dürfte die spätere Form sein. Die gleiche Entwicklung ist auch bei der aus der Siegfriedsage bekannten Brunhild-Gestalt[128] sichtbar, die – ursprünglich eine Erzzauberin – ungleich machtvoller war als später als Gunnars Gattin.

Wenn nun aber Frick oder Freya[129] wie Holle und Perchta sich als einstmals mächtige Göttinnen erweisen oder auf eine einzige große Göttinnengestalt hindeuten, die sowohl in den Höhen der Berge wie auch in den Tiefen unter den Brunnen lebt, über Fruchtbarkeit, Geburt wie Tod herrscht, als die Spinnerin das ganze Gewerbe des Spinnens und des Webens segnet und zugleich als die Schicksalsspinnerin die Fäden anknüpft und durchschneidet, wozu noch ihre seherische Gabe und ihr Wissen um die rechte Zeit kommen, um die Stunde, die geschlagen hat, und um die Zukunft, die sich in der Gegenwart aufspult – so ist zu fragen: Wer eigentlich sollte über ihr stehen? Selbst von Odin, dem Göttervater, wird sie um Rat angegangen. Wie mag es dazu gekommen sein, dass wir diese großen Göttinnengestalten weithin nur noch in den Märchengestalten der »Hexe« oder der wenigen »alten Weisen« vor uns haben, jenen Zwischengestalten zur Göttin hin? Selbst unser Erzähler in »Die Gänsehirtin am Brunnen« muss darum kämpfen, dass wir die Alte nicht für eine Hexe halten, und nennt sie zunächst doch selber so. Wieso eigentlich wohnen die weisen Frauen am Ende der Welt, im Wald, auf den hohen Bergen, warum sind die Göttinnen in ihrer ursprünglichen Gestalt fast nicht mehr zu erforschen, da ihre Spuren zu sehr verwischt sind? Gewiss ist mit dieser Entrücktheit und Schwerzugänglichkeit ihrer Wohnorte auch die Tatsache adäquat beschrieben, dass die Archetypen, dem Zutritt des Tagesbewusstseins entzogen, in großer seelischer Tiefe und Ferne leben – von dort her allerdings in die Psyche hineinzuwirken vermögen, wenn sie einmal konstelliert sind. Es zeigt sich darin aber gewiss auch die Tatsache ihrer Verdrängung ins Unbewusste unter dem Einfluss eines christlich geprägten Bewusstseins.

Die Frau als Seherin und Priesterin

Hinter dieser Zurückdrängung muss schließlich eine panische Angst vor der heimlichen Macht der Göttin stehen. Lange hatte sie noch in christlicher Zeit ihre Verehrerinnen und ihre Priesterinnen: viele der später als Hexen bezeichneten Frauen waren wohl ursprünglich Priesterinnen ihrer Göttin gewesen; die Hexen der Märchen hingegen sind Dunkelaspekte göttlicher oder halbgöttlicher Wesen selbst.

Bemerkenswerterweise hat auch die Frau im germanischen und keltischen Bereich in ähnlich hohem Ansehen gestanden wie die Göttin selbst.[130] Jeder germanische Mann hat seiner Frau seherische Fähigkeiten zugetraut, ein Webstück seiner Frau in die Kämpfe mitgenommen, gleichsam als einen Talisman von der großen, göttlichen Weberin selbst. Der römische Geschichtsschreiber Tacitus berichtet, dass die meisten germanischen Frauen mantische Fähigkeiten besessen hätten und die Zukunft voraussagen konnten. Dies bestätigt auch Grimm in seiner »Deutschen Mythologie«: »Nach deutscher Ansicht scheinen Aussprüche des Schicksals im Munde der Frauen größere Heiligkeit zu erlangen, Weissagung und Zauber in gutem wie im bösen Sinn sind vorzugsweise Gabe der Frau. Wenn es in der Natur des Menschen überhaupt gelegen ist, dem weiblichen Geschlecht eine höhere Scheu und Ehrfurcht zu beweisen, so war dies den deutschen Völkern von jeher besonders eingeprägt ... Männer verdienen durch ihre Taten, Frauen durch ihre Weisheit Vergötterung.«[131]

Meist aus Königs- oder Heldengeschlecht stammend und auf göttliche Ahnen sich berufend, waren diese Seherinnen verehrungswürdige Gestalten. »Um aber ihr Geschäft zu bewerkstelligen, mussten ihnen Weisheit und übernatürliche Kräfte zu Gebot stehen: ihre Weisheit erspäht, ja sie lenkt und ordnet Verflechtungen unseres Schicksals, warnt vor Gefahr ..., rät in schwieriger Lage. Bei der Geburt des Menschen erscheinen sie weissagend und begabend, in Kampfesnöten hilfreich und Sieg verleihend, dazu heißen sie weise Frauen, mittelhochdeutsch wisiu wip.«[132]

Die Überlieferung nennt mehrere solcher großen Seherinnengestalten beim Namen: Veleda, Ganna und Aurenia.[133] Teils haben sie feste Wohnungen, teils zeichnen sie sich durch freies Umherschweifen aus: Veleda wohnt zum Beispiel in den Felsen auf einem Turm. Eingegangene Verträge wurden in ihrer Gegenwart geheiligt, sie weissagte nicht bloß, sondern hatte unter dem Volk Geschäfte zu schlichten und auszuführen.[134] Sie war also zugleich so etwas wie eine inspirierte Richterin, wie wir sie auch aus den frühen Zeiten des alten Israel beschrieben finden. Vala wiederum zog frei umher. »Wohin sie auch im Lande kam, übte sie Zauber und Heilung. Man glaubte, dass sie umherziehe und in die Häuser einkehre, denen sie Segen bringen wollte, was auch von anderen weissagenden, begeisternden und heilbringenden Frauen berichtet wurde.«[135] Die weissagenden, schicksalskundigen germanischen Frauen vermochten gewaltigen Respekt einzuflößen: dem Römer Drusus soll zum Beispiel, als er die Weser überschritten hatte, im Lande der Cherusker eine übermenschlich erscheinende Frau entgegengetreten sein; sie verwehrte ihm, weiter vorzudringen, und weissagte ihm sein nahes Ende.[136]

Der bevorzugte Wohnort dieser weisen Frauen scheint der Wald gewesen zu sein: »Da in Hainen, auf Bäumen Götter thronten, werden die weisen Frauen ihres Gefolges und Geleites denselben Raum gesucht haben. Wohnte die gotische Aliorunen nicht im Wald, unter Waldgeistern, lag der Veledaturm nicht auf einem Felsen, also des Waldes?«[137] Neben den Seherinnen waren auch Waldfrauen bekannt: von einer »wilden Wibe« ist zum Beispiel Wate »arzneiet« worden, von ihr hat er die Heilkunst erlernt.[138] Die germanische wie die keltische Religion haben zweifellos weibliche Priesterinnen gekannt: Strabo erwähnt die grauhaarigen, barfüßigen Wahrsagerinnen der Zimbern, die in weißes Gewand, linnenes Wams und eherne Spangen gegürtet gewesen seien.[139] Die Priesterin wurde Gydja genannt[140], Freundin der Göttin.

Auch den nordischen Quellen[141] zufolge stand die Frau in früher Zeit in hohem Ansehen. Doch wird hier weniger ihr Priesteramt als ihre Gabe zur Weissagung, als die gleichsam höhere Gabe, hervorgehoben. Einige dieser priesterlichen Seherinnen sind namentlich bekannt: so Völva[142], die zauberkundige Wahrsagerin, die das Endzeitlied der Edda, die Völuspa, visionär gedichtet haben soll. Völva nannte man schließlich die der Magie kundigen Seherinnen überhaupt. So ist Heidr[143] die Völva der Edda; Hyndla[144] wiederum eine auf Wölfen reitende und in der Höhle wohnende Seherin. Von ihr führen die Vorstellungen zu weiteren machtvollen Wesen hinüber, den Dis[145] oder Idis[146], die zwischen Göttern und Menschen standen, zwischen Göttern und Mächten zu vermitteln vermochten und bereits mehr als nur menschliche weise Frauen waren. Auch in den Walkyren[147] ist neben ihrer göttlichen Natur die priesterliche enthalten: auch bei ihnen durch Jungfräulichkeit ausgedrückt.

Welche destruktiven Mächte mögen gewirkt haben, welcher Druck muss auf die Psyche der Germanen ausgeübt worden sein, dass sie derart kraftvolle Vorstellungen vom Wesen der Frau und ihrem priesterlichen Sehertum je verlieren konnten! Die Entwicklung des Christentums brachte gewiss eine Differenzierung in

Bewusstsein und Gewissen mit sich, eine ethische Differenzierung vor allem – sonst hätte es sich wohl überhaupt nicht durchsetzen können –, doch war diese Differenzierung bitter erkauft mit der Abwertung der Natur und derjenigen, die den Dienst an der Natur priesterlich verwaltet hat, der Frau. Im frühen Mittelalter wurde die Verehrung der seherisch und mantisch begabten Frau auch noch auf die Weise bekämpft, dass Karl der Große in einer Bulle verkünden ließ, jeder, der behaupte, dass es Hexen gäbe, solle streng bestraft werden.[148] Um 800 also war es den Christen untersagt, überhaupt an magische Kräfte zu glauben. Noch im 13. Jahrhundert belegt eine Bulle den mit Buße, der nicht an Hexen und Schadenzauber glaubt.[149] Was mit Strafe belegt wird, wird gefürchtet. Die Entwicklung lief also so, dass zuerst der Glaube daran bekämpft wurde, dass es magisch-mantisch mächtige Frauen überhaupt gäbe, während später mit Strafe, ja sogar mit Todesstrafe, bedroht wurde, wer nicht daran glaubte. Die Hexenprozesse währten auch deshalb so lange, weil jeder, der auch nur zu behaupten wagte, Hexenglaube sei Aberglaube, schon mit dem Tode bedroht war.

Dennoch bleibt die Frage, warum die mächtige Naturgöttin unter dem Einfluss der geistbetonten patriarchalen Religion der Christen so gründlich verdrängt werden konnte. Gegen die Übermacht der Natur, die – wie »Die Nixe im Teich« lehrt – auch verschlingen kann, hat man versucht, die neuen Glaubenswerte, Bewusstseinswerte und ethisches Verhalten zu setzen. Man hat aber dabei die Wurzel mitgerodet. Die Fällung der Donarseiche durch den Missionar Bonifatius stellt eines der markantesten Ereignisse in diesem Zusammenhang dar. Hier wurde mit dem Donarsglauben auch die Ehrfurcht vor der Natur, vor der Tiefe der Psyche, mitgetroffen. Seither haben wir ein gebrochenes Verhältnis zur Natur, zur inneren und zur äußeren. Als eine Spätfolge dieser frühen Ehrfurchtslosigkeit vor der Natur, kann man die heutige weltweite Zerstörung der Natur ansehen, die das ökologische Gleichgewicht der Erde gefährdet. In den Märchen wiederum ist diese nie untergegangene Ehrfurcht vor der Natur und den ihr dienenden weisen Frauen bewahrt.

Der Weisheitsaspekt der Frau in der Frühzeit

Ich möchte zusammenfassend den Weisheitsaspekt der Frau noch einmal herausstellen, wie er sich in der Religionsgeschichte niederschlägt und uns in der Gestalt der weisen Frau im Märchen bis heute noch vor Augen steht. Enge Verbindungen bestehen zwischen der weisen Frau der Märchen und der Frau als Manafigur überhaupt, wie sie im keltischen und germanischen Raum, aber auch sonst in der vor- und außerchristlichen Welt gesehen und gekannt wurde. Dabei zeigt sich immer wieder, dass der Sophiaaspekt des Weiblichen niemals in der Abstraktheit einer männlichen Geistigkeit aufgeht, sondern »sein Geist bleibt wie der Duft der Blüte immer an diese als an die irdische Grundlage der Wirklichkeit gebunden«[150]. So bleibt bei der weisen Frau die Basis ihrer Weisheit immer die Verbundenheit mit der Quelle, mit Pflanze und Tier, mit den Künsten des Spinnens, des Feuerhütens und des Kochens. Denn dass »die Nahrungsbereitung und Nahrungsspeicherung die Frauen den Prozess der Gärung und die Entstehung des Rauschtranks gelehrt hat, ist ebenso evident, wie dass sie als Sammlerin und spätere Pflegerin der Kräuter, Pflanzen und Früchte zur Erfinderin und Hüterin der Heilpflanzen und des Heiltranks, der Medizinen ebenso wie der Gifte wurde«[151].

Während anfangs das Bild des großen Weiblichen als Göttin den Menschheitshorizont erfüllte, tritt mit fortschreitender Entwicklung nun die irdisch-menschliche Verwalterin des Numinosen und ihre Trägerin, die Frau als Manafigur in den Vordergrund. Ich möchte ihre typischen Erscheinungsweisen, entsprechend denen, die ich für die alte Weise im Märchen vorgestellt habe, noch einmal kurz zu umreißen versuchen.

Die weise Frau als Initiationsmeisterin

Diese Gestalt, die sich vielfach in den Märchen findet, gründet wohl in den Riten um das Menstruationstabu, das älteste Tabu, das die Frauengruppe in der matriarchalen Frühzeit über sich und auch über die Männer verhängt hat. Die Einweihungsriten lagen aller Wahrscheinlichkeit nach zu Anfang in den Händen der Frauengruppe, während die Übernahme von Ritualen, auch Pubertätsritualen, durch die Männer erst sehr viel später erfolgte.[152] Die psychologischen Bedingungen, die Anlass zu einer Pubertätseinweihung mit Abgeschlossenheit und Geheimriten bilden konnten, sind in dem geheimnisvoll-unheimlichen Eintreten der Menstruation mit der Möglichkeit von Schwangerschaft und Geburt ungleich deutlicher gewesen als in der normalen männlichen Geschlechtsentwicklung. Die Initiation, die mit der ersten Menstruation erfolgt, bringt an vielen Orten sinngemäß auch die weitere monatliche Absonderung der Frau im tabuierten weiblichen Sakralbezirk mit sich, einem soziologischen und psychologischen Zentrum der Frauengruppe, in dem die erfahrenen alten Frauen herrschen, mit ihrem Wissen auch um Blutstillung, Schmerzbetäubung und Konzeptionsverhütung.

Es ist deutlich, dass diese Initiationsmeisterinnen auch mit den Mysterien um Tod und Wiedergeburt vertraut waren und dass sie die jungen Frauen durch Absonderung in den Wald, durch Schlaf in einer Höhle, durch Abstieg in eine Welt unter der Erde zu den Geistern und Ahnen, zu einem Sterben der alten Person und Gruppenzugehörigkeit als Mädchen und einer Wiedergeburt als Frau geleiteten und begleiteten.[153]

Die weise Frau als Geburtshelferin

Es gehört zur Grundlage der magischen Weltauffassung, dass das Weibliche aus damals unbekannten – und das hieß numinosen – Gründen in seinem Leibe Leben erschaffen und gebären kann. Das magische Gefäß, das sie mit ihrem fruchtbaren Leib selber ist, aber auch das magische Gerät, der Zauberkessel, ist mit der magischen Bedeutsamkeit der Frau immer wieder verbunden. Vielfach in dem gleichen tabuierten weiblichen Bereich wie die Einweihung in die Menstruation und der monatlichen Absonderung erfolgt auch die Geburt, die in früher Zeit als hochgefährlich und selber als manageladen gilt: Auch hier war das Wirkungsfeld der alten, erfahrenen Frauen, die um die Hebammenkunst und alles damit Verbundene wussten. Auch um die Mittel, die die Schwangerschaft förderten, wussten die Kräuterfrauen, wie wir noch in Märchen wie in »Der Soldat und die schwarze Prinzessin« oder in »Die Zottelhaube« erfahren. Die weiblichen Vegetationsmysterien, die um Befruchtung, Neugeburt, Wiedergeburt und schließlich Unsterblichkeit wissen und die von Göttinnen wie Demeter und Persephone getragen wurden, gehören der Frau als Geburtshelferin zu, aber auch als Initiationsmeisterin und schließlich als Heilerin.[154]

Die weise Frau als Dienerin des Eros

Während in der frühen Zeit, als das Kollektiv noch im Vordergrund und die individuelle Beziehung zwischen Männern und Frauen eher im Hintergrund stand, ein auf die Allgemeinheit bezogenes Fruchtbarkeitsritual den Mittelpunkt der Frauenmysteriem gebildet haben wird, treten später auch Einweihungen in den Geschlechtsverkehr und die magischen Künste des Eros hinzu, von denen wir bei der weisen Frau des Märchens »Die Nixe im Teich«, die mit Kamm, Flöte und Spinnrad umzugehen weiß, einige kennengelernt haben.[155]

Die weise Frau als Heilerin

Der Umgang mit Nahrung einerseits und mit Feuer andererseits prädestiniert die Frau früh zur Entdeckung der Heilkraft in Kräutern, Wurzeln und Beeren, die sie durch die Bereitung von Tees, durch Kochen und Destillieren zu entbinden und zu steigern vermag: das hierzu verwendete Kultgerät ist immer der über dem Feuer stehende Topf oder Kessel, wie wir ihn auch bei der Kräutersophie finden, und der später als »Hexenkessel« bezeichnet und damit auch diffamiert wird: »Das Gefäß ist die Form, in der sich, einprägsam genug, der Stoff wandelt, ob er nun gekocht wird, gärt oder die Heil-, Gift- oder Rauschtrankstoffe in sich enthält.«[156] Immer weist zugleich das Gefäß auch auf den Leib der Frau selber hin, der das ursprünglichste Gefäß des Lebens und der Wandlung ist. Noch heute geht die Vorstellung von der alten Frau als heilkundiger Kräuterhexe oder, negativ gewendet, als gefährlicher Giftmischerin um. Sie heilt nicht nur durch Kräuter: im unterirdischen Hypogaion auf Malta hat zum Beispiel, längst ehe es das griechische Heiligtum des Asklepios gab, der heilende Inkubationsschlaf stattgefunden.[157] Zahlreiche weitere Rituale der Heilung wie Waschungen und Bäder, die meist bis heute in Händen der Frauen liegen, sind bis in unsere Zeit hinein überliefert und werden neu entdeckt.

Die weise Frau als Priesterin

Als Vollzieherin der Todes- und Wiedergeburtsrituale, wie sie dem Jahreslauf der Natur und dem menschlichen Lebenszyklus immer wieder entsprechen, ist der Frau überall in der Welt das Priesteramt zugekommen: »Uns braucht hier nicht zu interessieren, ob ein derartiges Wiedergeburts-Ritual ursprünglich von der Frauengruppe, von einzelnen Priesterinnen oder von der gesamten Gruppe begangen wurde, das eine steht fest, dass überall auf der Erde der Frau eine besondere magisch-mantische Wirksamkeit und Möglichkeit zugesprochen wird.«[158] Immer wieder geht es dabei um eine Erneuerung des Menschen durch Rückkehr zur Großen Mutter, durch Nacht und Tod hindurch, ob es nun durch einen Heilschlaf in einer Höhle, durch Abstieg zu den Ahnen in der Unterwelt oder auch durch Rauschmittel geschieht, die Visionen auslösen können.

Priesterin war die Frau in all den Bereichen, in denen sie die Rituale um die Initiationsweihe, um Geburt, Tod und Wiedergeburt, um Heilung und Wandlung vollzog. Hierin hatte sie teil an den Todesmysterien, die der Hekate oder der Hei unterstanden und die Erkranken, Auslöschen, Zerstückeln, Sterben und Wiederauferstehen enthielten. Ein germanisches Ritual wird durch Strabo überliefert, in welchem grauhaarige Priesterinnen, in weiße Gewänder gekleidet, barfuß, die Tötung von Gefangenen mitvollziehen, um anschließend aus deren Blut Weissagungen über die Zukunft zu treffen. Es bleibt zu bezweifeln, ob es solche rituellen Tötungen – die allerdings aus Mexiko überliefert sind – im germanischen Bereich wirklich gegeben hat, ob diese Schilderung nicht vor allem an die römischen Leser gerichtet war und bei den römischen Soldaten die Wirkung erzeugen sollte, sich unter keinen Umständen in die Gefangenschaft der Germanen zu begeben.[159]

Ein Zauberopferkessel aus Jütland[160] zeigt uns andererseits eine Mondgöttin, zugleich Herrin der Tiere, dazu alte Priesterinnen, die offenbar die eigentlichen Fruchtbarkeits- und Wahrsagepriesterinnen waren. Daneben sehen wir jugendliche, weibliche wie schwebende Figuren, die schon den später auf dem Besenstiel reitenden jungen Hexen ähneln. Sie haben amazonenhaft-walkyrischen Charakter.

Die weise Frau als Seherin

Mehr noch als das Priesteramt galt schon bei den Germanen das Sehertum der Frau. Nicht nur den offiziellen Seherinnen, sondern vielen Frauen aus dem Volk wurden – wie Tacitus berichtet – mantische, also schicksalskundige und seherische Fähigkeiten zugeschrieben. Neumann sieht diese Fähigkeit tief im Wesen der Frau begründet. Während »die Männerwelt in der Entwicklung des männlichen Bewusstseins und des rationalen Geistes zu ihrer spezifischen Eigenleistung gekommen ist, ist die Psyche der Frau in weit höherem Maße auf die Produktivität des Unbewussten angewiesen, die mit einem von uns deswegen als ›matriarchal‹ bezeichneten Bewusstsein eng zusammenhängt. Dieses matriarchale Bewusstsein, das weitgehend auf der Partizipation mystique des Menschen mit der Umwelt beruht, und in dem teilweise noch eine Ungeteiltheit von menschlicher Psyche und außermenschlicher Welt wirksam ist, bildet aber auch gerade die Grundlage für die magisch-mantische Fähigkeit der menschlichen Persönlichkeit. Das matriarchale Bewusstsein ist mit seiner größeren Nähe zu dieser Wirklichkeit und mit seiner großen Offenheit den Mächten des Unbewussten gegenüber gerade im weiblichen Menschen ursprünglich stärker und weniger durch die abstrahierende Form des patriarchalen Bewusstseins überdeckt.«[161] Dabei tritt der Frau die Geistseite des Unbewussten als unsichtbar erregender und bewirkender, befruchtender und inspirierender Geist aus ihr selber entgegen.

Auch uralte Mittel wie »Isolierung, Hunger, Ertragen von Schmerzen, Einnahme mannigfach erregender Rauschmittel ..., durch das Kauen von Pflanzen wie Lorbeer und Efeu«, die alle zum Urwissen des Weiblichen gehören, dienen der Vorbereitung zum magisch-mantischen Tun und »setzen nur eine natürlich vorgegebene Möglichkeit der weiblichen Psyche in Bewegung, durch die sie von jeher als Schamanin, Sybille, Priesterin und weise Frau innerhalb der Menschheit gewirkt hat«[162]. Die Ekstase der Seherin stammt aus ihrer Überwältigung durch den in ihr aufsteigenden Geist der Tiefe, des Unbewussten, der in rhythmischen Sprachbeschwörungen aus ihr zu sprechen vermag: So »ist sie das Zentrum der Magie, des magischen Gesangs und schließlich der Dichtung« geworden.[163] Immer wieder finden wir dieses mantisch-tätige Weibliche wie bei »Die Nixe im Teich« und »Die Gänsehirtin am Brunnen« verbunden mit Wasser, Nacht und Mond, aber auch mit Flöte und Spinnrad, mit Kessel und Kamm, mit Feuer und Herd, Musik und Tanz. Wie verbreitet die Vorstellung von einer Seherin Hulda noch zu Luthers Zeit war, zeigt, dass dieser in aller Unbefangenheit eine israelische Seherin Chulda mit dem Namen der vertrauten deutschen Hulda übersetzt.[164]

Zur weisen Frau als Seherin gehören die mit den Musen und schließlich mit der Sophia verbundenen Inspirationsmysterien, die über Ekstase und Inspiration zur Schau und schließlich, wo der weite Überblick gewonnen ist, wie etwa bei einer Seherin wie Hildegard von Bingen, zur Weisheit führen. Bis hin zum apokalyptischen Sehertum kann die visionäre Fähigkeit der Frau führen: die Völuspa, das Lied vom Untergang der Welt, wurde in der Edda von Völva gesungen. Hier werden auch die Todesmysterien sichtbar und spürbar, die die Frau als Seherin verwaltet: Hekate und Kali, aber auch die alte Hei und Teufels Großmutter stehen als göttliche Mächte hinter diesem Bereich, wie alle die alten Tod-im-Leben-Göttinnen auch.

Ich möchte zurückkommen auf das Bild, das wir zu Anfang für die weibliche Weisheit, die Sophia, gebrauchten: dass sie wie eine Blüte immer auf der ganzen Blume mit Stängel und Wurzel aufruht. Eine ähnliche Darstellung finden wir in einem indischen Triumurtibild[165] – die indische Religion hat den weiblichen Weisheitsaspekt sehr subtil entwickelt –, wo die Basiselemente den Lotos der Sophia tragen. Zuunterst lagert hier die Schildkröte als Bild der Erdmutter; ihr ruht der Totenschädel als Bild der Tod-im-Leben-Mutter auf, mit dem Gegensatzaspekt der ihm entströmenden beiden Wandlungsflammen; und über diesem schließlich erhebt sich der Lotos als die Blüte aus Leben und Tod: die Sophia. Zugleich leuchtet die Sophia auch in dem Lichtkreis auf, der alle drei Aspekte des großen Runden, der Großen Mutter umfasst. Neumann schreibt in »Die Große Mutter« zu diesem Bild: »Alle diese Symbole, Schildkröte, Todesgefäß und Blüte, sind aber matriarchale Wandlungssymbole des großen Weiblichen.«[166] Als aufsteigende Symbolreiche aber entsprechen sie den »Stadien der Selbstentfaltung des weiblichen Wesens«[167]. Damit sind wir zuletzt auf die Begegnungsmöglichkeiten mit der Sophia, der weisen Frau in uns selbst verwiesen: wie sie sich in unseren Träumen, Bildern und Visionen, aber auch in unseren Projektionen und gelebten Beziehungen auch heute immer wieder ereignen.

5. Die weise Frau in uns
Wie das Bild der alten Weisen unsere Vorstellung vom Alter verändert

Begegnung mit der alten Weisen im Traum

Ein junger Mann, Anfang 30, träumt, er begegne, während er in einem Bauernhaus leise die Treppe zur Schlafkammer emporsteigt, der alten Bäuerin, die noch immer in der Küche tätig ist und ihn dabei bemerkt. Sie sagt ihm, er werde den Tod an dessen Unterschrift erkennen, jedoch die Auferstehung an einer Schnecke. Das Auftauchen der Bäuerin und dieser Ausspruch kommen ihm so unerwartet, dass er nicht reagieren kann, dass er tut, als habe er es gar nicht gehört, und weitergeht. Da kommt ihm eine Magd der Bäuerin einige Stufen nachgestiegen und sagt ihm ausdrücklich noch einmal, es sei aber ernst gemeint, und er werde die Auferstehung daran erkennen, dass ihm eine Schnecke über die Augen krieche.

Der junge Mann ist gesund, der Gedanke an den physischen Tod ist sehr weit weg für ihn: er ist allerdings in einer inneren Veränderungs- und Wandlungssituation, sein bisheriges Bild von sich selbst und die Werte der Leistungsbezogenheit, die er vom Vater her übernommen hat, sind ins Wanken geraten. Die innere Erschütterung seiner Werte und Einstellungen ist so stark, dass sie ihn manchmal wie ein Sterben anmutet. Indem er zu dieser Zeit im Traum in einem Bauernhaus wohnt – in Wirklichkeit wohnt er in der Großstadt –, ist er bereits zu einer mehr ursprünglichen Lebenseinstellung zurückgekehrt. Aber nun begegnet ihm diese alte Bäuerin, die sogar nachts noch in der Küche – also im Blick auf Nahrung und Wandlung – tätig ist, und spricht ihn ohne Umschweife auf Tod und Auferstehung an, auf die Zeichen, woran er diese beiden erkennen kann und wird. Es würde jetzt zu weit führen, den ganzen lebensgeschichtlichen und auch symbolgeschichtlichen Hintergrund dieses Traumes aufzurollen: Er scheint mir jedoch typisch zu sein für eine Begegnung mit der alten Weisen im Traum, wie sie heute und immer geschehen kann und wie sie bemerkenswert an jene alte Weise im Märchen erinnert, die den jungen Mann in die Last und auch die Tiefe des Lebens einweiht.

Die alte Bäuerin hier erweist sich als Wissende im Blick auf den Tod und seine Erkennungszeichen, seine Unterschrift, sowie auf die Auferstehung und ihr Symbol, die Schnecke. Die Schnecke ist in zahlreichen Kulturen ein lunares Symbol, da sie ihre Fühler und sich selbst wechselnd zeigt oder zurückzieht, insofern ein Bild des ständig zu- oder abnehmenden Mondes: in dieser Hinsicht auch ein allgemeines Symbol stetiger Erneuerung. Wie die Muschel erinnert auch die Schnecke an das weibliche Geschlechtsorgan und gilt deshalb in indianischen Kulturen als Symbol für Empfängnis, Schwangerschaft und Geburt. Im christlichen Bereich gilt sie als Auferstehungssymbol, da sie im Frühjahr den Deckel ihres Gehäuses sprengt, wie bei der Auferstehung Christi der Stein, der auf dem Grabe lag, hinweggehoben wurde.

Die alte Bäuerin weiß um Tod und Leben als eine, die bis in die Nacht hinein an der Vor- und Nachbereitung von Lebensmitteln schafft. Sie ist zugleich eine Gestalt, die mit dem jungen Mann von sich aus Kontakt aufnimmt und ihm ein Zeichen gibt, das er offenbar braucht, auch wenn er es erst überhören will.

Eine Magd, die verstärkende Figur einer Helferin, muss sie dem jungen Mann nachschicken, bis er den Ernst der Botschaft begreift. Es ist übrigens möglich, dass sich diese Botschaft in irgendeinem Sinn auf seine Eltern bezieht, denn im folgenden Teil des Traumes kommt ein altes Paar vor, wobei der Mann furchtbar erschrickt, als er plötzlich auf einer Kiste ein Zeichen sieht, das er als Unterschrift des Todes erkennt. Am wahrscheinlichsten bedeutet der Traum im Zusammenhang jenes lebensgeschichtlichen Kontextes, dass der innere Vater, das väterliche Normengefüge, für den Träumer am Zusammenbrechen ist, sterben wird. Die Stimme der weisen Alten, die in ihm selber spricht, weiß das. Sie weiß auch, dass die Auferstehung langsam auf ihn zukommen wird, wie eine Schnecke; und dass er ganz nahe am Boden liegen muss, wenn es auch nur vorstellbar sein soll, dass eine Schnecke über sein Gesicht kriechen kann.

Der Traum sagt implizit auch aus, dass der leistungsbezogene Vater dieses jungen Mannes die Unterschrift des Todes überhaupt noch nicht an sich herangelassen hat, nun aber, bei seinem plötzlichen Auftauchen sehr erschrecken und ins Schwanken kommen muss. Auch für den Sohn steht die Kiste mit der Unterschrift des Todes im Zusammenhang mit seinem bisherigen Beruf, den zu wechseln er im Begriff ist, um innerlich auferstehen zu können. Auf solche und ähnliche Weise kann die Alte in den Träumen heutiger Menschen begegnen, immer dann, wenn wir sie nötig brauchen.

Das Imaginieren der alten Weisen

In der Imagination können wir sie darüber hinaus auch rufen. In Situationen, in denen wir wirklich sehr ratlos sind, können wir versuchen, in der inneren Vorstellung auf eine solche Ratgeberin zu warten, sie vielleicht sogar um ihr Kommen zu bitten. Verena Kast schlägt in ihrem Buch »Imagination. Zugänge zu inneren Ressourcen finden« etwa folgende Imaginationsanweisung vor: »Sie haben eine schwierige Aufgabe vor sich. Sie ahnen mehr, als dass Sie wissen, was Sie suchen müssen. Sie machen sich auf den Weg, denn dass Sie auf den Weg müssen, das wissen Sie. Sie kommen an einen Waldrand, da sitzt eine Gestalt …, eine alte Frau. (Wenn ein anderer Mensch da sitzt oder ein Tier, folgen Sie Ihrer Imagination.) Diese Gestalt bittet um Nahrung, fragt Sie, woher Sie kommen und wohin Sie wollen. Geben Sie so gut wie möglich Auskunft und warten Sie auf einen Rat.«[168]

Wie in den entsprechenden Märchen auch, kann die Gestalt, die jetzt auftaucht, unscheinbar, unansehnlich sein, und der Rat, den sie gibt, auf den ersten Blick verwunderlich, absolut unerwartet. Doch dies gerade wären die Merkmale einer solchen echten Begegnung mit der alten Weisen.

Wenn sie allzu sehr unseren persönlichen Müttern, Großmüttern oder Lehrerinnen gleicht und auch deren Meinung vertritt, wäre das viel eher ein Grund, vorsichtig zu sein. Denn dann könnte es sich wirklich nur um eine Erinnerung an die Autoritätsfiguren unserer Kindheit, um autoritäre Stimmen aus dem Bereich des Elternkomplexes beziehungsweise der Freud'schen Überich-Instanz handeln; während doch die Hinwendung zur alten Weisen gerade eine Möglichkeit zur Herausentwicklung aus dem Mutterkomplex oder Elternkomplex bieten könnte: »Hinter den Müttern und Vätern können wir auch die Archetypen des/der alten Weisen erkennen, d.h. eine Weisheit in Betracht ziehen und akzeptieren, die losgelöst ist von den Autonomiekämpfen und Ablöseproblemen, die wir mit unseren tatsächlichen Eltern haben, losgelöst von unseren Abgrenzungsproblemen, die wir haben, weil wir unseren Eltern gleichen und doch auch ganz individuelle Menschen, wir selbst, werden müssen.«[169] Es ist unabdingbar, solche Imaginationen daraufhin zu befragen, wie weit sich hinter den hier erscheinenden Figuren die Erinnerungen an unsere Mutter, Großmutter oder Lehrerin verbirgt: »Denn wenn wir Vatersätze und Muttersätze in unserer Seele für den Rat eines alten Weisen oder einer alten Weisen halten, dann verbauen wir uns den Zugang zum alten Weisen / zur alten Weisen, ein Zugang, der vielleicht im Moment noch nicht gangbar ist, als Weg der Sehnsucht aber offen gehalten werden könnte.«[170]

Bei einer meiner Analysandinnen, Mitte 40, ist dennoch eine ehemalige Lehrerin und Schulleiterin zu solch einem Bild der weisen Frau verdichtet worden, was sich daraus ergeben konnte, dass jene Frau für sie bereits in der Schulzeit ein Inbegriff intuitiver Weitsicht und kreativer Intelligenz gewesen war, die immer wieder unerwartete Lösungen für scheinbar heillos verzwickte Situationen fand, indem sie den Konflikt jeweils auf eine neue Ebene zu heben vermochte.

Für eine andere junge Frau, Anfang 30, ist die Psychotherapeutin, die mit ihr als letzter Patientin arbeitete und aus Altersgründen die Praxis beendete, schließlich zum inneren Bild der alten Weisen geworden, mit der sie in ihren Imaginationen alles besprechen kann, für das sie von sich aus keine Lösung mehr weiß. Gerade dass diese Frau ganz aus den Belastungen des Berufslebens herausgehoben ist, macht sie nun, wie die weisen Frauen der Märchen auch, besonders geeignet dafür, zum Bild einer immer gegenwärtigen und aufsuchbaren Gesprächspartnerin der imaginierten Dialoge ihrer ehemaligen Patientin zu werden.

In Gestalt eines weisen Tieres wiederum – einer Seekuh – erscheint die weise Alte schon seit mehreren Jahren in den Imaginationen einer sehr natur- und tierverbundenen Frau, Ende 30, die schon in Situationen äußerster Ratlosigkeit, auch beim Tod geliebter Menschen, bei der Seekuh Rat und tröstende Geborgenheit fand. Sie konnte sich an die Seekuh anschmiegen, auf ihrem Rücken reiten, und während dieses stillen, vertrauten Zuwartens und Ausruhens meditierte gleichsam auch die Seekuh und vermochte ihr immer neu tiefgründige Durchblicke und Einsichten zu vermitteln.

In ihrer großen Angst um die vom Tod bedrohte Freundin fand eine meiner Bekannten erst dann ihr Gleichgewicht wieder, als sie ihre Angst vor dem Tod zu imaginieren begann und dabei den Tod, der erst mit schwarzem Schlapphut wie ein Mafiosi aufgetreten und später wenigstens als dunkler Engel erschienen war, schließlich in der Gestalt einer weisen Alten, die Hekate glich, erblickte und in ihrer Gestalt zum ersten Mal auch des Weisheitsaspektes des Todes innewerden konnte.

Wie durch das Gestalten von Bildern überhaupt – C. G. Jung betrachtet das Malen als eine Form der Aktiven Imagination[171] – auch die Gestalt der alten Weisen erstehen kann, haben wir bereits an den Bilderserien gesehen, die zu den Märchen »Die Gänsehirtin am Brunnen« und »Die Nixe im Teich« entstanden sind. Hier wurde die Begegnung mit der alten Weisen sowie die Auseinandersetzung mit ihr jeweils durch ein Märchen induziert, in dem die alte Weise in ihrer typischen Art begegnete. Wer das Märchen hört und sich darauf einlässt, kann also auch durch innere und äußere Weitergestaltung an ihnen mit der alten Weisen in Kontakt kommen und dabei erleben, wo und wie er sie in seiner eigenen Lebensgeschichte braucht.

Nicht nur durch Träume, Imaginationen, Märchen und Bilder kann uns die alte Weise, die weise Frau überhaupt begegnen, sondern auch durch Film und Literatur, durch historische und zeitgenössische Gestalten hindurch, letztlich durch die Faszination von weisen Frauen unserer Gegenwart.

Weise Frauen in unserer Lebenswirklichkeit heute

Es ist anregend und macht nachdenklich, die jeweils eigene Geschichte von Faszinationen durch eine weise Frau, eine weise Alte, mitzuverfolgen und zu erinnern. Die erste erneute Faszination durch das Bild der alten Weisen erfährt der junge Mensch nach den Großmüttern der Kindheit häufig durch eine Lehrerin, die während seiner Schulzeit oder später in der Ausbildungszeit für ihn wichtig wird. Mich hat seinerzeit eine der ersten prominenten deutschen Theologinnen fasziniert, die es überhaupt gab: eine Kierkegaard-Forscherin, zugleich an der Emanzipationsgeschichte der Frauen engagiert, sie selbst schon in den hohen Siebzigern, als ich sie kennenlernte. Sie vereinte eine glühende Ergriffenheit durch das Geistige, durch Sophia, mit einer fast kindlichen Lebensfreude, unverwüstlichem Sinn für Humor und Narretei und einer rührenden Dankbarkeit für alle Hilfsbereitschaft, die man ihr in den praktischen Dingen des Lebens leistete, mit denen sie nur selten ganz zurechtkam. Sie war trotzdem – oder gerade wegen all dem – eine weise Frau: nicht zuletzt auch deshalb, weil sie sehr persönliche und liebevolle Gespräche zu führen und Briefe zu schreiben verstand und so für viele eine echte Ratgeberin in religiösen Fragen und Krisen war. Wenn sie Vorträge und Seminare hielt, fühlte sie sich so stark in die historische Gestalt ein, von der sie berichtete, dass sie unvermerkt in deren Sprache – sei es nun dänisch, griechisch oder hebräisch – verfiel und minutenlang in dieser Sprache frei zitierte und weitersprach, ohne immer gleich daran zu denken, dass die Seminarteilnehmer diese Sprache nur in den seltensten Fällen beherrschten. Es wurde ihr niemals übel genommen, da sie wiederum gerade dadurch eine so starke und dichte Atmosphäre entstehen ließ, in der die geschichtlichen Gestalten geradezu präsent waren und die Funken ihres Geistes auf uns übersprangen.

Doch fühle ich mich nicht weniger von der natürlichen Weisheit einer Frau berührt, wenn ich von jener Kräuterfrau im Appenzellischen erzählen höre, die keines von denen je vergaß, die ihr begegneten: Approbierte Ärzte suchten immer wieder den Erfahrungsaustausch mit ihr, nicht ohne zugegebenermaßen von ihr zu lernen, wie im Nachruf der dortigen Tageszeitung anlässlich ihres Todes berichtet wurde.

Hildegard von Bingen – eine weise Frau, die Geschichte machte

Wie eine geglückte Verbindung der weisen Frau des Kräuterweibertypus mit dem der großen Wissenden erscheint mir die eine große Frauengestalt des Mittelalters, die mich – und zahlreiche andere mit mir – seit einigen Jahren fesselt und nicht loslässt: Hildegard von Bingen. Sie verbindet in ihrer Person und ihrem Werk, was bei anderen vielfach auseinanderfiel: das heilkundige Wissen und heilende Können der weisen Frauen, ehe sie noch zu Hexen erklärt wurden, mit theologischem Durchblick und mystisch-kosmischer Schau.

Auch war sie eine einzigartige Dichterin und Komponistin und hatte kühne, aufsehenerregende Vorstellungen von einer leibhaft-vollzogenen, farbenfrohen, klingenden Liturgie, mit Spiel- und Tanzelementen, in denen weibliches Erleben voll zum Tragen gekommen wäre. Vorurteilslos und sorgsam trägt sie das alte Heilwissen um Kräuter und Pflanzen in ihren Schriften zusammen und scheut sich nicht, magische Wurzeln wie die Alraune, die als Alraunenweibchen und -männchen wie kleine Hausgötter verehrt wurden, in ihrer Heilkraft anzuerkennen und zu empfehlen. Man solle die Wurzel mit frischem Wasser abwaschen und dann so zu sich legen, dass sie, vom Schweiß erwärmt, etwas von ihrer eigenen Kraft und Wärme an den Menschen abgeben kann. Dazu solle man sprechen: »Herr, der du den Menschen aus Lehm gebildet hast, hier lege ich dieselbe Erde, welche jedoch niemals gesündigt hat, zu mir, damit meine sündige Erde jenen Frieden, den dieselbe ursprünglich besaß, wiedererlange.«[172]

Wie unsere weise Frau in »Die Nixe im Teich« auch, weiß Hildegard um die Wirkung der Kräfte des Mondes auf das Wachstum der Pflanzen: »Werden edle und gute Pflanzen bei zunehmendem Mond von der Erde abgeschnitten oder entwurzelt, wenn sie reif sind, dann sind sie für Latwerge, Salben und Heilmittel aller Art besser, als wenn sie bei abnehmendem Mond eingesammelt wurden.«[173] Darüber hinaus nimmt sie noch weitreichende Einflüsse des Mondes auf den Menschen an: »Wächst der Mond zu seiner Fülle, dann mehrt sich das Blut im Menschen.«[174] Dies schreibt sie unbefangen, obgleich auf der ersten deutschen Nationalsynode im 8. Jahrhundert »das Sammeln und Zubereiten von Kräutern bei wachsendem oder schwindendem Mond« als Götzendienerei verurteilt worden war.[175] Hildegard selbst heilt mit schlichtem Wasser, mit dem sie zum Beispiel einen blinden Jungen berührt, durch Wort und Gebet, wie sie es den Heilungsgeschichten des Neuen Testaments abgelauscht hat. Natürlich heilt sie auch mit Kräuterauszügen, durch Besprechen und vor allem durch Handauflegen.

Hildegard ist weise Frau als »Prophetin der Deutschen«[176], wie sie schon zu ihrer Zeit genannt wurde, und als die sie, wie die Seherinnen der germanischen Frühzeit, die kosmischen und die geschichtlichen Ereignisse zusammenschaut und aus dieser Schau heraus die einzelnen Ratsuchenden von den Leuten im Volk bis hin zu jenen aus der geistlichen und weltlichen Führungsschicht Europas in Gespräch und Briefwechsel zurechtweist und zurechtbringt. Eines ihrer Gedichte möge ihren sophiaverbundenen Geist und ihre menschenfreundliche Weisheit zum Ausdruck bringen:

»Die Seele ist wie ein Wind, der über die Kräuter weht,
und wie der Tau, der auf die Gräser träufelt,
und wie die Regenluft, die wachsen macht.
Genauso ströme der Mensch sein Wohlwollen aus auf alle,
die da Sehnsucht tragen.
Ein Wind sei er, der den Elenden hilft,
ein Tau, indem er die Verlassenen tröstet,
und Regenluft, indem er die Ermatteten aufrichtet
und sie mit Liebe erfüllt wie Hungernde,
indem er ihnen seine Seele hingibt.«[177]

Dass Hildegard von Bingen heute nicht nur mich, sondern eine wachsende Gruppe von Menschen fasziniert, hat mit nichts anderem zu tun, als dass der Archetyp der weisen Frau heute bei einer großen Zahl von Menschen konstelliert ist und dass in ihnen selbst etwas von dem leben möchte, was in Hildegard lebte: Verbundenheit von Sophia und Natur, symbolisiert in dem Heiligen Grün, der sancta viriditas, wie der von ihr geprägte Ausdruck lautet.[178]

Weisheit des Alters – ein Mythos?

Was bringt nun aber die Konstellation des Archetyps der alten Weisen oder auch nur die Beschäftigung mit ihm für unsere reale Einstellung zum Alter, zu unserem Umgang mit alten Menschen mit sich? Es ist wohl keine Frage, dass der Archetyp der alten Weisen, wenn er konstelliert ist, wenn er uns ergreift, auch unsere Vorstellung vom Alter, vom Sinn des Altwerdens verändert und ihm eine neue Würde verleiht, vielmehr seine uralte Würde, die es bei allen früheren Völkern hatte, wiederentdecken lässt. Ich entdecke die Schönheit markant gewordener alter Gesichter, wenn ich von diesem Archetyp ergriffen bin, das Eigenwillig-Eigenartige, gerade auch in Frauengesichtern. Noch in den Beschreibungen der Hexe in den Märchen, hinter der sich oft die weise Alte verbirgt, tritt die Alte mit energisch-scharfen Zügen in Erscheinung: einer kühn gebogenen Nase, die physiognomisch für Mut und Willensstärke spricht; einem vorspringenden Kinn, das überall mit Durchhaltevermögen assoziiert wird. Haben diese Alten nicht oft die Züge eines Raben, des Vogels, der sprichwörtlich die Weisheit verkörpert? Es gibt aber auch überaus zart und differenziert gewordene Gesichter unter den Alten, zugleich durchsichtig, worin sich auch eine Durchlässigkeit für Spirituelles zeigt. Von solch einem Gesicht spricht die Gedichtzeile der Nelly Sachs über ihre Mutter: »… während die zarten Linien deines Hauptes schon fortsinken in Meeresnacht zu neuer Geburt.«[179]

Wer vom Archetyp der alten Weisen ergriffen ist, empfindet nicht selten eine Regung von Zärtlichkeit angesichts einer alten Frau, alter Menschen überhaupt; Zärtlichkeit, die noch vor allem Mitgefühl gegenüber der Hilfsbedürftigkeit und Zerbrechlichkeit kommt. Wer das Alter im Lichte der alten Weisen betrachtet, für die und für den ist es vor allem vom großen Loslassen gezeichnet, das man im Alter geschehen lassen muss, aber auch geschehen lassen darf. Wo dieses Loslassen vom Müssen zum Dürfen hinüberschwingt, kommt Gelassenheit auf, die größte Tugend des Alters, um die es von der Jugend beneidet wird: auf dem Boden dieser Gelassenheit schließlich wächst die Weisheit.

Unsere weisen Alten im Märchen gehen nicht mehr den Entwicklungsweg der Heldin oder des Helden, so sahen wir: sie leben bei sich, für sich, von den Früchten der Erde selbst, die sie aufsammeln, aber bereit, von ihrer Lebenserfahrung abzugeben, weiterzugeben, wann immer man ihrer bedarf.

Es gibt andererseits solche Alte, vor allem jenseits von 80, die gar nichts mehr tun, weder stricken noch lesen, noch reden: sie sitzen auf einer Bank, auf einem Stuhl, die Hände im Schoß und schauen – sind nur einfach da, noch da. Sinnlos gewordenes Leben? Auch wenn wir Jüngeren, sehr verunsichert angesichts so zweckfreien Lebens, am Sinn dieses Lebens zweifeln mögen, ist es doch Leben, das jenseits alles Leistens, alles Machens und Müssens in ein einfaches Dasein zurückgetreten ist: in einen Sinn diesseits und jenseits aller bewussten Sinngebung. »Die Ros ist ohn Warum«, sagte Angelus Silesius, der Mystiker, »sie blühet, weil sie blühet.«[180]

Die alte Weise ist, wie der alte Weise auch, in sich ein Symbol des Sinnes, der Sinnhaftigkeit des Lebens als solchem. Unter der Perspektive dieses Symbols kann das Alter nicht anders denn als sinnhaft gesehen werden, auch wo es uns diesbezüglich auf harte Proben stellt. »Seit ich nicht mehr gehen kann, sehe ich nicht mehr viel von der Welt«, sagt der eine, nicht ohne Bitterkeit. »Seit ich nicht mehr gehen kann, sehe ich die Blumen viel besser und betrachte sie viel länger«, sagt eine andere, ganz ohne Bitterkeit, schon unterwegs zur Weisheit des Loslassens. Sehr viel gilt es loszulassen im Alter: den Beruf und die Anerkennung, die der Beruf mit sich bringt; die körperliche Leistungsfähigkeit, der oft auch die geistige folgt; die Menschen, die Altersgenossen und Freunde, die einer nach dem andern sterben. Wie soll unter solchen Bedingungen dennoch die Vorstellung von einer Sinnhaftigkeit des Alters, das Bild des weisen Alten, aufrechterhalten bleiben?

Ein pensionierter Ingenieur, der in seiner Firma in leitender Position gewesen war, jetzt Ende 60, träumt immer wieder von geist- und temperamentvollen Frauengestalten, die schon oft während seiner Berufszeit vor dem Betriebsgebäude auf ihn gewartet hätten, eine in einer Kutsche mit ungeduldig scharrenden Pferden – und die er doch bei all der Hetze, in der er lebte, nie hatte wahrnehmen können. Erst jetzt kann er sie erkennen, überwindet seine lebenslange Scheu und erlebt mit dieser Traumfrau ungemein anregende, belebende Unternehmungen. Die Kutscherin führt ihn überall dorthin, wohin er sich sein Leben lang gesehnt, aber nicht getraut hatte: vom Tanzboden bis in Universitätsvorlesungen.

Gegen Ende der Therapie träumt sich der gleiche Mann als Regisseur eines Shakespeare-Stücks. Zum Regisseur fällt ihm ein, dass dieser alles in der Hand hat, das Stück aussucht, die Spieler: also ist auch er selbst jetzt wieder souveräner Regisseur seines Lebens geworden, nachdem er beim Übergang in die Pensionierung unter Depressionen, Ohnmachts- und Insuffizienzgefühlen gelitten und deshalb Therapie aufgesucht hatte. Zu Shakespeare meint er, in dessen Dramen ginge es immer so wild-emotional her, alle Leidenschaften und Gefühle kämen in seinen Stücken unzensiert heraus, Hass, Neid, Eifersucht, alles was er selbst ein Leben lang bei sich unterdrückt habe; aber auch Begeisterung, Ekstase, Freude. Ein solches Stück, also die ganze Skala der Emotionen durchzuspielen, lockt ihn jetzt. Er traut es sich auch zu. Er, dieser lebenslang pflichtbewusst-treue Mann, wagt nun Gefühle zuzulassen, die er zuvor nur unterdrückt hätte. Schließlich sagt ihm eine weibliche Stimme, er müsse dieses Stück nicht in der Bildungshochsprache, nicht in Französisch, einstudieren, sondern er könne es ruhig und leger in der vertrauten schweizerdeutschen Mundart bringen. Eine Freiheit von bisherigen Rollen- und Bildungszwängen wird ihm nun rundum zugesprochen. Diesen Traum zu träumen bedeutet, dass dieser Mann als alter Mensch souveräner geworden ist, als er es als junger je gewesen war: er kann so viel lassen, weglassen, was ihm früher lebenswichtig erschienen war, er ist viel gelassener geworden. Eigentlich war es auch sein Therapieziel gewesen, ein wenig weiser zu werden.

Doch gilt es in der Tat sehr viel aufzugeben, sehr viel loszulassen, wenn das Alter naht, bei der Pensionierung schon, erst recht beim Übergang zum hohen Alter, um die achtziger Schwelle herum: ist es nicht doch eine Überforderung, sich auch dann noch auf den Archetyp des weisen Alten/der weisen Alten zu beziehen?

Adolf Guggenbühl-Craig polemisiert in seinem pointierten Büchlein »Die närrischen Alten« geradezu leidenschaftlich gegen den Mythos von der »Weisheit des Alters«, der für ihn »ein korrupter, besonders schädlicher Mythos«[181] ist. Weil die Fragen, die Guggenbühl-Craig an unser Thema stellt, so besonders herausfordernd sind, möchte ich seine Argumente hier einbringen. Er geht dabei von der häufig zu beobachtenden Selbstüberschätzung der alten Menschen aus, die sich selbst mit dem Archetyp des weisen Alten oder der weisen Alten identifizieren. Die Vorstellung einer Altersweisheit könne sich keineswegs auf die gewonnenen Erfahrungen alt gewordener Menschen berufen: »Das Betonen der Erfahrung durch alte Leute ist mir sehr verdächtig ... Erfahrung hilft eine Situation auf dem Hintergrund von früher Erlebtem zu beurteilen. Das Problem ist aber: Erfahrung macht uns auch blind für die gegenwärtige Situation, denn jede Situation, jedes Problem und jede Schwierigkeit sind immer wieder ganz anders.«[182] Es ließe sich einwenden, dass es neben solchen Situationen, die untereinander unvergleichbar sind, durchaus auch vergleichbare gibt, auf die dann Erfahrungsweisheit auch anwendbar wäre.

Auch mit der Vorstellung, dass Individuation eine Funktion des Älterwerdens sein könne – eine Vorstellung, die Alter und Weisheit miteinander verknüpft –, sucht Guggenbühl-Craig aufzuräumen:

»Zeitlebens nähern wir uns unserem seelischen Zentrum und entfernen uns davon, werden mehr durch das Selbst geleitet oder weniger, sind uns bewusster oder weniger bewusst. Ein Mensch kann mit zwanzig Jahren bewusster sein, als er es mit sechzig ist – oder umgekehrt. Individuation, Selbstfindung, Bewusstwerdung ist nicht ein gradliniger Prozess, ein ›Fortschreiten‹, sondern ein Tanz um ein Zentrum, dem man sich nähert und von dem man sich wieder entfernt.«[183] Im Gegensatz dazu sieht Jung den Individuationsprozess im Bild einer Spirale, das durchaus die Kontinuität einer Entwicklung zulässt.

Dem Gewinn von Weisheit, meint Guggenbühl-Craig weiter, sei auch abträglich, dass der Mensch mit zunehmendem Alter immer mehr »den Kontakt mit dem kollektiven Bewussten und Unbewussten der Gegenwart«[184] verliere, den Puls des Lebens also, der sich aus diesen Quellen speist, immer weniger spüre und mitbekomme. Alt werden heiße im Gegenteil, »sich langsam zur historischen Figur zu entwickeln, vielleicht immer noch wichtig zu sein, aber eben nicht mehr in Kontakt zu stehen mit dem, was aktuell geschieht, eine Gestalt aus einem anderen Zeitalter zu werden«, die zwar noch viel zu sagen hat, aber gleichsam etwas, was »von historischem Interesse« ist, »Kommentar einer Welt, die Vergangenheit ist.«[185]

So lassen sich junge Leute, auch Kinder, gerne von den Alten erzählen, »wie damals alles war«, zum Beispiel während der Kriegszeit. Die alten Leute merken häufig selbst nicht, dass sie bei den Veränderungen des »kollektiven Bewussten und Unbewussten« nicht mehr recht mitkommen, glauben typischerweise, dass die Jungen die Orientierung verloren hätten. »Alter ist«, schreibt Guggenbühl-Craig, »nicht charakterisiert durch Weisheit, sondern durch Defizit, durch Zerfall, durch Krankheit, durch Demenz, durch Verlust des Kontakts mit dem kollektiven Unbewussten und am Schluss durch den Tod.«[186]

Dem Archetyp der oder des alten Weisen, der ihm wie ein »Anxiolytikum gegenüber dem Altern« erscheint, stellt er als den realistischeren den Senex-Archetyp gegenüber, den des Greises, der Greisin: »Das Bild des Senex-Archetyps ist furchterregend, ganz im Gegensatz zum Bild des Archetyps des Kindes. Bei diesem geht es um das Neue, das Kreative, das Hoffnungsvolle, um Wachstum und Zukunft. Ganz anders mit dem Alter: hier besteht keine Hoffnung, kein Wachsen – Alter hat keine Zukunft.«[187] Ein weiterer Hinweis darauf, dass die Vorstellung von einer Weisheit des Alters nichts als ein Anxiolytikum sei, ist für Guggenbühl-Craig die Tatsache, dass Alter immer mit der Möglichkeit der Senilität, der Demenz verbunden ist: »Indem wir nun Weisheit mit dem Alter verbinden, die Weisheit, die ja sehr schwierig festzustellen ist, erreichen wir psychologisch viel. Wir lindern damit unsere Angst vor der Pathologie des Alters.«[188] Wenn auch junge und jüngere Menschen mittun bei der Vorstellung des/der alten Weisen, so nach Guggenbühl-Craigs Ansicht vor allem deshalb, weil auch sie Angst vor der Pathologie des Alters haben; sieht der junge Mensch Weisheit im alten Menschen und nicht vor allem Zerfall und Tod, so kann er selber auch annehmen, einmal ein Weiser / eine Weise zu werden.

Einige positive und vor allem auch negative Beispiele sprächen für den Projektionscharakter des Mythologems vom alten Weisen. Ein Wirtschaftsfachmann konnte seine führende Stellung auch im hohen Alter behalten, obgleich seine intelligenten Fähigkeiten nicht mehr dieser Aufgabe entsprachen: »Während der entscheidenden Sitzungen projizierten die jüngeren Mitarbeiter ihre eigenen Erkenntnisse auf diesen alten Weisen. Nur schon seine Anwesenheit gab den Jüngeren die Sicherheit, dass Weisheit sich in ihrem Kreis befinde, und dies regte ihre eigene Weisheit an, von der sie allerdings glaubten, sie komme von dem alten Manne.«[189] Infolge seines Projektionscharakters kann das Mythologem auf jeden Fall wirksam werden und das Weisheitspotential in den Projizierenden selber wecken. Gefährlich wird es natürlich, wenn machtgierige Menschen das Symbol des alten Weisen oder der alten Weisen auf sich selbst projizieren: »Sie sind nicht mehr fähig, die geringste Einsicht in ihr eigenes Verhalten zu haben, und da Weisheit sowieso auf sie projiziert wird, korrigiert sie auch niemand mehr.«[190] Da zu alledem auch noch »eine Prise von göttlichem Mythologem« in das Bild des alten Weisen einschießt, erscheint er als ehrfurchtsgebietende Gestalt, »wie wenn er bereits über den Dingen schweben würde, durch die Dinge hindurchsehe und größeres transzendentales Wissen hätte als andere Menschen«[191].

So bedenkenswert es mir erscheint, dass Guggenbühl-Craig den Archetyp des alten Weisen nicht einfach auf alte Menschen projiziert wissen will, so scheint es mir doch auch, dass er dem archetypischen Charakter des Bildes von dem alten Weisen / der alten

Weisen mit seinen Argumenten nicht gerecht wird: es wirkt als solches doch primär in unserer Psyche, noch ehe wir es dadurch missbrauchen können, dass wir uns damit identifizieren oder es auf andere projizieren. Guggenbühl-Craig plädiert mit dem allem jedoch keineswegs gegen die Vorstellung, dass es Weisheit unter uns Menschen geben könne, überhaupt, sondern nur gegen ihre kategorische Verbindung mit dem Alter: »Sie kann sich mit jedem Lebensalter verbinden. Es gibt den weisen Menschen, sei er nun Kind, Erwachsener, alter Mann oder alte Frau. Wir kennen alle die Geschichte des weisen Kindes; zum Beispiel Jesus, der im Tempel lehrte; der Guru, der alte Lehrer, der weise Mann und die weise Frau können überzeugende Figuren sein.«[192]

Wie schon bei Jung das Bild des Greises durch das des Jünglings ergänzt wird und wir damit das Symbol eines Paares vor uns haben, wie in der weiblichen Mythologie Hekate als die Greisin immer durch Persephone, das Mädchen, ergänzt wird, so möchte Guggenbühl-Craig dem Bild des alten Weisen auch ein Gegenbild zur Seite geben, das des Narren: In der Tat ist die Verbindung von Weisheit und Narrheit eine uralte, die sich auch nicht allein auf das Alter erstreckt. Über diesen Umweg kommt Guggenbühl-Craig nun paradoxerweise doch noch zu einer Bejahung dessen, was Altersweisheit, recht verstanden, sein könnte, doch nun auf einer komplexeren Stufe: »Kann sich der alternde Mensch mit den schrecklichen Seiten des Älterwerdens konfrontieren, auch mit dem seelischen, geistigen und körperlichen Defizit, mit der Angst, immer mehr senil und dement zu werden, so gibt ihm das eine besondere Seelenqualität, die viel wertvoller ist, als die banale, abgeklärte Weisheit … Werden die eigene Narrheit, die Langsamkeit, das hoffnungslose Veraltetsein angenommen, so hat dies beinahe religiöse Bedeutung.«[193] Das Mythologem des »närrischen Alten« anzunehmen, heißt, es gerade abzulehnen, weiterhin als klug und weise angesehen zu werden, heißt, aus allen Rollenzwängen, Machtstellungen und Verantwortungen auszusteigen, schlicht unnütz und narrenfrei zu sein. Es liefe dem entgegen, wollte man mit gut gemeinten Programmen die alten Leute doch noch einmal »nützlich machen«. Wenn sie sich betätigen wollen, dann sollten sie dies einzig um ihrer selbst willen tun dürfen, weil es Spaß macht, und nicht, um sich noch mit ihren letzten Kräften sozial und politisch nützlich zu erweisen.

Es gibt in der Tat viele köstliche Beispiele von alten Menschen, die – mit Verlaub zu sagen – »so weise sind«, das Mythologem des närrischen Alten zu akzeptieren: »Der alte Narr ist kein trauriger Trottel, sondern ein freier Mensch. Die Freiheit, nach der junge Leute sich sehnen, welche versuchen, sozial auszuscheren, indem sie sich als Sennen auf die Alpen flüchten oder sinnlos in der Welt herumreisen, ist sein.«[194]

So beschloss ein alter Bauer, der praktisch nie aus seinem Heimattal herausgekommen war, in seinem achzigsten Lebensjahr mit großer Entschiedenheit, ins westliche Kanada zu reisen, von Vancouver aus mit einer historischen Eisenbahn durchs Land zu fahren, alte Farmen zu besichtigen und die wilde Natur zu erleben, die er sich ein Leben lang nur in der Fantasie vorgestellt hatte. Sein bescheidenes Erspartes sollte völlig dabei draufgehen. Die leistungs- und sparsamkeitsorientierten Söhne samt ihren Frauen schlugen die Hände über den Kopf zusammen, als sei der Alte nun gänzlich verrückt geworden; nur die Tochter, selbst noch Studentin, war weise genug, die liebenswerte Narrheit dieser Reise zu begreifen und ihren Vater dabei zu begleiten. Auch die stille, unabhängige Art, in der dieser Altbauer inmitten der Hektik und des Erfolgsmilieus seiner Umgebung in den letzten Jahrzehnten seines Lebens der Fischzucht in selbst ausgehobenen Weihern und der Bienenzucht nachging – oft meinte er, mitten auf der Wiese einzelne seiner Bienen zu erkennen –, hat etwas von der Weisheit an sich, die im Sich-Bescheiden und in der inneren Freiheit liegt.

Eine andere, mir gut bekannte Siebzigerin, kaufte sich einen neuen Strohhut, der mit einer lebensgroßen Apfelattrappe verziert war, und hatte ihr königliches Vergnügen daran, wenn es an Ampel- und Fußgängerüberwegen aus Verwunderung über ihr Apfelhütchen zu leichten Verkehrspannen kam.

»Die unwürdige Greisin«

Es ist nun schon viele Jahre her, seit ich die köstliche Verfilmung einer der kleinen Geschichten von Bertolt Brecht zum ersten Mal sah: »Die unwürdige Greisin«[195]. Seitdem sah ich den kleinen Film immer wieder, wann er überhaupt nur zu sehen war.

Der kostbare kleine Text handelt von Brechts Großmutter, die mit 72 Jahren, nach dem Tod ihres Mannes, zwei Jahre der Freiheit lebt und erlebt, quer zu den Erwartungen ihrer großen Familie an eine Witwe und eine Alte, weshalb ihr ja auch das Adjektiv »unwürdig« beigelegt wird.

Ohne Magd hatte sie ein Leben lang den Haushalt betreut, dazu das alte wackelige Haus mit der Lithografenanstalt ihres Mannes, hatte für ihn, seine zwei, drei Gehilfen und die fünf Kinder, die ihr von den sieben, die sie geboren hatte, geblieben waren, das Essen bereitet: »Davon war sie mit den Jahren kleiner geworden.«[196] Die Kinder waren bis auf das jüngste, das eine schwache Gesundheit, dafür aber eine große Familie hatte, weggezogen. So war sie nach dem Tod ihres Mannes allein im Haus zurückgeblieben. Ihre Kinder schrieben sich seinerzeit Briefe über das Problem, was mit ihr zu geschehen hätte. Einer konnte ihr bei sich ein Haus anbieten, während der Buchdrucker, ihr jüngster Sohn, mit den seinen zu ihr ins Haus ziehen wollte. Die Greisin aber verhielt sich abweisend, wollte nur von jedem ihrer Kinder, das dazu im Stande wäre, eine kleine Unterstützung annehmen, da die Lithografenanstalt ihres Mannes nichts mehr abwarf und Schulden anstanden: »Die Kinder schrieben ihr, sie könne doch nicht ganz alleine leben, aber als sie darauf überhaupt nicht einging, gaben sie nach und schickten ihr monatlich ein bißchen Geld.«[197]

Der Buchdrucker, der im Städtchen zurückgeblieben war, übernahm es, den Geschwistern über die Mutter zu berichten; aus dessen Briefen an Brechts Vater und dem, was dieser zwei Jahre später nach dem Begräbnis der Großmutter erfuhr, ergab sich ein Bild von dem, was in den zwei Jahren geschehen war. Der Buchdrucker konnte zunächst nicht fassen, dass seine Mutter alleine leben wollte und sich weigerte, seine Familie mit den vier Kindern, die in drei Zimmern lebte, in das nun leer stehende große Haus aufzunehmen; dass seine Mutter überhaupt nur eine lose Verbindung zu ihm und seiner Familie hielt, abgesehen davon, dass sie seine Kinder jeden Sonntag zum Kaffee einlud und der Schwiegertochter beim Beereneinmachen half. Auf schriftliche Rückfrage »was die alte Frau denn jetzt so mache«[198], antwortete er ziemlich kurz, »sie besuche das Kino!« Sich vorzustellen: eine einzelne alte Frau in einem Kino in jener Pionierzeit, wo die Filme in elenden Nebenlokalen von Gasthäusern vorgeführt wurden, nachdem die schreienden Plakate Morde und Tragödien der Leidenschaft angekündigt hatten, das überstieg die Imaginationskraft ihrer Familie. Und hinzu kam auch noch das hinausgeworfene Eintrittsgeld! Großmutter Brecht aber leistete sich dieses modern-verworfene Vergnügen und nahm sich ein unabhängiges Recht auf aufgewühlte Gefühle und Angstlust.

Dazu kam, dass die Alte nicht nur ihren Sohn, sondern den gesamten früheren Bekanntenkreis ihrer Familie zu meiden begann. Sie begann vielmehr damit, sich einen ureigenen Freundeskreis zu schaffen, in dessen Mittelpunkt ein Flickschuster stand, der in der ganzen Welt herumgekommen war, »ohne es zu etwas gebracht zu haben«[199], wie es in den Briefen ihres Sohnes hieß, und bei dem nachmittags stellungslose Kellnerinnen und Handwerksburschen herumsaßen. Es war jedenfalls im Sinne ihres Sohnes »kein Verkehr für meine Mutter«[200]. Es ist klar, dass die Alte niemals zu diesem Freundeskreis gefunden hätte, wenn sie die Erwartungen ihrer Familie auch nur im geringsten berücksichtigt hätte. Der jüngste Sohn und Buchdrucker deutete in einem Brief an, dass er seine Mutter auf diesen, in seinen Augen unangemessenen Umgang mit dem Flickschuster hingewiesen habe, darauf aber einen recht kühlen Bescheid bekommen habe: »Er hat etwas gesehen«[201], war ihre Antwort. – Und einer, der »etwas gesehen« hatte, war ihr wichtiger nach all den Jahren, in denen sie selbst nichts hatte sehen dürfen, als alles andere.

Etwa ein halbes Jahr nach dem Tod des Großvaters geht die Nachricht durch die Familie, dass die Mutter jetzt jeden zweiten Tag in den Gasthof essen gehe. »Was für eine Nachricht! Großmutter, die zeit ihres Lebens für ein Dutzend Menschen gekocht und immer nur die Reste aufgegessen hatte, aß jetzt im Gasthof! Was war in sie gefahren.«[202] Sie hatte die Würde gewonnen, diese »unwürdige« Greisin, sich selber etwas zuzugestehen, sich selber etwas zu gönnen, und das angesichts der missgünstigen Verständnislosigkeit ihrer ganzen Familie. Was für ein Mut steckt in dieser Frau! Es ist sehr subtil, wie Brecht die Emanzipationsgeschichte einer Frau und einer Alten zugleich hier ineinanderwebt, wie er in dieser Geschichte zeigt, wie die Freiheit des Alters zugleich die Frau in seiner Großmutter befreit. Dem nun um ihren Zustand ernstlich besorgten Sohn, Brechts Vater, der sie besucht, erscheint sie überraschenderweise in einer ganz ausgeglichenen Stimmung, alles ist blitzsauber im Haus, sie selber gesund.

Das Einzige, was auf ihr neues Leben hindeutet, ist, dass sie sich keine Zeit dazu nimmt, mit ihrem Sohn zum Grab ihres Mannes zu gehen, da sie stattdessen noch etwas anderes vorhat. Auch von dieser Konvention löst sie sich ab, und damit unausgesprochen auch von ihrem Mann und dessen Einstellung zur Frau. Auch lädt sie den Sohn, der sie besucht und vorsichtigerweise ein Zimmer im Gasthof gemietet hat, keineswegs ein, doch lieber bei ihr im alten Elternhaus zu wohnen – im absoluten Gegensatz zu früher, wo sie ihn noch eingeladen haben soll, bei ihr zu wohnen, auch wenn das Haus bereits übervoll war.

Ihre Selbstständigkeit ist ihr jetzt das Kostbarste geworden, was sie hat: Aber sie schien mit ihrem Familienleben abgeschlossen zu haben und neue Wege zu gehen, jetzt, wo ihr Leben sich neigte. »Mein Vater, der eine gute Portion Humor besaß«, schreibt Brecht, »fand sie ›ganz munter‹ und sagte meinem Onkel, er solle die alte Frau machen lassen, was sie wolle.«[203] Die Alte jedoch gesteht sich jetzt immer mehr zu: sie wird immer kühner in ihrem Selbstsein. Früher hatte sie sich nicht einmal mit hineingesetzt, wenn »die Bregg«, ein großes Pferdegefährt, für die ganze Familie gemietet war; jetzt hatte sie eine Bregg für sich alleine bestellt und war nach einem Ausflugsort gefahren, an einem gewöhnlichen Donnerstag.

Als Höhepunkt der Unternehmungen, die die Familie »vom Stuhl rissen«, kam zuletzt noch die Reise nach K., wohin die Alte fuhr, um ein Pferderennen zu besuchen. Ihr jüngster Sohn, der Buchdrucker, war jetzt durch und durch alarmiert und hysterisch, sodass er einen Arzt zugezogen haben will. Brechts Vater aber schüttelte den Kopf und lehnte die Hinzuziehung eines Arztes ab. Zu dem Pferderennen war sie nicht allein gefahren, sondern hatte ein junges Mädchen mitgenommen, das Küchenmädchen jenes Gasthofs, in dem sie an jedem zweiten Tag zu speisen pflegte; sie hatte einen Narren an ihr gefressen, nahm sie nun überallhin mit, kaufte ihr einen Hut mit Rosen, spielte Karten mit ihr, bei einem Glas Rotwein. Nun wagte die Greisin also auch noch eine persönliche Freundin zu haben! »Die Briefe meines Onkels wurden jetzt hysterisch, handelten nur noch von der ›unwürdigen Aufführung unserer lieben Mutter‹ und gaben sonst nichts mehr her.«[204]

Das Weitere wurde dem Erzähler von seinem Vater berichtet, der es wiederum aus Anlass der Beerdigung der Großmutter erfuhr. In Wirklichkeit lebte die Alte in diesen beiden letzten Jahren keineswegs üppig: ein wenig Eierspeise, etwas Kaffee und ihr geliebter

Zwieback waren ihr zur täglichen Nahrung genug. Dafür leistete sie sich einen billigen Rotwein, von dem sie zu allen Mahlzeiten ein kleines Glas trank. Das Haus hielt sie überaus rein, doch nahm sie darauf, ohne Wissen ihrer Kinder, eine Hypothek auf und gab das Geld – Genaueres erfuhr man nie – dem Flickschuster, bei dem sie in dieser Zeit so viel verkehrte und der nach ihrem Tod in eine andere Stadt zog und dort ein größeres Schuhgeschäft eröffnete. Auch diese Eigenmächtigkeit, ins Angesicht ihrer Familie hinein mit ihrem eigenen Haus und Geld zu machen, was sie wollte, forderte mehr als Courage. »Genau betrachtet lebte sie hintereinander zwei Leben. Das eine, erste, als Tochter, als Frau und als Mutter, und das zweite einfach als Frau B., eine allein stehende Person ohne Verpflichtungen, mit bescheidenen, aber ausreichenden Mitteln. Das erste Leben dauerte etwa sechs Jahrzehnte, das zweite nicht mehr als zwei Jahre.«[205]

Eine eigene Person war sie im Alter geworden, zum ersten Mal nicht mehr abgeleitet von einem oder mehreren anderen, weder vom Mann noch von den Kindern, sondern sie war sie selbst, ein Individuum. Noch weitere Freiheiten hatte sie sich geleistet, »die normale Leute gar nicht kennen: so konnte sie im Sommer früh um drei Uhr aufstehen und durch die leeren Straßen des Städtchens spazieren, die sie für sich ganz alleine hatte.«[206] Den Pfarrer, der der alten Frau einen seelsorgerischen Besuch machte, lud sie, wie allgemein behauptet wurde, ins Kino ein; ebenso immer wieder das befreundete Mädchen; und so war das Mädchen an dem Herbstnachmittag bei ihr, als sie starb, auf dem Holzstuhl am Fenster. Nicht einmal sterben musste sie allein: So trugen sie ihre neuen Freundschaften! Brecht sieht das Fazit ihres Leben so: »Sie hatte die langen Jahre der Knechtschaft und die kurzen Jahre der Freiheit ausgekostet und das Brot des Lebens aufgezehrt bis auf die letzten Brosamen.«[207]

Wie ein Lehrstück der Emanzipation hat Brecht diese kleine Prosaerzählung über die »unwürdige Greisin«, die wohl wirklich seine Großmutter war, aufgebaut: die er als Icherzähler gestaltet, der Informationen aus anderer Quelle aufnimmt, um sie vielfach in direkter und ironischer Redeweise wiederzugeben. Alle Freiheitsschritte der Greisin werden zunächst von dem neidisch-missgünstigen Sohn, dem Buchdrucker, dargestellt und kommentiert, sodass man sie nur aus dessen gebrochener Perspektive wahrnimmt, gelegentlich etwas aufgehellt durch die Perspektive ihres anderen Sohnes, des Vaters des jungen Brecht. Doch wird der ganze Mut, der in dieser Greisin steckt, gerade in der Brechung dieser Erzählung deutlich. Die Alte braucht tatsächlich die Courage, als Närrin zu gelten, sonst wäre sie auch zu ihren zwei Jahren eigenen Lebens nie gekommen. Zugleich war sie weise in ihrer Narrheit, in der sie unbekümmert alles realisierte, was sie zum wirklichen Leben brauchte und um endlich sie selbst zu sein.

Es scheint mir nach allem, was wir überlegt haben, zuletzt auch anhand dieser Brechtgeschichte, bedenkenswert, das archetypische Bild der alten Weisen nicht unreflektiert auf die Alten zu projizieren: auch wenn in uns allen, mehr oder weniger eingestanden, die Sehnsucht lebt, einmal einer alten Weisen zu begegnen, und wenn sich daran unser eigenes Wunsch- und Idealbild des Alters nährt. Es könnte jedoch durch diese Projektion ein neuer unerfüllter Erwartungsdruck auf die Alten entstehen, die dieses Bild nicht einlösen können. Nicht weniger wichtig scheint mir, dass wir uns nicht selbst – ob wir nun alt oder jung sind – mit diesem Bild identifizieren. Daraus könnte nur eine seelische Inflation entstehen, und an Stelle der Weisheit ergäbe sich eine aufgeblähte Pseudopersönlichkeit, die sich womöglich gar für unfehlbar hielte.

Bei diesem Archetyp – wie bei jedem anderen auch – kommt es gerade darauf an, sich nicht selbst mit ihm zu identifizieren, ihn aber auch nicht auf andere zu projizieren, sondern zu ihm in persönlichen Bezug zu treten. Statt der Projektion der alten Weisen auf andere Menschen oder gar Identifikation mit ihr – wie sie einer Lehrerin, Ärztin, Psychotherapeutin durchaus passieren kann –, ist der Bezug zu ihr wichtig, eine ständige Bezogenheit auf sie. Dies zu erleben ist jungen nicht weniger als alten Menschen möglich und ereignet sich immer wieder: im Traum, im Imaginieren und Gestalten, doch auch in den seltenen Begegnungen mit weisen Menschen – immer dann, wenn wir ein Quäntchen wirklicher Weisheit brauchen.

Psychologische Weisheitsforschung

Eine interessante »Probe aufs Exempel«, ob die Vorstellung von einer alten Weisen, die Vorstellung also davon, dass sich Alter mit Weisheit verbinden könne, nicht nur der symbolischen, sondern auch der empirischen Wirklichkeit standhalte, stellt die wissenschaftliche Weisheitsforschung dar. Diese wurde vor rund 30 Jahren von dem Entwicklungspsychologen und Altersforscher Prof. Paul Baltes und seinem Mitarbeiterstab am Berliner Max-Planck-Institut in der Abteilung für Bildungsforschung in die Wege geleitet und hat seitdem zu zahlreichen Veröffentlichungen mit differenzierten Ergebnissen geführt.[208]

Die von Baltes angestoßene Weisheitsforschung erscheint mir insofern auch für die Thematik dieses Buches erwähnenswert und relevant, als sie den wachsenden Gewinn von Weisheitswissen und gelebter, praktizierter Weisheit als ein Lebensziel betrachtet, das durch alle Lebensphasen hindurch angestrebt ist, doch gerade das Alter auch heute mit besonderem Sinn zu erfüllen vermag. Die symbolische Vorstellung, das Mythologem von der Altersweisheit, die Archetypik *der Alten Weisen* bzw. *des Alten Weisen,* würde sich – unter den Ergebnissen und Fragestellungen der Weisheitsforschung – möglicherweise als etwas erkennen lassen, das auch empirischer Beforschung standhält, da es letztlich auf allgemeinen Bedingungen der conditio humana beruht. Man fragte im Rahmen der Berliner Bildungsforschung letztlich auch danach, ob und wie sich ein Zugang zur Lebensweisheit, ein gewisser Grad an Weisheit also, im Laufe des Lebens erlernen und vielleicht sogar erüben lasse.

Wie also ist die Berliner Forschergruppe an das Phänomen der Weisheit herangegangen? Zunächst suchte man eine Definition zu erarbeiten, um sich darüber zu vergewissern und zu verständigen, was man unter *Weisheit* verstehen könne und müsse und verständigte sich zunächst auf eine Definition von Weisheitswissen als eine »hohe Einsichts- und Urteilsfähigkeit in unsicheren und schwierigen Fragen des Lebens«[209]. Nun galt es, psychologische Kategorien und Untersuchungsmethoden zu entwickeln, mit denen sich eine solche »Einsichts- und Urteilsfähigkeit« bei Versuchspersonen aus verschiedenen Alters- und Lebensverhältnissen, also aus dem Bevölkerungsquerschnitt, nachweisen und sogar nach einem gewissen Entwicklungsgrad und -stand einschätzen und beurteilen ließe.

Prof. Ursula Staudinger, seit den Anfängen dieser Forschung enge Mitarbeiterin von Paul Baltes, erläutert in einem Beitrag im Deutschlandfunk vom 27.4.2008 (»Vom Wesen der Weisheit«), auf welchem Wege sie schließlich mit dem seither sogenannten Berliner Weisheitsparadigma psychologisch zu arbeiten begannen: »Wie wir da vorgegangen sind, ist folgendermaßen: Wir haben entsprechend der Definition schwierige Lebensprobleme entwickelt, erst mal für fiktive Personen, also beispielsweise: ›Stellen Sie sich vor, jemand setzt sich hin und denkt über sein Leben nach und stellt dabei fest, dass er nicht das erreicht hat, was er sich einmal vorgenommen hat. Was könnte der Mann in solch einer Situation bedenken oder tun?‹ Und diese Art von fiktiven Lebensdilemmata legen wir dann den Teilnehmern an unserer Studie, die in unser Labor kommen, vor und dann bitten wir sie, laut über dieses Problem nachzudenken.«[210] Ein Tonband lief jeweils mit und nahm die Denkprotokolle auf, von denen inzwischen Tausende vorliegen. Zur Einschätzung der Denkprotokolle auf ihre Weisheitsqualitäten hin entwickelte das Berliner Team fünf Qualitätskriterien, die vor allem die Grade von Weisheitswissen zu ermessen suchten. Sie maßen es an:

1. den Graden eines vorhandenen *Faktenwissens* über grundlegende Lebensprobleme.
2. Am jeweiligen *strategischen Wissen* im Umgang mit diesen Problemen, den Strategien zur Entscheidungsfindung beispielsweise.
3. Diese Strategien wurden dahingehend befragt, ob die eingesetzten Mittel dem jeweiligen Ziel angemessen wären; danach wurde beurteilt, ob und wie der jeweilige *Lebensspannenkontext* berücksichtigt sei, wie weit die Versuchsperson das jeweilige Lebensproblem in seinem Zusammenhang mit dem Lebensalter, der Lebenssituation, aber auch mit kulturellen und historischen Kontexten zu verbinden wisse.
4. Es wird die Fähigkeit der Versuchsperson eingeschätzt, das *Wertesystem* anderer Menschen, die von einem Problem betroffen sind, zu erfassen und dieses in deren Wertesystem zu behandeln, auch wenn dieses anders gewichtet als das eigene: Es geht also um die Fähigkeit zur Wertetoleranz, dazu, die eigenen Werte zu relativieren, sowie um die Fähigkeit, kulturübergreifende Werte zu erkennen, z.B. im Sinne einer Orientierung am Wohl des anderen, einer Nächstenliebe, die in allen Religionen und Kultu-

ren ein hoher Wert ist, nach der einfachen Regel zu leben: »Was du nicht willst, das man dir tu, das füg auch keinem anderen zu.«

5. Als das fünfte und letzte der Weisheitskriterien gilt die Fähigkeit, mit den *Ungewissheiten* des Lebens umgehen zu können, sie zu erkennen und sich auf sie einzustellen. Dazu Ursula Staudinger in dem genannten Radiobeitrag: »Je weiter fortgeschritten jemand auf diesem Weisheitsweg ist, desto leichter wird es dieser Person fallen, immer relativ bestmögliche Lösungen erst mal zu finden – und immer sich aber klar zu sein, dass es jetzt nicht der Weisheit letzter Schluss sei, sondern ich muss aufmerksam bleiben, kriege ich neue Informationen, die meinen vorherigen Status relativeren – und dann muss ich die Größe haben zu sagen: ›Also, da habe ich einen Fehler gemacht, und jetzt weiß ich das, und ich muss das relativieren und muss jetzt die und die Entscheidung treffen.‹«[211]

Für die Auswertung der fünf Weisheitskriterien, die in einem Denkprotokoll enthalten sind – also Faktenwissen, strategisches Wissen, Lebensspannen-Kontextualität, Werterelativismus und Unsicherheitsbewusstsein – wurden je zwei Beurteiler ausgewählt, die zuvor auf die inhaltliche Bandbreite eines jeden dieser Kriterien sensibilisiert und trainiert worden waren. Als Beispiel für eine problematische Lebenssituation, zu deren Bewältigung es der Weisheit bedarf, wurde den Probanden folgender Vorfall nahegebracht:

»Jemand erhält einen Telefonanruf von einem guten Freund. Dieser sagt, er könne nicht mehr weiter, er werde sich das Leben nehmen. Der Proband oder die Probandin ist gefragt: Was könnte er/sie selbst und was könnte die betreffende Person in einer derartigen Lage bedenken oder tun? Wenn jemand nur entgegnete: »Ich würde dem Freund sagen, dass Selbstmord nie eine gute Idee ist. Man muss versuchen, ihn davon abzuhalten«, so würde der Weisheitsgrad dieser Antwort noch nicht als besonders hoch eingeschätzt. Sie ist zu simpel. Ein hoher Grad von Weisheit wurde dagegen in der folgenden differenzierten Einschätzung durch eine der Versuchspersonen wahrgenommen und ihr zugesprochen:

Ganz abgesehen davon, ob er es wirklich tut, »auf jeden Fall ist es ein unglaubliches Zeichen von Isolation und innerer Vereinsamung. Weiß ich, ob dieser gute Freund nicht depressiv oder krank ist? Also zunächst mal, meine ich, wäre es wichtig, bei diesem Telefonanruf immer wieder zu fragen: Warum? Wieso? Was ist los? Ist es schon öfters gewesen, dass du solche Gedanken hast? Aber ich glaube, dass es bei so einem ersten Signal noch gar nicht mal darum geht, jetzt da unbedingt in die Tiefe zu gehen, sondern ich denke einfach, dass es schon mal wichtig wäre, sich viel Zeit am Telefon zu nehmen und den anderen sprechen zu lassen. Dann glaube ich, dass man nicht ohne Hilfe anderer auskommt und dann auch versuchen müsste, den Freund dazu zu überreden und dafür zu gewinnen, einen Fachmann aufzusuchen. Ich würde wohl meinen, dass der Freund dem Freunde so lange helfen und zur Verfügung stehen muss, bis diese Gefahr gebannt ist. Es geht natürlich um die Sinnfrage – auch nach dem Sinn des Leidens. Wenn die Sinnfrage gekoppelt ist mit ganz konkretem Leid, wenn jemand querschnittsgelähmt oder schwer krebskrank oder auch ganz schwer schizophren ist, stellt sich diese Frage natürlich anders. Dann muss ich dem anderen zugestehen und würde es ihm auch sagen, dass diese Teile, die das Leben unmöglich machen, da wünschte auch ich, dass die sterben, aber ich hoffe dann doch, dass ein anderes Leben entsteht, ein sinnvolleres Leben.«[212]

Bei diesem Denkprotokoll könnte man nun fragen, welchen der fünf Weisheitskriterien es entspricht und inwiefern es dies tut. Zunächst fällt das hier selbstverständliche Faktenwissen um das Leben und mögliche Lebenssituationen auf: Die Umsicht im Bedenken dessen, was alles hier der Fall sein könnte (nach Kategorie 1) und auch die Berücksichtigung des persönlichen Lebenskontexts (nach Kategorie 3). Hinzu kommt der deutliche Bezug auf das Wertesystem des anderen: »Dann muss ich dem anderen zugestehen und würde es ihm auch sagen, dass diese Teile, die das Leben unmöglich machen, da wünschte auch ich, dass die sterben.« Hier werden Würde und Freiheit des anderen großgeschrieben, dass er – aus seiner besonderen Lage heraus – womöglich das Recht hätte zu sterben, ein Recht, das der Proband einem körperlich und seelisch ganz Gesunden vielleicht nicht zubilligen würde. Erfahrungsgemäß vermag es oft die suizidale Tat sogar zu verhindern, wenn dem betreffenden Menschen die Freiheit, sie zu tun und damit auch die Würde einer solchen Tat zugestanden wird.

Weise erscheint mir auch, dass hier die leidenden Anteile der Person als *Teile* jener Person und ihres Lebens betrachtet werden.

Der Proband gibt damit zu verstehen, dass das Leiden- und Sterbenwollen vielleicht doch nicht die ganze Person betrifft – und setzt dem Leiden, bei aller Offenheit und Unsicherheit der Zukunft (Kategorie 4), doch eine mögliche Hoffnung auf ein sinnvolleres Leben entgegen.

Besonders gelungen im Sinne eines weisen Zugangs zu dieser Situation – strategisches Wissen (nach Kategorie 2) – finde ich, dass der Proband die gegebene gegenwärtige Situation bewusst wahr- und ernst nimmt: dass er telefonisch angerufen wird, also aus dem Moment heraus reagieren muss und dass es in dem Moment noch gar nicht darum gehen kann, dem Freund gegenüber in die ganze Tiefe des Problems zu gehen, auch wenn er es in vorwegnehmenden Gedanken innerlich schon tut; dass es zunächst aber darum geht, sich viel Zeit am Telefon zu nehmen und vor allem den anderen sprechen zu lassen, zurückzufragen und sich ausführlich zu erkundigen: »Warum? Wieso? Was? Hast du schon früher und schon länger solche Gedanken gehabt?« Es geht eben darum – und das ist ernst zu nehmen –, dass es nicht irgendwer ist, der sich an ihn wendet, sondern ein guter Freund, und er schließt daraus, so einfach wie konsequent, dass er als Freund dem Freunde solange zur Verfügung stehen muss, bis die unmittelbare Gefahr gebannt ist. Hier zeigt sich das nicht relativierbare Wertesystem (nach Kategorie 4), das Wertesystem, das Nächstenliebe voraussetzt.

Vor allem wird auch ein unübersehbares Quantum an strategischem Wissen, Wissen um Lösungsmöglichkeiten (nach Kategorie 2) erkennbar, als Erste Hilfe nämlich: das Zuhören, das Teilnehmen, das sich Zur-Verfügung-Stellen. Im Weiteren wird darauf verwiesen, dass die Hilfe anderer möglich und vielleicht in diesem Ernstfall unentbehrlich ist, dass es zum Beispiel denkbar ist, einen Fachmann einzuschalten. Außerordentlich hilfreich und übereinstimmend mit meiner therapeutischen Erfahrung ist es wie gesagt auch, dem Gegenüber die Freiheit und die Würde eigener Entscheidung zu bestätigen, nicht ohne zugleich eine Hoffnung auf die Möglichkeit sinnvolleren Lebens – und sei auch das *Wie* in diesem Moment noch ungewiss – anzusprechen.

Schon nach der Auswertung der ersten Tausend solcher Denkprotokolle durch Ursula Staudinger und ihre MitarbeiterInnen im Rahmen des *Berliner Weisheitsparadigmas* erwies sich, dass die Intelligenzentwicklung für Weisheitswissen eine große Rolle spielt bzw.

dass ihr einerseits eine große Rolle zugesprochen wird, wobei sich andererseits bei der Untersuchung herausstellte, dass die Kurve der Intelligenzentwicklung vom zwölften Lebensjahr an bis in die 20er Jahre hinein steil ansteigt, um dann bis zum 75. bis 80. Lebensjahr auf einer Ebene zu verbleiben und danach dann abzuflachen. Dies macht deutlich: Ab einem gewissen Schwellenwert scheint hohe Intelligenz alleine nicht mehr besonders hilfreich auf dem Weg zur Weisheit zu sein, hohes Alter aber auch nicht, denn Flexibilität und Denkfähigkeit lassen mit dem höheren Alter nach, jedenfalls im Sinne der fluiden Intelligenz, während die kristalline, die sich auf bereits Gelerntes und dessen optimale Anwendung bezieht, nicht nur erhalten bleibt, sondern sich sogar noch steigern lässt.

Es stellt sich aber die Frage, die mit der Zeit auch Mitwirkende an der Entwicklung des Berliner Weisheitsparadigmas selbst vorbringen, ob nicht in der Definition von Weisheit als Weisheitswissen, die dem Berliner Weisheitsparadigma zugrunde liegt, eine zu hohe Gewichtung des Anteils an Wissen und Intelligenz enthalten sei. So gibt die österreichische Psychologin und Altersforscherin Judith Glück zu bedenken, der am Berliner Max-Planck-Institut entwickelte Test auf Weisheitsgrade sei womöglich so konstruiert, dass ältere Menschen in ihm ihre Stärken nicht in vollem Maß einbringen und sie gleichsam nicht *ausreizen* können: »Wir haben ja doch alle in den Köpfen die Idee, dass Weisheit mit dem Alter zu tun habe, dass weise Menschen nicht immer, aber doch oft älter sind. Weil Alter bestimmte Lebenserfahrungen und Perspektiven mit sich bringt. Das finden wir aber zum Beispiel in den Berliner Aufgaben nicht so.«[213] Auch wenn man schon mit 30 in der Lage sein kann, im Weisheitstest des Berliner Labors – einem Test vor allem von Weisheits*wissen*, wie Judith Glück findet – gut abzuschneiden, bedeute das noch lange nicht, dass eine Mehrheit von Menschen im frühen Erwachsenenalter schon in der Lage sei, in der Lebenspraxis auch weise zu handeln.

In ihrer eigenen Forschung wendet sich Judith Glück entsprechend ihrer kritischen Rückfragen speziell auch den realen existentiellen Situationen zu, in denen weises Handeln nottut, etwa wenn man wirklich von einem Freund erfährt, dass dieser sich umbringen will, und dies nicht nur als eine experimentelle Situation vorgelegt bekommt, sodass dann auch die eigenen Gefühle, die Angst um den Freund, eine Rolle spielen, die es unter Umständen noch erschweren, weise zu handeln. Nach Ergebnissen der Emotionsforschung sind jedoch alte Menschen im Durchschnitt besser als Jüngere in der Lage, Emotionen und Gefühle zu regulieren und sich nicht auf Dauer von ihnen überwältigen zu lassen. Auch wenn gewiss nicht alle alten Menschen in der Lage sind, weise zu handeln, werden doch in Umfragen, bei denen lebende Personen, die man als weise betrachtet, benannt werden sollen, immer wieder ältere Personen angeführt, sei es nun aus dem persönlichen Freundeskreis oder auch aus dem öffentlichen Leben.

Judith Glück also, die ihre Weisheitsforschung auch am Berliner Max-Planck-Institut für Bildungsforschung begonnen hat, sucht in den letzten Jahrzehnten ergänzende Wege, indem sie sogenannte »ganz normale Menschen« aus dem Durchschnitt der Bevölkerung noch einmal neu zu dem befragt, was sie spontan unter Weisheit verstehen. Auch hier wird immer wieder die Bedeutung von Wissen als Grundlage für Weisheit betont (gemäß der Kategorie 1 und 2 des Berliner Weisheitsparadigmas), aber doch mit einem besonderen, existentiellen Akzent, zum Beispiel: »Weise Menschen wissen viel, haben viel Lebenserfahrung, denken viel nach. Weise Menschen wissen, wie man mit Problemen umgeht, können gut Schlüsse ziehen und können gut Rat geben«[214] (das entspricht, wenn auch auf eine existentiellere Weise ausgedrückt, durchaus den Antworten, die man aus den Kategorien 1 und 2 des Berliner Weisheitsparadigmas kennt).

Eine *reflektierte Grundhaltung* im Sinne eines Nachfragens und Hinterfragens von Situationen, auch gegenüber dem ersten Augenschein, gehört nach diesen Umfragen auch für »ganz normale Menschen« unbedingt zur Weisheit dazu. Vor allem gehöre dazu, dass man auch selbstkritisch ist und versucht, sich selbst aus anderen Perspektiven zu sehen (so auch die 5. Kategorie des Berliner Weisheitsparadigmas) und die Dinge aus dem Abstand einer Vogelperspektive zu betrachten. Es ist in diesem Zusammenhang auch bemerkenswert, dass in der Kulturgeschichte immer wieder Vögel als Weisheitssymbole erscheinen, vom Ibis der Ägypter über die Eule der Griechen bis zur Taube der Christen, dort als Symbol für den Geist der Weisheit und des Friedens und für den Heiligen Geist.

Als weise versteht man im Volk vor allem auch solche Menschen, die ihre weise Einstellung in die Tat umzusetzen verstehen und nicht im Elfenbeinturm bloßer Weltbetrachtung verharren. Hier wurden zum Beispiel Nelson Mandela genannt, Mutter Teresa, Martin Luther King und auch der Dalai Lama. »Weise Menschen können die Dinge, die sie wissen, auch umsetzen, im Umgang mit echten Menschen und echten Problemen.«[215] Hier rührt sich auch eine leise Kritik an der experimentellen Darstellung von Problemen, wie sie in den sogenannten »Weisheitstests« den Probanden vorgelegt werden.

Besonderes Augenmerk findet in der Weisheitsforschung von Judith Glück auch der Bereich des Emotionalen, der jeweilige Umgang mit Emotionen, der wie gesagt, nach den Umfragewerten den Älteren besser zu gelingen scheint als den Jüngeren. Weise Menschen können sich – so die Ergebnisse von Glück – gut in andere einfühlen, lassen sich aber von ihren Gefühlen nicht überwältigen. Sie wissen ihre Gefühle besser zu regulieren, auszubalancieren und eine gewisse Seelenruhe auch nach erschütternden Ereignissen wiederzugewinnen. Auch Offenheit für neue Erfahrungen, ein Umdenkenkönnen unter neuen Bedingungen gehört zu einer weisen Einstellung, wie man bei diesen Spontanbefragungen des Bevölkerungsdurchschnitts erfährt.

Ein besonderer Forschungsbereich Judith Glücks galt den unterschiedlichen Vorstellungen von Weisheit, wie sie sich in den verschiedenen Lebensphasen und Altersgruppen, die sie befragte, darstellen.[216] Ihre Frage an die Menschen unterschiedlichen Alters war, wann sie sich schon selbst einmal als weise erlebt, wann sie weise gehandelt hätten. Einer Gruppe von jungen Erwachsenen in den Zwanzigern schien ihr Handeln vor allem dann weise gewesen, wenn sie anderen gut zugehört und Empathie hätten zeigen können. Sie erlebten sich als weise, wenn sie etwas von ihrem Gegenüber verstanden hatten. Dieser Vorstellung von Weisheit entspricht die entwicklungspsychologische Erkenntnis, dass es in dieser Lebensphase für junge Menschen sehr wichtig ist, selbst von anderen gesehen, gehört und verstanden zu werden, sich also in Beziehungen zu anderen zu definieren.

Von Menschen in den Dreißigern wiederum wurde weises Verhalten fast umgekehrt empfunden. Sie erlebten sich dann als weise, wenn sie in einer schwierigen Situation bei sich selbst geblieben waren und ihre Meinung auch gegen heftige Widerstände vertreten hatten. Es kam ihnen sehr darauf an, sich nicht zu verbiegen. Diese

Einstellung zur Weisheit erklärt sich entsprechend aus den Notwendigkeiten dieser Altersstufe, in der langfristige Lebensentscheidungen getroffen werden müssen, wie zum Beispiel darüber, wie Karriere und Familienplanung zu verbinden seien. Es geht für diese Generation bei Weisheit darum, Autonomie zu gewinnen und zu wahren, die eigenen Wünsche und Vorstellungen klar zu erkennen, zu ihnen zu stehen und sie durchzusetzen.

Die 60–70-Jährigen hingegen erlebten sich umgekehrt dazu gerade dann als weise, wenn es ihnen gelang, in problematischen Situationen gute Kompromisse zu finden, indem sie im Konflikt abwarten konnten, sich nicht gleich in Emotionen hineinsteigerten, sondern Ruhe bewahren konnten. Diese Einstellung hängt nach Judith Glück wiederum damit zusammen, dass man in der 60er Generation, auch wenn man heute in diesem Alter viel jünger ist als frühere Generationen, doch auch schon die Verluste, die das Alter mit sich bringen kann, auf sich zukommen sieht und aus dieser Position heraus allmählich lernt, auch Unvermeidliches zu akzeptieren, sich selbst zurückzunehmen. Als typisch für das, was als Weisheit assoziiert wird, gilt hier, dass man sich eben nicht mehr immer durchsetzen und nur auf eigene Zielsetzungen hinarbeiten wolle, sondern auch gute Kompromisse eingehen könne. Ebendies wird ein Grund sein, warum Weisheit oft mit dem Alter assoziiert wird.

Wie Judith Glück haben auch andere Mitarbeiterinnen des Teams um Paul Baltes – es waren bemerkenswerterweise vor allem die Frauen – die emotionalen, personenbezogenen und existentiellen Aspekte der Weisheit und des Weisheitserlebens hervorgehoben und diese Seiten spezieller Forschung unterzogen, sich also um ein komplexeres ganzheitlicheres Verständnis von Weisheit bemüht, wobei sie in so manchem über die Vorstellung von Weisheit als Weisheitswissen, also Expertenwissen hinausgingen. So hat Ursula Staudinger (langjährige Professorin für Psychologie und Abteilungsleiterin für Altersforschung an der Universität Bremen, die heute auch in den USA lehrt) eine stärker auf die Person bezogene Untersuchung durchgeführt, indem sie zu klären suchte, ob es einen Unterschied zwischen einer sogenannten *selbstbezogenen Weisheit* und der *allgemeinen Weisheit* gibt. So ging sie von der Erfahrung gelebter Freundschaft aus und stellte den Probanden die Aufgabe: »Denken Sie darüber nach, wie Sie als Freund oder Freundin sind«, und regte an, sich dabei »an schwierige und konfliktreiche Situationen unter Freunden zu erinnern und laut darüber nachzudenken.«

Das war die Ausgangssituation, selbstbezogenes Wissen zu erkunden, in dem Sinne, dass nicht mehr nur ein Wissen um das Leben allgemein gemeint ist, sondern eine Bewusstheit der jeweils eigenen Stärken und Schwächen im Umgang mit dem Leben. Gefragt wird, so Staudinger: »Welche Bewältigungsstrategien kennt jemand und setzt sie ein? Wie gut ist jemand in der Lage, von sich selbst zu abstrahieren« – also Abstand von sich selbst zu gewinnen –, »wenn er auf sich selbst schaut, also nicht, wenn er auf die anderen schaut, vielmehr auf sich selbst?« Und wie geht er im Blick auf sich selbst mit der Ungewissheitstoleranz um, von der das Berliner Weisheitsparadigma spricht, »wie ist es damit, wenn man auf sich selbst schaut?«[217], so fragt Ursula Staudinger ihre Probanden, indem sie gleichsam Kategorie 5 des Berliner Weisheitparadigmas in der Anwendung auf sich selbst einbringt.

Für die Psychotherapeutinnen und Psychotherapeuten unter uns – speziell die in der Psychologie C. G. Jungs geschulten – mag diese Perspektive sehr vertraut sein. Und wir können dem Ergebnis der Staudinger-Studie nur zustimmen, dass der unverstellte Blick auf sich selber schwieriger scheint, als anderen gute Ratschläge zu erteilen.[218] Unter tiefenpsychologischer Perspektive korrespondiert die Fähigkeit, andere zu verstehen und zu beraten, eng mit der Fähigkeit, sich selbst zu verstehen, einschließlich des eigenen Schattens. Sobald man selbst an einer Situation beteiligt ist, stößt man auf die Rolle der Emotionen und Gefühle, die einem den Blick trüben können. Wie also weise werden im Umgang mit sich selbst und wie die Weisheit, die jemand im Hinblick auf sich selbst gewonnen hat, anwenden?

Auch Ute Kunzmann (heute Professorin für Psychologie an der Universität Leipzig) widmet sich in ihren weiterführenden Untersuchungen dem Zusammenhang von Emotion, Gefühlsregulation und Weisheit.[219] Um diesen untersuchen zu können, präsentiert sie den Versuchspersonen – Menschen unterschiedlichen Alters und unterschiedlichen weisheitsbezogenen Wissensstands – Filme von hohem emotionalem Gehalt, zum Beispiel des Inhalts, dass eine Frau erfährt, dass bei ihr die Alzheimer-Krankheit diagnostiziert sei, eine Nachricht, mit der sie zunächst überhaupt nicht umgehen kann. Oder die Protagonistin eines anderen Films überlebt als einzige einen Autounfall, bei dem sie Mann und Kind verliert. Solche existentiellen Grenzprobleme werden durch diese Filme so dargeboten, dass auf das Emotionale fokussiert wird und keineswegs nur das intellektuelle Weisheitswissen angesprochen ist.

Während die Versuchspersonen die Filme sahen, wurden ihre Mimik per Video und auch ihre sonstigen körperlichen Reaktionen wie Pulsschlag und Hautleitfähigkeit kontrolliert. Nun zeigte sich überraschend, dass Menschen mit hohem weisheitsbezogenem Wissen in ihren spontanen Reaktionen auf solche Themen und Filme zunächst eher emotionaler reagierten als Menschen mit weniger Weisheitsbezug, da sie vermutlich – so der Interpretationsversuch von Ute Kunzmann – schneller als andere in der Lage waren, das Problem in seiner Ganzheit und Komplexität und seiner ganzen Bedeutsamkeit für das Gefühl zu ermessen. Nach einer gewissen Zeit des Nachdenkens jedoch waren die Menschen mit hohem weisheitsbezogenem Wissen deutlich besser in der Lage, ihre Gefühle zu reflektieren, zu regulieren und wieder in die eigene Mitte zu kommen als die Personen mit weniger weisheitsbezogenem Wissen. Kunstmanns Untersuchungen scheinen auch zu belegen, dass eine sichere Kontrolle und Modulation der Gefühle zu den wachsenden Fähigkeiten des Alters gehört.

Über den Umgang mit Emotionen hinaus hat Ute Kunzmann die Motivation und Ziele weisheitsbezogener Menschen untersucht und befragte sie, wofür sie ihre Talente im Handeln einsetzen. Auch Kunzmann testete die Probanden mithilfe des Berliner Weisheitsparadigmas zunächst auf ihr graduelles Weisheitswissen, gibt darüber hinaus aber Denkanstöße, die ein Erkennen der tieferen Motivation für das eigene Handeln ermöglichen, beispielsweise mit den Worten: »Sie haben zwei Stunden Zeit extra zu den 24 Stunden hinzu, was machen Sie mit dieser Zeit?« Auf diese Weise ließen sich wesentliche Werte und Lebensziele erkennen und benennen. Auch bei der Frage, wofür man eine Million Lottogewinn einsetzen würde, zeigt sich die grundlegende Lebenseinstellung.

Wer im Vergleich zu anderen relativ weise erschien – diese Probanden wiesen bereits im Berliner Weisheitsparadigma einen hohen Grad an Weisheitswissen auf –, der zeigte sich in Kunzmanns weiterer Untersuchung auch als mitmenschlich am Wohl der anderen interessiert und sozial engagiert. Zur Weisheit gehört offenbar auch das *Selbsttranszendierende*, nämlich ein Interesse am Wohlergehen der Mitmenschen, sowohl in der nahen Beziehung als auch in Nachbarschaft, Stadtteil, Land und schließlich der Welt. Ohne diese selbsttranszendierende Motivation könnten manche Aspekte des Weisheitswissens auch für selbstsüchtige Zwecke missbraucht werden, so Kunzmann. Doch fiel gerade auf, dass die Lebenseinstellungen von Menschen mit hohem Weisheitswissen grundsätzlich am Gemeinwohl orientiert sind.[220]

Die Wissenschaftlerinnen und Psychologinnen, die schon an der Entwicklung des Berliner Weisheitsparadigmas beteiligt waren, erforschen also die über dieses hinausführenden und ergänzenden Aspekte. So konnte Ursula Staudinger nachweisen, dass Menschen, die sich schon durch ihre Berufswahl und -praxis mitmenschlich und sozial engagieren – von der Sozialarbeiterin über den Familienrichter bis zur Hausärztin –, durch ihre vielfache berufliche Konfrontation mit existentiellen Problemen auch einen höheren Grad von weisheitsbezogenen Einsichten und Handlungselementen aufweisen. Allerdings ließ sich mit wachsender Berufsroutine oft auch schwindende Offenheit und eine wachsende Blindheit gegenüber neuen Einsichten beobachten: Routinisierung wurde auch als Gefahr für die Weiterentwicklung von Weisheit erkannt. Für die über das Berliner Weisheitsparadigma hinausgehenden Forscherinnen sind die Motivation, die das Handeln antreibt sowie die Neugier darauf, was das Leben ausmacht, letztlich wichtiger für die Gewinnung von Weisheit als angeborene Eigenschaften des Einzelnen wie etwa Intelligenz und Temperament.

Da diese Motivation nicht vorgegeben, sondern durch neue Einsicht auch wandelbar und trainierbar ist, stellt sich in diesem Zusammenhang die Frage, ob nicht auch Weisheit in einem bestimmten Rahmen lehrbar, lernbar und trainierbar sei – eine Frage, die sich die Mitarbeiterinnen und Mitarbeiter der Abteilung Bildungsforschung am Berliner Max-Planck-Institut schon von ihrer Grundausrichtung auf Bildungsforschung her stellten. Die schon erwähnte Judith Glück erfragte in diesem Zusammenhang, auf welchem Wege die Befragten meinten, dass man der Weisheit näherkommen könne, wie sich Weisheit erwerben ließe, und stieß dabei auf die drei charakteristischen Vorstellungen, die jeweils von einer Gruppe von Menschen vertreten wurden:

Die erste Gruppe setzt dabei vor allem anderen auf die Lebenserfahrung: »Weise kann man nur werden, wenn man viel erlebt hat, wenn man durchaus auch Schlimmes erlebt hat.«[221] Die zweite Gruppe hielt durchaus auch für maßgebend, dass man durch Beobachtung, durch Lesen, Lernen, durch Beobachtung der Erfahrung anderer, auch in der Begleitung durch einen Mentor, weise werden könne. Letztlich bildete sich noch eine dritte Gruppe heraus, die »ganz speziell die Spiritualität« bei der Gewinnung von Weisheit in den Vordergrund stellte und für unerlässlich hielt.[222]

Die Haltung der ersten Gruppe, die sich an der Lebenserfahrung als Hauptquelle der Weisheit orientiert, beobachtete auch eine weitere Studie von Ursula Staudinger mit Paul Baltes gemeinsam, die eine Gruppe von Personen aus dem öffentlichen Leben – von Berliner Journalisten ausdrücklich als *weisheitsverdächtig* ausgewählt – in folgendes Experiment verwickelte: Nachdem sie ihren Test nach dem Berliner Weisheitsparadigma absolviert hatten, schloss sich eine ausführliche Befragung über ihren Lebensverlauf an. Daran zeigte sich, dass der Anteil der Personen, die sich politisch engagiert und auseinandergesetzt hatten, die Älteren unter ihnen auch im Widerstand gegen die NS-Diktatur, überdurchschnittlich hoch in dieser Gruppe vertreten war. Es waren also auch solche Herausforderungen durch politische Ereignisse, an denen sie eindeutig gewachsen sind und auch ihre weisheitlichen Erkenntnisse gewonnen haben. Der *Weisheitsweg* darf also auch steinig sein, wie sich zeigt, während der *Wohlergehensweg* allein nicht allzu weisheitsfördernd zu sein scheint – es kommt aber letztlich darauf an, aus welcher Motivation sich ein Mensch in solche Auseinandersetzungen verwickelt, sich ihnen stellt, sie durchträgt und wie er sie vor allem verarbeitet.

Wichtig gerade auch im Zusammenhang mit dem Thema dieses Buches über die weise Frau, über die Archetypen der Weisheit, erscheint mir vor allem eine weitere Untersuchung von Ursula Staudinger, die zu erforschen suchte, was es für die Weisheitssuche bringt, wenn man dabei jeweils noch einen Mitmenschen einbezieht. So bat Ursula Staudinger ihre Probanden, jeweils einen vertrauenswürdigen Freund zum Test im Rahmen des Berliner Weisheitsparadigmas mitzubringen. Tatsächlich lagen dann, wenn während des Tests mit dem Freund gesprochen wurde, die Ergebnisse deutlich höher als bei dem, was die Betreffenden ohne das Gespräch mit dem Freund zuvor an Weisheitseinsichten gezeigt hatten.

Besonders bemerkenswert an dieser Studie ist nun der Hinweis Staudingers auf die Möglichkeit und Wirklichkeit eines *inneren Dialogs* mit einem für weise erachteten Menschen: »Wenn Sie über dieses Problem nachdenken, denken Sie auch daran, was Personen sagen könnten, deren Urteil Ihnen wichtig ist. Also die kleinen Stimmen im Kopf, die wir haben, sind offenbar auch sehr wichtig, wenn wir sie kultivieren, um weiser zu sein, als wenn wir nur über uns nachdenken.«[223]

Von hier führt nun aber auch ein unmittelbarer Weg zu dem inneren Dialog mit einer vorgestellten Person, die Weisheit verkörpert – egal, ob diese nun noch Züge einer real erinnerten Person hat oder ob sie eine Gestalt der reinen Imagination ist, die dem Unbewussten entspringt. Auch der Dialog mit solch einer imaginierten Gestalt, wie sie zum Beispiel die weise Frau, die alte Weise, verkörpert, vermag das Weisheitspotential der imaginierenden Probanden deutlich zu erhöhen. Da der innere Dialog mit diesen archetypischen Weisheitsgestalten im Rahmen der Aktiven Imagination nach C. G. Jung Problemlösungen ermöglicht und entsprechende Gefühle von Erleichterung und Befreiung freisetzt, die vor einem solchen inneren Dialog nicht möglich waren, scheint die Wirksamkeit von Aktiver Imagination zur Gewinnung weisheitlicher Einsichten unbestreitbar. Da die Aktive Imagination aber primär im Rahmen von psychotherapeutischen Behandlungen erfolgt und noch keinem Messverfahren unterworfen wurde, sind die Ergebnisse noch nicht exakt belegbar.

Die therapeutische Wirksamkeit des von C. G. Jung entwickelten und von verwandten psychologischen Schulen übernommenen und weiterentwickelten Verfahrens der Aktiven Imagination ist jedoch unübersehbar, etwa wenn ein innerer Dialog mit einer archetypischen Gestalt aus dem Unbewussten evoziert wird, indem man z. B. in der Imagination das Waldhaus einer alten Weisen auffindet und – von ihr zum Gespräch eingeladen – ein tiefes Beziehungsproblem mit ihr besprechen kann. Aus dem Munde der weisen Alten kommen Anregungen zu einem Verhalten dem Mann gegenüber wie im Grimm'schen Märchen *Die Nixe im Teich*, auf das die imaginierende Frau im bewussten Nachdenken nicht gekommen war. In der Folge von weiteren Imaginationen gelingt es, die Ratschläge der inneren weisen Frau zu befolgen, sie auch in der inneren Begegnung mit dem Mann umzusetzen, was schließlich –

nicht mehr nur in der Imagination, sondern in der realen Wirklichkeit des Lebens – zur Bewältigung des Beziehungskonflikts und zur Versöhnung mit dem Partner führt.

Archetypische Gestalten aus dem Unbewussten wie zum Beispiel die *alten Weisen* enthalten aber – als anthropologische Konstanten des Erlebens, des Abbildens und des Verhaltens – den ganzen unbewussten, transpersonalen Erfahrungsschatz der Menschheit und schließen uns deshalb auch an den Weisheitsschatz der Menschheit an, der sich in innerem Dialog dem fragendem Ich der Versuchsperson erschließt und sich auf die anstehende Situation und Problematik sich jeweils beziehen und anwenden lässt.

Die Psychologie des Kollektiven Unbewussten nach C. G. Jung ergänzt also die wissenschaftliche rationale Weisheitsforschung der Berliner Schule um die Dimension des sogenannten Unbewussten, in seiner personalen, aber auch in seiner überpersonal kollektiven Gestalt und Reichweite. Umgekehrt ergänzt die wissenschaftlich-psychologische Erforschung der Komponenten, die zur Weisheit beitragen, die aus dem Unbewussten geschöpfte symbolisch-archetypische Gestalt, also die *alte Weise*, durch Bewusstmachung und Zusammenschau der komplexen Komponenten, die Weisheit ausmachen. Die wissenschaftliche Weisheitsforschung erweitert also den zunächst unbewussten archetypischen Rahmen durch Bewusstsein und Bewusstheit. Sie »malt« gleichsam deren archetypische Umrisse konkreter und auf die empirische Wirklichkeit bezogen aus. Die symbolisch-archetypische Gestalt der Weisheit wiederum führt zu einem Verständnis von Weisheit, das ganzheitlich geprägt ist und auch spirituelle Dimensionen umfasst. Beides also, wissenschaftliche Weisheitsforschung und symbolisch-archetypische Weisheitsfindung, stehen in einem komplementären Verhältnis zueinander, in dem es kein Entweder-Oder gibt, sondern, recht verstanden, nur eine potentielle Zusammenarbeit durch ein einander Zur-Kenntnis-Nehmen und ein Einander-Durchdringen.

So gehören beispielsweise wissenschaftliche Weisheitsforscherinnen wie Ursula Staudinger, Ute Kunzmann, Judith Glück und auch Elisabeth Ardelt mit ihrem »dreidimensionalen Weisheitsmodell« (Judith Glück) durchaus in die reale Runde und in den Symbolkreis der *weisen Frauen*, denen es – wie schon denen in Märchen und Mythos – immer um die Ergänzung des noch Einseitigen zur größeren Ganzheit geht. So haben sie das anfangs etwas wissenslastig ausgefallene Berliner Weisheitsparadigma, an dessen Entstehung sie neben Paul Baltes selbst mitgewirkt haben, um Spezialforschungen ergänzt, die zur Erkenntnis des emotionalen, existentiellen, selbstbezogenen und des selbsttranszendierenden Aspekts von Weisheit beitragen. Sie haben den Forschungsansatz von Paul Baltes um die Erforschung von Motivations- und Zielorientierung, von Ethik und Handlungskompetenz erweitert. Auch wurden von ihnen immer wieder jene Aspekte, die noch im Unbewussten lagen, einbezogen und dem Bewusstsein angeschlossen, um der größeren Komplexität des Ganzen gerecht zu werden. In diesem Sinne sind auch sie »weise Frauen«.

Anhang

Anmerkungen

1 Kast, Zum Archetyp des Alten Weisen. Für Henner Völkel zu seinem 70. Geburtstag am 6.12.1987 in Kiel (Vortragsmanuskript); Kast, Die Großmutter im Märchen. Für Thea Schönfelder (Vortragsmanuskript); vgl. auch Kast, Imagination, Unterkapitel. »Das Erkennen des alten Weisen oder der alten Weisen«, S. 125–132.
2 Deutsche Märchen seit Grimm. MdW, Jena 1922, S. 145; in der Nachauflage 1964 nicht mehr enthalten; wiedergegeben in Birkhäuser-Oeri, S. 247 f.
3 KHM 179.
4 Francia, S. 25.
5 Deutsche Märchen seit Grimm. MdW, Ausgabe 1964, S. 111 ff.
6 Norwegische Volksmärchen. MdW, S. 176 ff.; Interpretationen liegen vor in Kast, Die Blume des Glücks, S. 12–41; Riedel, Spieglein, Spieglein an der Wand, S. 13–40.
7 Rätoromanische Märchen. MdW, S. 32 ff.
8 Märchen aus dem Donaulande. MdW.
9 KHM 24.
10 Lurker, S. 138.
11 KHM 29.
12 KHM 181.
13 KHM 69.
14 Zur weisen Frau gehört auch die Archetypik der jungen Wissenden, wie sie z. B. in »Jelena die Allwissende« dargestellt ist (Afanasjew II, S. 555 ff.), die aber hier nicht behandelt werden soll.
15 KHM 179; Abdruck nach der Manesse-Ausgabe 1946, II, S. 436 ff. (Rechtschreibung und Interpunktion behutsam modernisiert); dazu Scherf, S. 142 ff.; eine Interpretation, auf die ich mich beziehe, liegt vor in Kast, Wege aus Angst und Symbiose, S. 83 ff.
16 Bächtold-Stäubli III, S. 1838.
17 de Vries, S. 18.
18 Herder, S. 20.
19 Ebd.
20 Ebd., S. 28.
21 Ebd., S. 26.
22 Jung, GW 9/I, § 403.
23 Herder, S. 145 ff. ; Bächtold-Stäubli I, S. 12281.
24 Zu Thymian = Quendel vgl. Bächtold-Stäubli VII, S. 417 ff.
25 Riedel, Farben, S. 100 ff.
26 Herder, S. 155

27 Von Beit I, S. 747.
28 Munder, S. 25.
29 De Vries, S. 413.
30 Unter dem Titel »So lieb wie das Salz« überliefert, in: Deutsche Volksmärchen aus Schwaben. Hg. von E. H. Meier. Stuttgart 1852; unter dem Titel »Nothwendigkeit des Salzes« als Nr. 31 in Bd. I der 1. Auflage der Grimm'schen »Kinder- und Hausmärchen« von 1852; vgl. auch Scherf, S. 144 f.
31 de Vries, S. 447.
32 Frisch, Max: Andorra. In: Ges. Werke. Hg. von H. Maier, IV, 2. Frankfurt a. M. 1956, S. 509.
33 Röhrich II, S. 788.
34 de Vries, S. 398.
35 Herder, S. 134.
36 Chevalier/Gheerbrant, S. 858.
37 de Vries, S. 398.
38 Jung, GW 14/I, § 228.
39 Ebd., § 316.
40 Ebd., § 319.
41 Ebd., § 323.
42 Ebd., § 328.
43 »Das Salz der Erde«, in: Karutz, S. 81 f.
44 Birkhäuser-Oeri, S. 215.
45 Von Beit II, S. 260.
46 Herder, S. 44.
47 Neumann, Die Große Mutter, S. 338 ff.; Ninck, S. 299 f.
48 Herder, S. 40; Grimm, Deutsche Mythologie III, S. 187 ff.; Bächtold-Stäubli, II, S. 646 f.
49 Herder, S. 162.
50 KHM 65
51 Kast, Trauern, S. 109 ff.
52 Kast, Wege aus Angst und Symbiose, S. 56.
53 Herder, S. 26.
54 de Vries, S. 66.
55 Herder, S. 37.
56 de Vries, S. 403.
57 Chevalier/Gheerbrant, S. 975.
58 Kast, Wege aus Angst und Symbiose, S. 93.
59 Herder, S. 72.
60 Chevalier/Gheerbrant, S. 263.
61 Munder, S. 32.
62 KHM 181; Abdruck nach der Manesse-Ausgabe 1946, Bd. II, S. 456 ff. (Rechtschreibung und Interpunktion behutsam modernisiert).
63 Bolte/Polivka, III, S. 322 ff.; Anmerkungen zu »Die Nixe im Teich« 1931 (Neuauflage 1943). In einer Variante aus der Oberpfalz kommt die Heldin selber auf den Einfall, der Nixe einen goldenen Kamm, einen Ring und

Pantoffeln anzubieten, während in unserer Fassung die weise Alte die rettenden Vorschläge macht.

64 Scherf, S. 142.
65 Kast, Die Nixe im Teich. Die Angst vor einem übermächtigen Gefühl. In: Wege aus Angst und Symbiose, S. 97; zur Nixe: S. 89 ff.
66 Neumann, Die Große Mutter, Kap. »Die Schicksalsgöttin«, S. 215 ff.
67 Herder, S. 55.
68 Ebd., S. 95.
69 KHM 1.
70 Genesis 4,1.
71 Herder, S. 153.
72 Ebd., S. 72.
73 Ebd.
74 Vgl. Anm. 2.
75 Zitiert in Riedel, Hildegard von Bingen (in: Thiele), S. 39 ff.
76 Vgl. Anm. 4.
77 Vgl. Anm. 5.
78 Guggenbühl-Craig, S. 93.
79 Kast, Der Teufel mit den drei goldenen Haaren.
80 KHM 125.
81 Zu den biblischen Quellen der Weisheit vgl. Wöller, S. 90 ff.: Sprüche 8, Verse 17, 19–21, 22–31; Jesus Sirach 24,3–5 passim; Weisheit Salomonis 7.
82 Rüttner-Cova, S. 69 ff.
83 Ebd., S. 175 f.; Korn/Scheible, S. 511–513.
84 Bächtold-Stäubli VII, S. 921.
85 Ebd. VI, S. 1478 ff.; Rüttner-Cova, S. 131 f.; Grimm I, S. 226–234.
86 Ebd., S. 222.
87 Ebd., S. 356.
88 Bächtold-Stäubli VI, S. 1483.
89 Ebd.
90 Ebd.
91 Ebd.
92 Grimm I, S. 252; Bächtold-Stäubli VI, S. 1483.
93 Ebd.
94 Ebd.; Herder, S. 129.
95 Herder, S. 46.
96 Bächtold-Stäubli VI, S. 1483.
97 Ebd., S. 1482 f.
98 Ebd., S. 1483.
99 Ebd.
100 Ebd.
101 Ebd., S. 1483 f.; Grimm I, S. 218–220, 222.
102 Bächtold-Stäubli VI, S. 1484; Grimm I, S. 223.
103 Bächtold-Stäubli, VI, 1483; Grimm I, S. 223
104 Grimm I, S. 223 f.
105 Bächtold-Stäubli VI, S. 1484.

106 Ebd., S. 1483.
107 Ebd., S. 1483f.
108 Ebd.
109 Bächtold-Stäubli VI, S. 1479.
110 Zu Hel vgl. Lurker; Bächtold-Stäubli II, S. 1203; III, S. 169, 943.
111 Ebd. VI, S. 1474.
112 Ebd., S. 1479f.
113 Ebd. III, S. 107.
114 KHM 14: »Die drei Spinnerinnen«.
115 Bächtold-Stäubli VI, S. 1483.
116 Grimm I, S. 225.
117 Ebd., S. 226.
118 Ebd.
119 Bächtold-Stäubli IX, S. 462, 970, 973.
120 Zu Frikka vgl. Grimm I, S. 248–253, zu Frija ebd., S. 253–256; vgl. auch Bächtold-Stäubli III, S. 103ff.
121 Zu Gelb vgl. Riedel, Farben, S. 79ff.
122 Zu Frija/Frick vgl. Bächtold-Stäubli III, S. 103ff.
123 Ebd., S. 104f.
124 Ebd., S. 105f.
125 Ebd., S. 105; Grimm I, S. 212f.
126 Zu Frick als Herrin vgl. Grimm I, S. 248, Frick: die freie, schöne, liebenswürdige Göttin. Von ihr wird zum Schluss der allgemeine Begriff »Frau« abgeleitet, Frau als Herrin.
127 Zu Freya als Gattin vgl. Grimm I, S. 251: »Die frohe, erfreuende, liebe, gnädige Göttin«; Bächtold-Stäubli III, S. 106f.
128 Zu Brunhild vgl. Bächtold-Stäubli I, S. 167f.
129 Zu Frick und Freya vgl. Bächtold-Stäubli III, S. 103f.
130 Grimm I, S. 329.
131 Ebd.
132 Ebd., S. 331.
133 Ebd., S. 78, 333.
134 Ebd.
135 Ebd., S. 79.
136 Ebd., S. 334.
137 Ebd., S. 357.
138 Ebd., S. 359.
139 Strabo 9,2, zitiert in: Grimm I, S. 45.
140 Grimm I, S. 80.
141 Ebd.
142 Ebd.
143 Ebd.
144 Ebd.
145 Ebd., S. 333.
146 Ebd.
147 Ebd., S. 346–353.

148 Märchen von Hexen und weisen Frauen, S. 11.
149 Ebd.
150 Neumann, Die Große Mutter, S. 305: Duft an Blüte gebunden
151 Ebd., S. 271.
152 Ebd., S. 274 f.
153 Ebd., S. 274 ff.
154 Ebd., S. 274.
155 Ebd.
156 Ebd., S. 272.
157 von Reden, S. 102.
158 Neumann, S. 276.
159 Strabo, zitiert in: ebd. S. 273.
160 Neumann, S. 273; Briffault III, S. 451, Anm. 3.
161 Neumann, S. 276 f.
162 Ebd., S. 278.
163 Ebd., S. 279.
164 Grimm I, S. 224; Luther zu 2. Könige, 22,14.
165 Das Trimurti-Bild als Abb. 74 in Neumann, S. 313, aus: Müller, Tafel IV, Figur 4.
166 Neumann, S. 312.
167 Ebd., S. 313
168 Kast, Imagination, S. 128
169 Ebd.
170 Ebd., S. 129.
171 Jung zu Malen als Aktive Imagination, vgl. Jung, GW 8, § 180.
172 Zitiert in: Bog, S. 144.
173 Zitiert in: ebd., S. 143.
174 Zitiert in: ebd.
175 Zitiert in: ebd.
176 Das Leben der Heiligen Hildegard von Bingen, S. 111.
177 Zitiert in: Riedel, Farben, S. 109, und in: Riedel, Hildegard von Bingen (in: Thiele), S. 39 f.
178 Hildegard von Bingen, Mystische Texte der Gotteserfahrung, S. 139 (Carmina 39)
179 Sachs, S. 136.
180 Angelus Silesius, S. 53.
181 Guggenbühl-Craig. S. 87.
182 Ebd.
183 Ebd., S. 88.
184 Ebd., S. 89.
185 Ebd.
186 Ebd., S. 91.
187 Ebd.
188 Ebd., S. 93.
189 Ebd., S. 94.
190 Ebd., S. 95.

191 Ebd.
192 Ebd., S. 95 f.
193 Ebd., S. 97.
194 Ebd., S. 104.
195 Brecht, S. 315–320.
196 Ebd., S. 315.
197 Ebd.
198 Ebd., S. 316.
199 Ebd., S. 317.
200 Ebd.
201 Ebd.
202 Ebd.
203 Ebd., S. 318.
204 Ebd., S. 319.
205 Ebd., S. 320.
206 Ebd.
207 Ebd.
208 Staudinger/Smith/Baltes; Staudinger/Baltes, Gedächtnis, Weisheit und Lebenserfahrung im Alter; Staudinger/Baltes, Weisheit als Gegenstand psychologischer Forschung.
209 Ebd., S. 59. Eine hoch spezifische Definition lautet: »Weisheit wird also definiert als Expertise (im Sinne von Expertentum) im Umgang mit schwierigen Fragen des Lebens, wie z. B. Fragen der Lebensplanung, Lebensgestaltung und Lebensdeutung« (ebd.).
210 Staudinger, zitiert in: Raabe.
211 Staudinger, zitiert in: ebd.
212 Zitiert in: ebd. Vgl. Staudinger/Baltes, Weisheit als Gegenstand psychologi scher Forschung, S. 63 (eine alternative, ebenfalls hoch bewertete Antwort).
213 Glück, zitiert in: Raabe.
214 Glück, zitiert in: ebd.
215 Glück, zitiert in: ebd.
216 Vgl. Glück.: Ein positives Alternsbild.
217 Staudinger, zitiert in: Raabe.
218 Vgl. ebd.
219 Vgl. ebd.
220 Vgl. ebd.
221 Glück, zitiert in: ebd.
222 Vgl. ebd.
223 Staudinger, zitiert in ebd.

Literatur

Afanasjew, Alexander N.: Russische Volksmärchen, Bd. I–II. In neuer Übertragung von Swetlana Geier. München 1985.

Angelus Silesius: Der cherubinische Wandersmann. Auswahl und Einleitung von Erich Brock. Zürich 1979.

Bächtold-Stäubli, Hanns, siehe Handwörterbuch des deutschen Aberglaubens.

Beit, Hedwig von: Symbolik im Märchen. Bd. I–III. Bern 1952–1957.

Birkhäuser-Oeri, Sibylle: Die Mutter im Märchen. Deutung der Problematik des Mütterlichen und des Mutterkomplexes am Beispiel bekannter Märchen. Hg. von Marie-Louise von Franz. 7. Auflage. Stuttgart, 1983 (= psychologisch gesehen 28/29).

Bog, Rosemarie: Die Hexe. Schön wie der Mond – hässlich wie die Nacht. Stuttgart und Zürich 1987 (= Zauber der Mythen).

Bolte, Johannes, und Georg Polivka: Anmerkungen zu den Kinder- und Hausmärchen der Brüder Grimm. Band I–V. Leipzig 1913–1931. Nachauflage in 4 Bänden. Hildesheim und New York 1963.

Brecht, Bert: Die unwürdige Greisin. In: Gesammelte Werke 11, Prosa I. Hg. vom Suhrkamp Verlag im Zusammenhang mit Elisabeth Hauptmann. Frankfurt 1962 (= edition suhrkamp).

Briffault, Robert: The Mothers. Bd. I–III. London und New York 1927.

Chevalier, Jean, und Alain Gheerbrant: Dictionnaire des symboles. Verbesserte und erweiterte Auflage. Paris 1982.

Derolez, R. L. M.: Götter und Mythen der Germanen. Einsiedeln 1913.

Francia, Luisa: Mond-Tanz-Magie. München 1986.

Franz, Marie-Louise von: Bei der schwarzen Frau. Deutungsversuch eines Märchens (1955). In: Märchenforschung und Tiefenpsychologie. Hg. von Wilhelm Laiblin. Darmstadt 1975 (= Wege der Forschung CII), S. 299–344.

Franz, Marie-Louise von: Das Weibliche im Märchen. Stuttgart 1977 (= psychologisch gesehen 32).

Grimm, Jacob: Deutsche Mythologie. Bd. I–III. 4. Ausgabe Berlin 1875–1878. Nachauflage Darmstadt 1965.

[Grimm, Jacob, und Wilhelm Grimm:] Kinder- und Hausmärchen. Gesammelt durch die Brüder Grimm. Bd. I–II. Hg. u. m. e. Nachwort vers. von Carl Helbling. Zürich 1946 (= Manesse Bibliothek der Weltliteratur).

Guex, Germaine: Das Verlassenheitssyndrom. Bern 1983.

Guggenbühl-Craig, Adolf: Die närrischen Alten. Betrachtungen über moderne Mythen. Zürich 1986 (= Raben-Reihe).

Handwörterbuch des deutschen Aberglaubens. Bd. I–X. Hg. von Hanns Bächtold-Stäubli. Berlin und Leipzig 1927–1942. Nachauflage Berlin 1987.

Heindrichs, Ursula, und Heinz-Albert Heindrichs (Hg.): Alter und Weisheit im Märchen. Forschungsberichte aus der Welt der Märchen. München 2000 (= Veröffentlichungen der Europäischen Märchengesellschaft 25).

Herder Lexikon Symbole. Bearbeitet im Auftrag der Lexikonredaktion von Marianne Oesterreicher-Mollwo. Freiburg i. Br. 1978 [zit. als Herder].

Hildegard von Bingen: Heilkunde. Hg. von Heinrich Schipperges. Salzburg1957.

Hildegard von Bingen: Lieder. Hg. von Pudentiana Barth, M. Immaculata Ritscher und Joseph Schmidt-Görg. Salzburg 1969.

Hildegard von Bingen: Mystische Texte der Gotteserfahrung. Hg. von Heinrich Schipperges. Olten und Freiburg 1978.

Jung, Carl Gustav: Gesammelte Werke (GW). 20 Bde. Hg. von Lilly Jung-Merker, Elisabeth Rüf, Leonie Zander et al. Olten und Düsseldorf 1971 ff. (Sonderausgabe. Ostfildern 2011).

Jung, Carl Gustav: Mysterium Coniunctionis. GW 14/I.

Jung, Carl Gustav: Die transzendente Funktion. In: GW 8, §§ 131–193.

Jung, Carl Gustav: Zur Phänomenologie des Geistes im Märchen. In: GW 9/I, §§ 384–455.

Karutz, Richard: Die Mär in Mythen und Märchen. O. O. 1976.

Kast, Verena: Die Blume des Glücks und andere Märchen von Autonomie und Selbstbestimmung. Überarb. Neuausg. Ostfildern 2012.

Kast, Verena: Die Großmutter im Märchen. Für Thea Schönfelder (Vortragsmanuskript).

Kast, Verena: Imagination. Zugänge zu inneren Ressourcen finden. Ostfildern 2012.

Kast, Verena: Der Teufel mit den drei goldenen Haaren. Vom Vertrauen in das eigene Schicksal. Stuttgart 1984. 5. Aufl. 1989 (= Weisheit im Märchen).

Kast, Verena: Trauern. Phasen und Chancen des psychischen Prozesses. Stuttgart 1982. 9. Auflage 1988.

Kast, Verena: Wege aus Angst und Symbiose. Märchen psychologisch gedeutet. Olten 1982. 8. Auflage 1986 (= Beiträge zur Jungschen Psychologie).

Kast, Verena: Wege zur Autonomie. Märchen psychologisch gedeutet. Olten 1985. 4. Auflage 1989 (= Beiträge zur Jungschen Psychologie).

Kast, Verena: Zum Archetyp des Alten Weisen. Für Henner Völkel zu seinem 70. Geburtstag am 6.12.1987 in Kiel (Vortragsmanuskript).

Kast, Verena: Zum Umgang der Märchen mit dem Bösen. Thematische Zugänge zum Märchen als dynamischer Prozess. In: Mario Jacoby, Verena Kast und Ingrid Riedel: Das Böse im Märchen. Stuttgart 1978. 5. Auflage 1982 (= psychologisch gesehen 33).

KHM, siehe Grimm, Kinder- und Hausmärchen.

Korn, F., und Johann Scheible: Der Festkalender. Stuttgart 1847.

Lurker, Manfred: Lexikon der Götter und Dämonen. Stuttgart 1984.

Das Leben der Heiligen Hildegard von Bingen. Hrsg. von Adelgundis Führkötter. Salzburg 1972.

[MdW =] Die Märchen der Weltliteratur. Köln, vormals Jena [viele Bände mit Märchensammlungen aus aller Welt, darunter:]

- Deutsche Märchen seit Grimm. Hg. von Paul Zaunert. 1922. Neuausgabe: Deutsche Märchen seit Grimm. Hg. von Paul Zaunert, bearbeitet und mit Nachweisen versehen von Elfriede Moser-Rath. Köln 1964.
- Märchen aus dem Donaulande. Hg. von Friedrich von der Leyen und Paul Zaunert. Jena 1926.
- Norwegische Volksmärchen. Hg. und übertragen von Klara Stroebe und Reidar Th. Christiansen. Köln 1967.
- Rätoromanische Märchen. Hg. und übersetzt von Leza Uffer. Köln 1973.

Märchen von Hexen und Weisen Frauen. Hg. von Sigrid Früh. Frankfurt a.M. 1986 (= Fischer Taschenbuch 2868).

Mahler, Margret et al.: Die Psychische Geburt des Menschen. Symbiose und Individuation. Frankfurt a. M. 1978.
Müller, Niklas: Glauben, Wissen und Kunst der alten Hindus. Mainz 1822.
Munder, Rita: Versuch einer Interpretation des Grimm'schen Märchens »Die Gänsehirtin am Brunnen«. Manuskript einer Seminararbeit am C. G. Jung-Institut Zürich 1987.
Neumann, Erich: Die Angst vor dem Weiblichen. In: Die Angst. Zürich 1959 (= Studien aus dem C. G. Jung-Institut).
Neumann, Erich: Die Große Mutter. Eine Phänomenologie der weiblichen Gestaltungen des Unbewussten. Zürich 1956. 8. Auflage Olten 1988.
Ninck, Martin: Wodan und germanischer Schicksalsglaube. Jena 1935.
Psychologie: Mit dem Alter kommt tatsächlich die Weisheit. Spiegel Online, 6.4.2010. http://www.spiegel.de/wissenschaft/mensch/psychologie-mit-dem-alter-kommt-tatsaechlich-die-weisheit-a-687453.html (Zugriff: 23.12.2015).
Raabe, Kristin: Vom Wesen der Weisheit oder was einen Sokrates ausmacht. Deutschlandfunk 27.4.2008. http://www.deutschlandfunk.de/vom-wesen-der-weisheit.740.de.html?dram:article_id=111655 (Zugriff: 27.1.2016).
Reden, Sibylle von: Megalith-Kulturen. Köln 1978.
Riedel, Ingrid: Farben. In Religion, Gesellschaft, Kunst und Psychotherapie. Stuttgart 1983. 18. Aufl., völlig überarb., erw. und neu gestaltete Fassung Stuttgart 2008.
Riedel, Ingrid: Hans mein Igel. Wie ein abgelehntes Kind sein Glück findet. Stuttgart 1984. 4. Auflage 1988 (= Weisheit im Märchen).
Riedel, Ingrid: Hildegard von Bingen. In: »Mein Herz schmilzt wie Eis im Feuer«. Hg. von Johannes Thiele. Stuttgart 1988.
Riedel, Ingrid: Hildegard von Bingen. Prophetin der kosmischen Weisheit. Stuttgart 1994. Vollst. überarb., erw. und neu gestaltete Ausg. Freiburg i. Br. 2014.
Riedel, Ingrid: Spieglein, Spieglein an der Wand. Märchen vom Neiden und Gönnen. Ostfildern 2012.
Riedel, Ingrid: Tabu im Märchen. Die Rache der eingesperrten Natur. Olten 1985. 2. Auflage 1987.
Röhrich, Lutz: Lexikon der sprichwörtlichen Redensarten. Bd. I–II. 5. Auflage. Freiburg i. Br. 1978.
Rüttner-Cova, Sonja: Frau Holle. Die gestürzte Göttin. Märchen – Mythen Matriarchat. Basel 1986.
Sachs, Nelly: Fahrt ins Staublose. Die Gedichte der Nelly Sachs. Frankfurt 1961.
Scherf, Walter: Lexikon der Zaubermärchen. Stuttgart 1982 (= Kröners Taschenausgabe 472).
Staudinger, Ursula M., und Paul B. Baltes: Gedächtnis, Weisheit und Lebenserfahrung im Alter. Zur Ontogenese als Zusammenwirken von Biologie und Kultur. In: Dörner, Dietrich / van der Meer, Elke (Hg.): Das Gedächtnis. Probleme – Trends – Perspektiven. Göttingen 1995, S. 433–484.
Staudinger, Ursula M., Jacqui Smith und Paul B. Baltes: Handbuch zur Erfassung von weisheitsbezogenem Wissen. Berlin 1994 (= Materialien aus der Bildungsforschung 46).

Vries, Ad de: Dictionary of Symbols and Imagery. Amsterdam und London. 2. revid. Auflage 1976.

Walker, Barbara G.: The Women's Encyclopedia of Myths and Secrets. San Francisco 1983.

Walker, Barbara G.: Die weise Alte. Kulturgeschichte – Symbolik – Archetypus. Aus dem Amerikanischen von Susanne Kahn-Ackermann. München 1986. Originalausgabe unter dem Titel: »The Crone«. San Francisco 1985.

Wöller, Hildegunde: Die Weisheit und ihre Verwirklichung durch die Frau. In: Wendepunkt Erde Frau Gott. Am Anfang eines neuen Zeitalters. Hg. von Peter Michael Pflüger. Olten 1987. 2. Auflage 1988, S. 87–107.